刘丹青语言学文选

语言的文化和应用视角

刘丹青 著

Seeing Language from the Perspectives of Culture and Application

商務印書館
创于1897 The Commercial Press

图书在版编目(CIP)数据

语言的文化和应用视角/刘丹青著. —北京:商务印书馆,2020
(刘丹青语言学文选)
ISBN 978-7-100-19095-4

Ⅰ.①语… Ⅱ.①刘… Ⅲ.①汉语—语言学—研究 Ⅳ.①H1

中国版本图书馆 CIP 数据核字(2020)第 182411 号

刘丹青语言学文选
语言的文化和应用视角
刘丹青 著

商 务 印 书 馆 出 版
(北京王府井大街 36 号 邮政编码 100710)
商 务 印 书 馆 发 行
北 京 冠 中 印 刷 厂 印 刷
ISBN 978-7-100-19095-4

2020 年 8 月第 1 版　　开本 710×1000 1/16
2020 年 8 月北京第 1 次印刷　　印张 18½
定价:88.00 元

总　序

感谢商务印书馆慷慨提供这么一个出版计划，让我有机会回顾梳理一下从大学本科以来写作并发表的论文形式的语言研究成果。

我第一篇非正式发表的论文是《试论吴语语法的研究及其意义》。这是本科毕业论文的改写版，刊登在江苏省社科联印行的省语言学会1981年年会论文选里。当时，方言语法还是一个少有人碰触的领域，所以还需要用实例来申说方言语法研究的意义。这篇没有书号刊号的文章，预示了我这几十年语言研究中的两个最核心的要素：方言与语法；两者之合，正是我后来拓展研究领域的内在动能。我最早正式发表的两篇论文，正好也是一篇方言，一篇语法。前者为张拱贵教授和我合作的《吴江方言声调的初步调查》；后者为《对称格式的语法功能及表达作用》，此文也是后来关注韵律对句法影响的起点。这三篇文章都是在本科阶段写就，在硕士研究生入学初期发表的。

以浓郁的语法学兴趣来关注方言，自然会发现，汉语方言不像之前很多学者认为的，差别只在语音，或至多加上词汇，语法则可以一招鲜吃遍天，一书覆盖南北话。事实上方言间的语法差异相当常见，有的还很显著。以跨方言的眼光看语法，则会发现孤立地研究普通话，随处会遇到认识的盲区甚至雷区，讲得头头是道的语法学道理，一放到方言语法中就可能理屈词穷。要想避免普通话偏见、方言偏见、印欧语偏见等种种偏见，以跨语言研究为己任的类型学研究，便成为我语言学探索之路上自然的优选项，这也是通向真正了解汉语特点和人类语言共性的康庄大道。跨语言的类型学视角，不但适用于语法，也适用于其他种种课题：研究亲属称谓、社交称呼语、颜色词这类特殊的小词库；研究语法与语义的互动，如类指成分在不同语言方言中迥异的表达方法；研究语法与语音的互动，如汉语中形态和词类对词长的敏感性就超过很多其他语言；研究形式和意义不同的对应方式，这正是库藏类型学的缘起。这次按照商务印书馆提议，把近40年来所发论文的大部分，分为五个专题出版，分别涉及汉语共同语句法语义研究、语序类型和话题结构、从语言类型学到库藏类型学、方言的语法语音研究、语言研究的文化和应用视角。这样出版，便于读者根据专业需求和兴趣选书。从各书所收论文目录可见，这五卷文集，其实有一个共同的主调：跨语言眼光与具体语言方言个案的结合。

我从本科二年级开始将兴趣聚焦于语言学，一路走来，得到了无数老师和同行的切实帮助，尤其是语音方言的启蒙老师翁寿元教授，语法学的启蒙老师王锡良教授，古汉语的启蒙老师王迈教授（均为苏州大学教授），硕士生导师张拱贵教授（南京师大）和博士生导师徐烈炯教授（香港城市大学）。希望他们为指导我所付出的心血，能在这五卷文集中得到些许慰藉。文集中也收录了多篇我跟我的老师、同行学者或我的学生合作的论文，他们慷慨允诺文集收录这些文章（有些已故合作者由家人表态支持）。谨向他们深切致谢！

我指导过和在读在研的博士生、博士后对本套书的策划编排提供了非常有益的意见、建议，而且他们全都参加了文章的校对工作。恕不一一列名，在此一并致谢。我的博士生、商务印书馆戴燃编辑为这套书的策划、组稿、编辑付出最多。我要衷心感谢商务印书馆特别是周洪波总编辑对本套书的大力支持，也要对戴燃博士表示特别的感谢。

目　录

论“可数文化”与“不可数文化”

——“文化”概念与文化学科研究对象新探

一、“文化”定义的困惑

文化学、文化人类学、文化哲学等文化学科，都是以“文化”作为研究对象的。关于这种术语意义的“文化”，已出现过数以百计的定义。较早而影响较大的是英国人泰勒 1871 年的定义：“包括知识、信仰、艺术、法律、道德、风俗以及作为一个社会成员所获得的能力与习惯的复杂整体。”我国学术界似乎更乐于采用脱胎于苏联学术界的定义，即文化是“人类社会历史实践过程中所创造的物质财富和精神财富的总和”(《辞海》1979 年版)。

读了诸多定义，再看看文化学科所研究的对象，笔者产生了很大的困惑：这些定义与研究对象并不吻合。泰勒的定义偏于所谓“精神文化”，不大能包括《东南文化》常谈的细石器、黑陶、独木舟之类的“物质文化”。《辞海》的定义该是全面了，可给我的困惑更大。若按这条定义，那一切自然科学成果、一切创造发明、一切产品商品、一切社会科学的研究，都是文化研究的对象，“文化学”便不该是人文社会学科中的一门，而是一切自然科学、社会科学、应用科学的总和，《东南文化》这类杂志则可以发表任何专业的论文。事实并非如此。各级统计部门公布的生产和经济成果、商店里层出不穷的新产品，是最明显的“物质财富”，专利局公布的成千上万项专利，是最明显的“精神财富”，并且将带来大量“物质财富”，但文化研究者们不会太留意这些重要“财富”。对此，有人提出“广义、狭义”说，认为文化研究的主要对象是狭义的文化——精神文化，这也缺乏说服力。同为当代事物，客家人住的“围屋”、苏州农妇系的围腰（物质）显然比小说技巧创新、经济学流派之争（精神）更受文化学界关注。问题的症结何在呢？

笔者的专业是语言学。我把“文化”概念问题当作一个语言问题做了点考察，作为探讨“文化”定义的另一条路子。结果发现，“文化”的含意并不像有些人所设想的那么复杂而不可捉摸，我们也不需要那么多越来越长、越来越复杂的定义。问题的关键在于“文化”——确切地说，是英语的 culture——有语义语法上的两重性，而文化定义大都对此未加区分，于是才形成了剪不断理还乱的局面。

二、culture 的两重性：不可数文化与可数文化

作为文化学科研究对象的“文化”，不管在哪种语言里，都是英语 culture 的对译词，是英国人泰勒最先创造了这一术语意义并用 culture 来表达这一意义。汉语“文化”一词历史悠久，但作为现代术语则来自日语，是日语用借自古汉语的“文化”一词（日语念 bunka）对译 culture，再回“娘家”传入中国。

英语的名词在语法上可分为可数与不可数两大类。有些名词可数不可数两用，culture 正是一个两用的词。

culture 的本义是耕种、栽培，在这个意义上是一个不可数的抽象名词，它又引申为培养、教养、人创造的产物，现代的术语意义正是来源于“人创造的产物”这一含意。在这一意义上，culture 成为可数不可数两用的词。“文化”概念的两重性，正是由此而来。

作为不可数名词，culture 的术语义与原意较接近，它指人类经过自己的创造而形成的东西（包括物质、精神），以区别于自然界，也区别于人类与动物共同具有的生物性的属性，正如耕种、栽培（culture 的本义）是经过人的劳动创造农产品，以区别于自然界的野果、野物

一样。不可数的 culture 强调人类的特性，主要与 nature（自然、自然界）、physics（物质性）、animal（动物）相对，如 Both Lao Tzu and Rousseau dreamed to go from culture back to nature（老子和卢梭都梦想从文化回到自然）。其中的 culture 只能用作不可数名词，而不宜用可数形式 a culture 或 cultures。在汉语中，当我们说“人类创造了旧石器文化、新石器文化”时，用的也是这一层意义。我们把这个意义上的“文化”叫作“不可数文化”。

在现代英语中，culture 更常作为可数名词来用，如 A normal act in a culture could be considered abnormal in some other cultures（一种文化里的正常举动可能在另一些文化中被视作非正常的）。人类在进化、发展、创造中，并不是以人类整体为形式而进行的，而是分为许多个社会，在各个社会内部共同进行的。因此各个不同的社会虽然都在创造，但创造的产物——文化（不管是物质还是精神），并不相同，甚至差别很大，而这种文化在一个社会内部则有很大的共同性，并且各个文化要素在一个社会内自成系统。实际上，人类文化是以一个个不同的文化系统的形式而存在的，一个个人不能无视所在社会的文化而生活在其中，一个社会却可以无视其他文化而照常生存下去，尤其是封闭的社会。因此，culture 自然获得了可数意义，指一个独特的文化系统（a culture），或指许多个文化系统（many cultures）。我们把这一层意义上的文化叫作“可数文化”。当然，社会会发生分化、接触、交融、统一等，文化也有相应的分化、传播、整合、合并等。社会内部可分出更低层次的社群，文化也存在次级文化层次。这些，都不改变文化的可数性质。

英语 culture 的形容词 cultural，在语法上无所谓可数不可数，但从意义上看，似乎更多地用于可数一面，如 cultural environments（文化环境，指特定社会内文化诸要素的制约作用）、cultural shock（文化休克，指身处陌生社会而不适应的状态）、cultural illness（文化病，指由特定社会的生活方式造成的病）。这与 culture 更常用作可数名词是一致的。

culture 的两重性，不是这个词的两个相互独立的意义，而是同一个意义的两个侧面，其核心是“由人共同创造的”，区别在于相对于什么而言：是由人类整体共同创造的（相对于自然界），还是由某个特定社会共同创造的（相对于人类共同的）。

大部分有关“文化”的定义（特别是国内的定义），都没有明确注意到这两个侧面。泰勒的定义用了“一定社会”而偏重可数文化（尤其是精神文化），《辞海》的定义用了“人类创造的”而偏重不可数文化。这是造成定义繁杂界限混乱的主要原因。而所谓广义和狭义之分、精神和物质之分，都不是文化定义繁杂的主要原因。

不过，确实有些定义注意到了这两重性，如美国人类学家克鲁克洪认为，文化是指“整个人类环境中由人所创造的那些方面，既包括有形的，也包括无形的。所谓‘一种文化’，它指的是某个人类群体独特的生活方式，他们整套的‘生存式样’”，他的两句话，前一句指不可数文化，后一句指可数文化。相比起来，这应该是一个比较确切的定义。汉语中，名词没有可数不可数的语法区别，这或许是国内学术界不大注意“文化”两重性的原因之一。以至在克鲁克洪 1952 年的定义问世后，还有许多人在沿用或新创混淆两个侧面的定义。

culture 的两重性，并不是孤立现象。与它紧密相关的还有两个可数不可数两用词。一个是 society（社会），不可数表示人类社会，区别于自然界；可数表示具体的社会或社群，如“印度社会、上流社会”。另一个是 language（语言），不可数指人类共有的语言能力和语言交际；可数指汉语、英语之类具体语种。这三个词的两重性，并非偶合。我们看到：一方面，“人类”的代名词，正是“文化动物”“社会动物”“有语言的动物”；另一方面，一种特定的文化，总是存在于一个特定社会，而一种特定语言是一种文化、一个社会最明显的标记。

上面我们主要从语言学角度区分了可数文化和不可数文化，但是，这并没有完全回答什么是文化学科研究对象这一问题，让我们从语言学跳回文化学科，对此展开进一步的讨论。

三、文化学科的主要研究对象：可数文化

“文化”作为术语虽然具有两重性，但从理论上到实践中，文化学科的主要研究对象始终是可数文化，即特定社会、特定民族、特定社群在特定时代和特定地域中的文化系统和文化要素。只是在某些情况下，人类共同创造的不可数文化才成为文化学科的研究对象。

先从理论上看，大家都承认，文化学科是人文社会科学中的具体分类，而不是一切自然科学和社会科学的总和。因此，它不可能把“人类创造的一切物质财富和精神财富的总和”当作自己的研究对象。有些文化学科的著作将《辞海》的文化定义当作全书的总纲，这只会模糊读者的认识，事实上也并不反映这类著作真正的侧重点。文化学科作为具体的学科门类，主要任务是研究特定可数文化系统的特点、文化系统中决定其特点的诸文化要素之间的关系、不同文化系统之间的差异。

再从学术发展的历史看，文化学科的形成，直接来源于对“异文化”（别的可数文化）的发现、观察、思考和可数文化之间的比较。一个封闭自足的社会，会把自己社会的一切都当作“天经地义”的，认为人类生活理该如此，其他社会也该如此，这种社会不可能意识到某些东西只在本社会中才是如此。这样的社会，也可以产生某些比较发达的学术，但产生不了文化学科乃至可数意义上的“文化”概念。严格意义上的文化研究，产生于19世纪的欧洲及美国。当时正值殖民主义的鼎盛期，欧洲人拿着枪炮或《圣经》满世界乱跑，接触到许多“奇闻异事”，各种见闻录、旅行笔记、博物志等充斥书店。处在各种现代学术思潮的氛围中，一些有心人不满足于记述，而试图用直接、间接的材料来解释，为什么人类的生活，从衣食住行到文艺宗教，会有如此之大的差异。泰勒、弗雷泽、摩尔根、列维-布留尔等，正是在这些人中涌现出来的佼佼者，成为文化学科的创立者和先驱大师。在他们以后，文化学科的研究者，尽管具体兴趣和研究课题可以不同，但关注的重心始终是

具体文化的个性及文化之间的差异。

再看文化学科的实际领域。某一现象是否具有文化研究价值或价值大小，取决于该现象有没有区别于其他社会的特点，对构成一个可数文化系统是否重要，与文化系统中其他特点是否有相互影响。有些人看到文化学界关心民俗、宗教、文艺甚于关心生产、经济、创造发明，便说文化的主要研究对象是精神、制度文化，这是片面的。不难看到，史前文化和当代原始文化中的一切物质要素都为文化学界所看重。这是因为这种群体的文化系统比较简单，要素不丰富，每一个要素，如采食种类和来源、工具器物、居住条件等，都对整个文化系统的风貌有极大影响，成为一个文化系统的显著特征。另外，史前文化材料少而珍贵，当代原始文化在外部力量冲击下正在迅速解体或现代化，这也是它们备受关注的原因。有史以来的奴隶社会、封建社会中的物质要素，受关注程度要稍次一些，但仍受到较多重视。这也有原因。在这类社会，文化要素大大增多了，并非每个物质要素都对文化系统的特点产生重大影响。同时，这类社会之间相对封闭、自成系统、交流较少，因此许多物质要素仍然是一个文化系统的重要特征，有些物质要素的创造还会对整个文化系统产生较大影响，如造纸、火药、饮茶、马鞍马镫、坎儿井，所以仍然具有文化研究价值。到现代社会，新的物质要素以天文数字涌现，其中许多对文化系统整体并没有重要影响；更重要的是，许多东西一投入生产便扩散到全球，具有全人类性（不可数性），民族性（可数性）大大降低，因此，它们作为文化研究对象的重要性就相应降低了。但是，仍有些新的物质要素会大大改变一个社会的生活方式，冲击文化系统中的其他特征，它们仍受到文化学家的关注，如新型的交通工具、传播媒介等，于是，我们有了“汽车文化”“电视文化”等研究课题。精神、制度要素的文化研究也是以同样标准确定的。文化学科对宗教的关心超过对经济学的关心，因为宗教现象具有很强的民族性，而经济学理论则在很大程度上具有人类共同性。基于同样原因，文化学科对神话、民间文学的关心超过对历史学、文人文学的关心。

最后，再从方法论角度看，各门文化学科及其分支学科、边缘学科所用的研究方法不尽相同，但它们都有一个共同的方法论基础，即比较。这种比较有时表现为明比，有时表现为暗比。因为，只有通过比较，才能知道哪些要素是真正的特点。有些文化研究，可以不提一个字的比较，仅仅叙述分析本身的特点，但既然是特点，必定是暗中同某个参照系比较出来的——是为“暗比”。供比较的对象，其实并不相同。早期西方学者研究“异文化”，都是或明或暗同自己的西方文化比较。中国学者研究中国文化，也往往同西方文化比较。有些学者研究的文化较多，便有条件做较大范围的跨文化比较，这种比较的科学性要更高一些，如摩尔根、列维-斯特劳斯等。现代的文化人类学，更是把大量文化形态概括为若干种主要形态，使人们的比较有了更加可靠的依据。

是否有比较做基础，是文化学科与许多相邻学科的主要区别所在。文化学科确实与许多学科有交叉点。例如，要研究中国文化的源流、发展、变迁、特点，当然要用到许多历史学的材料、成果。有人看到这一点，于是在“文化热”中，也把一些传统学问的内容改头换面，以“文化史”“文化研究”的名义抛向社会，也有人认为传统“国学”的许多内容都是文化研究。这又回到了文化学等于一切学科总和的路上。“文化史”区别于一般的史学研究之处，就在于它必定以或明或暗的比较为基础，努力发现一种可数文化的系统特点及其来龙去脉。而一般的史学研究有自己的取舍标准，有些在文化史中不占重要地位的历史现象，如不改变文化特性的某些王朝更迭、战争等，在史学研究中却占重要地位。当然，现代的史学研究也常用比较方法和文化学观念来深化对历史现象的认识，但这些并不是史学的必备要素。至于传统“国学”，虽然为文化研究，尤其是文化史研究提供了极其丰富宝贵的资料和可借用的成果，但其本身，因为缺少比较观念，总体上不属于现代意义上的文化研究，止像为文艺学提供材料的文艺创作、为犯罪学提供材料的犯罪行为本身并不是文艺学、犯罪学一样。文化学科与文艺学、伦理学、法学等相关学科的关系和界限都应这样来认识。另有些学科，如人文考古学、人文地理学、民俗学、神话学等，与文化学科有着天生的亲缘关系，甚至可以看作文化学科的分支，而这些分支学科也都无例外地把比较当作基本的研究方法之一。

四、余言

我们认为，可数文化与不可数文化的相混，是国内学术界对有关“文化”概念和文化学科研究对象产生模糊认识的主要根源，因此，本文对此做了重点分析。这并不意味着，可数不可数问题就是“文化”概念和文化学对象问题的全部内容。我们也注意到，影响“文化”概念和文化学对象的，至少还有下面这些因素：“文化”作为要素与作为系统的区别；文化现象与文化功能的区别；文化的横向切分（按地域、族群划分的可数文化）和纵向切分（按时代、阶段划分的可数文化）的区别；文化的稳固性、继承性一面与可变性、发展性一面的区别。在这篇短文里，我们不可能对这些问题一一详加分析。但至少可以说一句，上面这几对区别比国内学术界许多人看重的所谓广义狭义的区别、物质文化精神文化的区别更加重要。

本文认为，可数文化是文化学科的主要研究对象。这并不意味着人类共同的不可数文化就完全不在研究之列。文化学科在研究、比较各个可数文化的特点后，自然会力图总结出一些人类文化的共同属性和发展规律，从而更透彻地认识人类与自然的区别和关系。也有些文化学者希望能从众多的可数文化中找出人类文化的精华，为人类新文化的建设提供文化要素的“最佳配方”，而不是抱着狭隘的“欧洲中心说”或“西方至上主义”。不过，这些研究也是更高层次或更加综合的学科对象，如文化哲学、历史哲学、未来学等。而且，这些研究都必须以广泛深入的可数文化研究为基本前提。

（原载《东南文化》，1991 年第 5 期）

文化研究中的“语言导入”

近年来，中国学术界对文化的研究日益向深处开掘，但其中一个薄弱环节逐渐显露出来，这就是语言。目前的实际状况是，文化学界非常缺少对语言问题的关注，语言学界为文化研究所做的贡献也微乎其微。在文化热的影响下，语言学界开始有人联系文化背景研究汉语，这是语言研究中的“文化导入”，但文化研究中的“语言导入”却迟迟未成气候。这种隔阂将有碍于文化研究的深入。这样说并非言过其实。看看文化研究较发达的国家，其文化研究的主体是文化人类学，该学科的大学生、研究生必须修读多门有相当深度的语言学课程才能获取学位。许多研究者，包括学术大师，是文化和语言双肩挑的，如W. 洪堡特、F. 博厄斯、E. 萨丕尔、B. 沃尔夫。美国有专门的《人类语言学》(*Anthropological Linguistics*)杂志，著名的《美国人类学家》(*American Anthropologist*)杂志上也有相当大比例的文化-语言论文，作者们都是那些双肩挑的研究人员。我国的文化学界不乏精通语言知识者，如懂古文字、古汉语、外语等，但熟悉语言学知识者却不多。反过来，语言学界对文化现象感兴趣者更多，但像罗常培、吕叔湘先生那样有系统的文化学理论背景的仍不多见。正是这种双方共同造成的隔阂，使文化研究失去了一个重要环节，使常躲在象牙塔中的语言学也少了一个用武之地。

语言导入对文化研究的重要作用，是由语言和文化的固有关系决定的。这种重要而特殊的关系，突出表现在两个方面：一、语言是确定基本文化社团——民族、部族的重要标准，而且常常是首要标准，方言划分则又是次级文化区的重要划分标准。研究文化的统一、分化、接触、影响都离不开考察有关的语言情况。二、语言既在文化之内，又在文化之外——它以整个文化为其反映对象。语言要素，特别是词汇和语法，可以分析出丰富的文化蕴涵，甚至有史前文化活化石的作用。其他任何文化现象，都无法取代语言的这种研究价值。上述两方面都提醒我们，语言这个文化研究的重要环节不应该继续薄弱下去。

中华文化的主体是华夏[①]——汉文化，汉民族，人口占世界首位。这一巨大的文化共同体，部分是自身繁衍的结果，但在更大程度上是民族融合的产物。形成汉民族的这一融合过程，远起于华夏民族形成之始而延续至今，极其漫长而复杂。汉文化来源的多元性和融合性，在人种、考古、神话、民俗、历史等方面都有大量证据。汉文化内涵博大精深，并表现为丰富多彩的地方次级文化，尤其表现为南北差异，这也与这种多元性和融合性有关。但是，由于汉文化的研究向来缺乏对语言因素的考虑，而语言正是文化社团的重要乃至首要的标记，因此，学术界对许多重要问题的认识停留在较模糊的阶段。比如，形成之初的华夏族与北狄、西戎、东夷、南蛮到底在族类上是什么关系？现代吴越文化和中原文化的关系是不是上古时期吴越文化和中原文化的关系之发展？早期楚人是不是华夏人的一支？假如在中华文化的研究中兼顾语言因素，许多问题会变得清楚得多。

从考古及先秦典籍对史前传说的追述看，中国各地的原始文化到新石器时期逐渐形成三大块系：一、以青莲岗—马家浜—河姆渡文化系统为代表的东南水耕文化，是古代的“夷越”，又是现代壮侗、苗瑶族系的祖先，属南亚型蒙古人种；二、以大地湾—李家村—磁山·裴李岗文化系统为代表的西北旱耕文化，是古代的“氐羌”，又是现代藏缅人的祖先，属南亚-东亚蒙古人种；三、以北方细石器文化为代表的北方游牧文化，是古代的“戎狄”，又是现代阿尔泰人的祖先，属北亚-东亚蒙古人种（其后代的西支——突厥人又混入雅利安血统）。这三支文化在扩散中相遇，通过迁徙、杂居、战争、结盟等形式，在交会处——中原大地逐渐发生融合，形成华夏先民。河南庙底沟文化是这种融合的产物

① 本文中“华夏”特指汉民族。

之一。而未融合的部分，则依旧作为戎狄蛮夷存在于华夏人的四周。华夏族从无到有的这一融合过程是一个漫长的渐进过程。它贯穿了炎黄五帝时代，因为这些部落首领族源并不相同；它延续到夏商周三代，因为这三代的统治集团也有不同的族源（石兴邦 1986；李葆嘉 1990）。

上面描述的融合过程在语言关系中可得到有力的印证。

按现代划分的语言谱系，汉藏语系有 100 多种语言，分布于中国及其南方邻国，分四大分支：汉语，藏缅语族，壮侗语族，苗瑶语族。其中汉语和藏缅语的亲缘关系已得到公认，而壮侗、苗瑶语言，中国学者普遍认为属汉藏语系，而国外学术界倾向于不归属汉藏语系，而将它们与台湾高山族诸语言、马来-印尼语等“南岛语系”语言合归为“澳-泰语系”。

其实这些分歧的原因，正是前述文化融合所伴随的语言融合过程。原始华夏语是一个多源融合的语言系统。在融合中，东南夷越（原与马来同系）语言和西北氐羌语言共同构成华夏语的来源，但后代汉语的要素大都源于周代，因为周代文化及语言对后代影响最大（以父死子承、男性嫡长传承为代表的汉族宗法制度即源于周），用来比较的也主要是周代以来的汉语材料（商代汉语只释读出 1000 多字），而姬周族的族源与氐羌（今藏缅）关系最近，因此汉语与藏缅语族的关系就显得最近。夷越语言（今壮侗、苗瑶）本来不一定与氐羌语言有关，但它们是汉语的源头之一，在华夏语产生后，它们又继续与华夏——汉文化及语言频繁接触交往，形成许多共同成分，而与渡海而去的马来语言则相去日远，因此被纳入汉藏语系。而且，夷越人和氐羌人后来都向西南方向移动，属夷越系的壮族、侗族、傣族、布依族、苗族和属氐羌系的土家族、彝族、哈尼族、白族等在湘、滇、贵和缅甸等地形成杂居局面，从而又形成许多夷越-氐羌共同成分。这样，汉、壮侗-苗瑶、藏缅三大语言群体更显得你中有我、我中有你。将这三者统归汉藏语系也完全可以，不过，这个语系的形成原因更多地是接触融合而不是同源分化。[①] 从考古看，北

① 张书锋也认为汉藏语系形成于融合而非同源分化，见其《从人类学、考古学、民族学看汉藏语系的形成》，载《广西师范大学学报》（哲学社会科学版）1989 年第 4 期。

方细石器文化在中原华夏文化的形成中比例较小。在语言上，阿尔泰语系在上古汉语中确实留下一些痕迹，但比重极小，不足以建立汉语与阿尔泰语系的谱系关系。

原始华夏语的多元融合性，还有其他证据。在汉藏语系中，其他语言都有同祖同宗的近亲，只有汉语是孤身一人，这就是因为汉语是融合性语言，不可能有同源分化的兄弟姐妹。汉语最近的亲戚就算藏缅语了。可奇怪的是，汉语一开始就以无形态语言的面目出现，没有数、格、时态、语态等词形变化，而藏缅语族却有不少语言存在较丰富的形态，而且越是封闭、古老的族团形态越丰富。当然，语言学上有一条规律——语言成分越混杂，形态丢失得越厉害。现代世界最混杂的语言是各种洋泾浜语和克里奥尔语（法译词，原意混血儿），它们的形态都大大少于源头语言。我们设想，汉语的前身正是远古中原地区一种博采众言的供族际交际的融合性语言，大量形态正是在混杂融合中丢失的。无独有偶，世界上比汉语形态更少的语言就数越南语，而越南语又是世界上极少几种无语系可归的语言，它跟汉藏、南亚、南岛三大语系都有点联系，但归入哪个语系都缺少证据，不难看出越南语的无形态正是由混杂造成的。

以上是华夏语言文化第一大层次的融合过程。秦汉以后的2000多年，汉语汉文化又经历了第二大层次的融合。中原的华夏民族和语言形成后，北方以戎狄（后代的胡、匈奴、突厥、鲜卑、契丹、蒙古、女真–满）为主的游牧民族一次次进攻甚至入主中原，又一次次被汉文化同化，这些阿尔泰民族的大量成员也融合于北方汉人之中。另一方面，中原的汉人一次次大量南下，使一部分南方民族向西向南迁移，成为今日的壮侗、苗瑶人，未迁走的，逐渐接受汉文化并与南下汉人融为一体（浙江畲族例外，但也已改说汉语方言，部分汉化了）。这种融合同样在语言上留下了印记。秦以后的北方汉语在阿尔泰诸语言的长期影响下出现了某种程度的“阿尔泰化”①，南方汉语虽然保留了较多的古汉语成分，

---

① 关于汉语的阿尔泰化，参阅桥本万太郎：《语言地理类型学》，余志鸿译，北京大学出版社，1985年。

但仍有许多要素不属于汉语来源，而是融进了汉语的壮侗、苗瑶语言成分[①]。这些背景也是汉语南北两大方言系统差别极大的主要原因。

认识到汉语、汉文化上述两大层次的融合过程，可以为中国文化的研究提供多方面的启发。如本刊的研究重点——“东南文化”。这是个重叠了多个历史层次的复杂概念，而不仅仅是个地方次级文化概念。所谓长江流域为华夏文化两源头之一，实际上也至少包含两个很不相同的层次。青莲岗—马家浜—河姆渡文化系列，尚处在华夏文化形成之前，是夷越文化，与高山族、马来人的远祖同系（凿齿是该系诸多文化共性之一）。这以后，向北发展的夷越文化通过大汶口—龙山—庙底沟文化等逐渐融合进来而形成华夏文化。这是东南文化构成华夏文化源头之一的第一大层次。这时候，淮河以南诸流域的文化仍作为非华夏的夷越文化而存在。吴、越立国之初，已开始接受南下华夏文化的影响，统治集团中也可能有南下的华夏人，如由周奔吴的太伯、仲雍及其后裔，但在很长时间内吴越文化的主体仍是非华夏文化。它们的国号、人名、地名普遍带夷越语词头，如“句吴、于越、夫差、勾践、句容、余杭、余姚”（周振鹤、游汝杰 1980）。直到战国时楚灭越，越地百姓仍操百越语言，如《越人歌》的原文，显然不是汉语，经专家考释，与现代壮语却是同源的（韦庆稳 1981）。秦汉两代建立统一帝国，文化趋同，汉人大量南下，吴越文化逐渐融合进汉文化，这是一个质的转化，即从夷越文化转化为汉文化的地方次级文化，当然其中也带入许多原夷越文化的成分，有的还进一步影响到整个汉文化，这是东南文化为华夏文化之源的第二大层次。两大层次分别以夷越北上和汉人南下为特征。带有百越语言成分的汉语吴方言也开始形成于此时。这以后的“吴越文化”，与先秦时非纯华夏的“吴越文化”，性质是很不相同的，而现在的吴越文化研究，似乎将它们看作一脉相承的自源系统，这就模糊了不同文化阶段质的差异。

① 关于南方汉语的壮侗“底层”，参阅周振鹤、游汝杰：《方言与中国文化》，上海人民出版社 1986 年；刘丹青：《从汉语特有词类问题看语法的宏观研究》，载《江苏社会科学》，1991 年第 2 期。

以史传、民俗等为基础的“国学型”文化研究，倾向于将汉文化视为一个自足统一的整体，不大顾及汉民族的左邻右舍。可是，汉民族在不同时期不同地区（包括中原）的次级文化，不单纯是汉文化这个统一体的地方变体，有些地方文化特质不能光在汉文化中找源流和解释，而要注意跟兄弟民族文化的联系。如先秦时的楚文化，从楚辞看，已基本属于华夏文化，但从楚辞中的方言词语句法和所描述的祭祀、娱神形式看，似乎与西南少数民族文化更接近，看来楚国统治阶层和民间接受汉文化的比重是很不相同的。因此，文化学界确应加强我国兄弟民族文化的研究和跨民族的语言文化比较，这必将大大促进古今汉文化和整个中国文化的研究。就汉论汉的狭路很容易陷入困境。

语言的宏观方面——语言社团的研究，可有助于文化研究；语言的微观方面——语言要素的研究，则可以从另一个角度为文化研究出力。语言具有全民性，所以它所反映的特性往往对全社会来说都是很重要的特性，通过语言来研究往往比通过其他文化现象来研究更能客观而直接地揭示特定文化的根本属性。又因为语言具有相对的稳固性，所以它有时候还能保持较早的甚至史前的文化内涵，在这一点上，语言又具有其他许多文化现象所不具备的活化石的作用。

通过语言要素研究文化特性，有着广阔的前景和巨大的潜力。从摩尔根开始，文化学界就注重通过亲属词系统观察研究该文化的亲属制度及有关的礼法、观念。汉语的亲属词系统极其繁复，世所罕见，这正反映了汉文化看重亲伦关系，强调“长幼有序、亲疏有别”的伦理文化特性。汉语亲属词在繁复中又有不均衡。父亲的兄、弟分称“伯、叔”，母亲的兄、弟却通称“舅”，父亲的姐、妹也通称“姑”。“堂哥”的含义比较明确，是父亲兄弟的儿子，必与自身同姓，“表哥”的含义却很含混，可以是舅表、姨表、姑表三种情况，同一个人的三个“表哥”可以有三个不同的姓。可见，汉语亲属词对父方亲属，特别是父方男亲属分得精细，对母方亲属及父方女亲属则分得粗疏，这确切地反映了汉文化中以男子嫡长传承为中心的宗法制度（刘丹青 1983；陈月明 1990）。古代已婚女子称公婆为“舅姑”，这是史前氏族对偶群婚制留下的印记。

来自甲氏族的女子，其母亲来自女子丈夫（们?）的乙氏族，丈夫的父辈男子——公公，正是女子母亲的兄弟——舅，女子的婆婆则是来自甲氏族的女性长辈，即女子父亲的姐妹——姑。

以上是就汉语共同语来谈汉文化的总体。实际上，不同的汉语方言，也带有特定的亚文化内涵。同样表示细末，北方话爱用本指面粉的“面”，如“胡椒面、药面、豆面、玉米面、白面儿（海洛因）”，南方话则用本指米粉的“粉”，如“胡椒粉、药粉”等。这正体现了北方麦文化和南方稻文化的区别（刘丹青 1986）。由于地方次级文化常常叠加了华夏非华夏多种历史文化层次，因此方言中的文化蕴涵也带有这种叠加成分。还以东南地区的吴方言为例，吴方言的亲属词，就不像普通话那么“重男轻女”。无锡话称姑为“伯伯”，常熟话称姨为“叔叔”，以男词称女，似乎有抬高女性亲属地位的意思，常熟话管父母亲叫“娘老子”，先母后父，更有女尊男卑意味。在吴江、昆山的一些方言中，不但父亲的兄、弟称谓不同，而且父之姐、妹也分“嬷嬷、唔娘”，母之姐、妹也分“大姨、阿姨”，这跟北方官话不分长幼通称“姑、姨”很不相同。祖父母和外祖父母则不加区分，通称“阿爹、娘娘”。这些都说明吴文化对父方和母方，男子和女子的倚重倚轻不像北方那么明显。上述吴语称谓用的都是汉语词素，而且吴方言在总体上也接受了汉语共同语的亲属词系统，如堂表之分，这是汉文化的共有成分。同时，吴语亲属词中又确有较重视女性、母方的内涵，这应当属于另一个文化层次，是从非华夏的吴越先民那儿遗留下来的特质，这些可能跟百越（壮侗）文化更加接近。联系到文化，作为汉文化分支的现代吴越文化总体上接受了中原地区男子嫡长传承、从夫居、男尊女卑等文化特质，同时又存在陪嫁甚于彩礼、舅父权威高于叔伯等不同于北方文化的现象，在福建惠安甚至有女主外、男主内的传统（福建古称闽越，与句吴、于越等同为百越分支），这些与语言中的叠加现象是一致的。

比起词汇来，语法中隐藏的文化内涵更加隐蔽，但在某种程度上或许更加重要。语法是组词造句的抽象规则，它不像词汇那样反映可见的文化现象，而是跟民族的思维模式、思维习惯有密切关系，而民族思维特点是文化中最深层、影响最久远也最稳固的部分，同时又是最难捉摸的。语法可说是研究民族思维特点最便捷的途径之一了。在语法的词类方面，汉语和许多东方语言都存在区别于形容词（如“红、大、干净”）的一个特殊词类——状态词，如“杨柳依依、桃花红艳艳、干干净净”。世界上许多语言没有这个词类。我们曾详细分析过，这一特殊词类的存在反映了东方人思维中侧重整合性、形象性、模糊性、顿悟性的倾向（刘丹青 1991b）。在句法方面，有学者指出，汉语的句法组合多注重意合而不全靠形式标记，句子中大量存在省略现象，句法灵活多变，即意合性、简约性、灵活性，它们反映了汉人思维的领悟性、简朴实用性和辨证性（肖国政、吴振国 1989）。在语法和文化的关系方面，还有许多课题值得深入研究。

参考文献

陈月明　1990　现代汉语亲属称谓系统及其文化印记，《汉语学习》第 5 期。

李葆嘉　1990　试论原始华夏语的历史背景（提纲），《语言学通讯》第 1、2 期。

刘丹青　1983　亲属关系名词的综合研究，《语文研究》第 4 期。

刘丹青　1986　“面粉”纵横谈，《汉语学习》第 5 期。

刘丹青　1991a　从汉语特有词类问题看语法的宏观研究，《江苏社会科学》第 2 期。

刘丹青　1991b　状态词与东方思维方式，《东方文化》第 1 期，南京：东南大学出版社。

桥本万太郎　1985 《语言地理类型学》，余志鸿译，北京：北京大学出版社。

石兴邦　1986　中国新石器时代考古文化体系及其有关问题，《亚洲文明论丛》，成都：四川人民出版社。

韦庆稳　1981 《越人歌》与壮语的关系初探，《民族语文论集》，北京：中国社会科学出版社。

肖国政、吴振国　1989　汉语法特点和汉民族心态，《华中师范大学学报》（人文社会科学版）第 4 期。

张书锋　1989　从人类学、考古学、民族学看汉藏语系的形成，《广西师范大学学报》（哲学社会科学版）第 4 期。

周振鹤、游汝杰　1980　古越语地名初探，《复旦学报》第 4 期。

周振鹤、游汝杰　1986 《方言与中国文化》，上海：上海人民出版社。

（原载《东南文化》，1991 年 1 期）

“娶”与“嫁”的语法对立和汉民族对婚姻的集体无意识

一

英语中有个动词marry，意为结婚。但“结婚”是不及物动词，marry则是及物动词，如John married Anne和Anne married John。这两句都不宜用“结婚”来直译。于是常有人用“娶”和“嫁”来译marry，如把上述两句译成“约翰娶了安妮”和“安妮嫁了约翰”，这当然未尝不可。然而，切莫据此认为“娶”和“嫁”的意思就是marry，因为许多“娶”和“嫁”是不能用marry来翻译的。

二

在实词词类中，动词内部各成员的个性是最强的。有时，极少几个词，甚至一个词（如“姓”），便能在语法特征上自成一小类。人工智能所需的机贮词典、供外族人学习的详解词典，都要求给每个动词标上这些特征。从“约翰娶了安妮”和“安妮嫁了约翰”来看，“娶”和“嫁”的语法功能是一致的，区别只在于“娶”要求施事是男性、受事是女性，“嫁”则反之；只要男女性别一换，“娶”“嫁”便能互换。其实，“娶”“嫁”的功能要复杂得多，在许多情况下，即使性别对换，“娶”“嫁”仍不能对换。这种语法对立，一个初学汉语的外国人是很难掌握的，因为这不但是一个复杂的语言问题，而且是一个社会文化问题。

我们先来具体看一下“娶”和“嫁”在语法上的异同（“张林”代表男方，“李花”代表女方，“父母”代表家长或其他“监护人”，*表示不合语法，?表示合语法性可疑）：

	娶	嫁
（1）	张林娶了李花	李花嫁了张林
（2）	张林娶了媳妇	李花嫁了男人
（3）	张林娶李花做媳妇	?李花嫁张林做男人
（4）	张林娶来/走了李花	*李花嫁来/走了张林
（5）	张林把李花娶了	*李花把张林嫁了
（6）	张林娶得/不到媳妇	*李花嫁得/不到男人
（7）	李花被张林娶了	*张林被李花嫁了
（8）	父母给/为张林娶媳妇	*父母给/为李花嫁男人
（9）	张林娶了亲	*李花嫁了亲
（10）	*张林娶出去了	李花嫁出去了
（11）	*张林娶给了李花	李花嫁给了张林
（12）	*父母把张林娶了	父母把李花嫁了
（13）	*父母把张林娶给李花	父母把李花嫁给张林
（14）	*父母要娶儿子了	父母要嫁女儿了
（15）	*张林娶得/不掉	李花嫁得/不掉

从这些例句中可以看出“娶”和“嫁”的语法对立主要是两点：

（一）得与给的对立。“娶”跟“取、得、获、买、赢”这些动词属于一个功能类，所以有（4）句、（6）句，不能有（10）句、（11）句、（15）句。在（2）句到（9）句中的“娶”大都不能用英语 marry 来对译，倒是可以用 get（得到）来对译。“娶”本是“取”的同源区别字，本字就是“取”。就是说，几千年后的今天，“娶”仍然基本保留了“取”的功能。“嫁”则跟“给、送、卖、输”等构成共同的小类，语法功能跟“娶”相反。

（二）施事与受事的对立。“娶”的施事基本上是婚姻的男方，只在

（8）句中，“娶”的施事是男方的家长，男方本人则作为“娶”的受益者用“给、为”等介词引出。男方绝不能做“娶”的受事，所以不能有（12）句到（15）句。“嫁”的施事却多半不是女方，而是女方的家长或没有说出来的一方。在（12）句到（15）句中，女方都处于“嫁”的受事地位。“嫁”字有三句，即（1）句、（2）句、（11）句，从当代人的语感来说，似乎是以女方为施事的，例如（11）句还能说“李花愿意嫁给张林”。这个“似乎”大可分析。

从句法上看，（11）句的“李花”仍是受事而不是施事。“嫁给”跟“交给、递给、写给”这一类带“给”动词一样，都属于三向动词，可以跟一个施事两个受事发生组合关系，不足三个成分的可以补足三个成分。如“他交给了老师”，有一个施事（他）一个受事（老师），可以补出另一个受事“他交给老师一篇作文”。“作文交给了老师”，有两个受事，可以补出一个施事：“作文被他交给了老师”或“他把作文交给了老师”。“李花嫁给张林”这一句补不出另一个受事，不属于“他交给老师”这一类，却可以补出施事“李花被人嫁给了张林”或“父母把李花嫁给了张林”，属于“作文交给老师”一类，可见“李花”跟“作文”一样属于受事。再看（1）句，“李花”更像是“嫁”的施事了，但“张林娶了李花”可以变换成“把”字句［（5）句］和“被”字句［（7）句］，“张林”和“李花”是典型的施事和受事的关系，而“李花嫁了张林”却不能这样变换，“李花”作为施事的资格是很不充分的，（2）句、（10）句基本与此同类。总之，“娶”是双向动词，一般只要求跟男女双方组合，男施女受；“嫁”则主要用作三向动词，女方是受事，男方是与事，施事应该是男女双方以外的第三方。

“娶”和“嫁”的语法对立清楚地体现了汉族人延续几千年的婚姻观念，这可以概括为一句话：结婚就是男方从女方家长手中得到女方作为妻子和男方大家庭中的一员。在这一行为中，男方是主动参与者，有时男方家长也可以成为或代替男方成为参与者，女方则是被动的接受者，由女方家长充当参与者。

“娶”和“嫁”的用法，有些在上古汉语中就有了，如“子反欲取夏姬”(《左传·成公七年》)、“晋献公筮嫁伯姬於秦”(《左传·僖公十五年》)、“嫁女之家，三夜不息烛，思相离也。取妇之家，三日不举乐，思嗣亲也”(《礼记·曾子问》)。不管是“娶”(取)还是“嫁”，女方都是受事。更有甚者，在那时的表达中女方常常连出现在句中做一个成分的地位都没有，成了婚姻行为中无人关心也无须提及的对象，完全是家长手中的财产、工具。请看《左传》中的几个句子。“栾桓子娶於范宣子”(襄公二十一年)，即栾桓子从范宣子那儿娶了他的女儿。同类的如“伍举娶於王子牟”“椒举娶於申公子牟”(襄公二十六年)。另一类如“(晋公子重耳)及齐，齐桓公妻之”(僖公二十三年)，“妻之”，即把女儿嫁给她。《韩诗外传》卷九,二十八章“齐王厚送女，欲妻屠牛吐”与之同类。上述句子连现代汉语都无法词对词(word for word)地翻译，不得不补出“女儿”一词，用英语 marry 之类就更难以直译了。比起古代来，现代“娶”“嫁”的用法已经有所进步了。

三

以父系血缘关系为基础的氏族宗法制度(包括其婚姻制度)产生于原始社会后期。在西方，进入奴隶社会后，这种宗法关系虽有所残留，但其重要性已经被其他社会关系所弱化，而在汉民族社会中，宗法关系在奴隶社会、封建社会中都是整个社会的重要支柱。在婚姻中，被关心的是男性子孙代代相传的世袭关系，女方只是到男方家庭来完成传宗接代任务的工具。在现代中国，许多人(也许包括大部分农民)都程度不等地保留了上述那种对婚姻的传统观念，由女方到男方家去仍然是许多家庭(包括绝大部分农村家庭)的婚姻存在形态，包办婚姻、买卖婚姻(主要体现为彩礼和换亲)都还远没有绝迹。旧式婚姻观念的顽固残留成了汉族社会的特征之一。

社会语言学告诉我们，一个社会的特征往往会在该社会所用的语言中得到某种反映。汉民族延续几千年的旧式婚姻制度和观念，当然不免要在汉语中留下痕迹。“娶”“嫁”二词的用法可以说集中反映了这一点。语言特征反映社会特征，以前一般注意的是词，至多是词法（形态）。而“娶”“嫁”的词义本身并不能说明很多，体现旧式婚姻观念的主要是二者在句法组合功能上的对立。这是特别值得重视的。

词汇特征较多地反映个人的表层意识。比如，“皇上、万岁爷、大人”这一类词体现了封建的王权和等级思想，即使在封建社会，一个蔑视权贵的人也会自觉地排斥这一类词，比如高喊“杀去东京，夺了鸟位”的李逵。“神”“鬼”反映了迷信思想，《神灭论》的作者范缜就不会以理所当然的口气谈论“神”“鬼”。语法具有比词汇更大的抽象性和稳固性，因此语法特征有时可以反映一个社会中集体的深层意识，或者，借用瑞士心理学家荣格的理论，反映的是一个社会由民族心理积淀而成的集体无意识。“娶”“嫁”的语法对立正是如此。

今天的中国，毕竟已有很大一部分人确立了男女平等、自由恋爱的婚姻观，越来越多的夫妇建立起同时独立于双方家长的小家庭。《婚姻法》保障着男女双方的婚姻自主权，提倡独生子女的政策从根本上动摇了传宗接代的观念。然而，几乎所有的人，从深山荒村的“封建榆木脑袋”，到反封建的年轻斗士（如许多作家），在用到“娶”“嫁”时，仍然同样地遵守着它们的组合规律，在谈论“张林娶到了李花”或“李花嫁给了张林”。当然，后一种人的表层意识中，会把后句中的“李花”看成跟前一句的“张林”具有同样的施事资格，但他在无意识中已把“李花”放在“作文交给老师”中“作文”的那种受事地位了。这种深层的“无意识”并不完全是消极被动的，它有效地阻止人们说出“张林娶给了李花”这样的句子，集体无意识不能容忍男方成为被动的受事成分。

写到这里，不禁想起两个很有启发性的实例。无锡市滑稽剧团演过一个颇受欢迎的剧目，讲的是一位青年团女干部排除偏见，帮助一位失足青年，逐渐爱上他并愿意与之结婚。剧名就叫《我肯嫁给他》（或用吴语名《我肯嫁拨伊》）。明明是平等的甚至是女高男低的结合，而女团干部却好像觉得唯有这样说才表达了自己的心迹，剧作者也觉得这句话最能体现她的心灵美因而用作剧名。在当前的经济改革中，有人批评有些国营工厂是“皇帝的女儿不愁嫁”。“皇帝的女儿”在未婚女子中是地位最高的，又有抛彩球之类选驸马的特权，男方处于被选的地位。按说，这个比喻应该可以指对得到原料、资金之类不用愁，实际上，说汉语的人无须看说明便可知道这个比喻只能指对产品卖出去不用“愁”。集体无意识的力量有时是强大的。团干部、剧作者、打比方的人，都存在着这种集体无意识，虽然他们丝毫不想用宗法观念来看待婚姻，更不想贬低妇女的地位。改变这种集体无意识，比改变个人的某种表层意识要困难得多。

（原载《文化的语言视界——中国文化语言学论集》，
上海三联书店，1991年）

面粉“纵横谈”

“面粉”的“面”，原写作“麪”，俗作“麵”，许慎说“麪，麦屑也，从麦丏声”，指的就是面粉。后写成“面”，用的是同音替代简化法，“面”本是“脸面”之“面”。

古代的“面”，成了现代普通话的“面粉”，这是汉语词汇不断双音化的自然结果。可是，在北方好些地方的口语里，像北京、济南、西安，还可以只说一个“面”字，如“店里进了十袋面”。北方是小麦产区，面粉历来是最主要的细粮，人们在交际中常常要提到，而最常用的词往往在双音化的冲击下也岿然不动，保持单音状态，“人、水、天、打、红”就是这样，因为说起来简短省事。这在语言学上叫“经济性原则”。在南方的吴、粤、闽、客家、湘、赣等方言中，表示面粉却无不用双音词，如苏州、广州、厦门、梅县的“面粉”，长沙、南昌的“灰面”，无锡的“干面”，温州的“麸面”，潮州的“面灰”，等等。因为这些地方都是产稻区，主食是米饭，表示面粉的词远不及北方常用，就被“化”成双音词了。最有趣的是，西南地区明明属于北方方言（官话）区，可是也像非官话区一样，都用双音词，如成都、昆明都说“灰面”。它们在语言上属北方，地理上属产稻的南方，所以在这个具体词的使用上站到了南方方言一边。

南方方言及西南官话里也有单音节的“面”，不过指的是面条。北方人说“吃面条”，南方人说“吃面、食面”等。或许，产稻区食用面粉，常常是制成面条来吃的，于是就用本来表示面粉的“面”来指称面条这种面食了。而在北方，“面”指面粉，面条只是许多种面食里的一种，并且不一定比其他面食常用，所以一般不单说“面”，除非加上修饰成分说成“肉丝面、凉拌面、挂面”等。

再来看“面粉”的“粉”。许慎《说文解字》称“粉，傅面者也，从米分声”。这还没有说透，因为搽脸的粉跟“从米”不太合拍。朱骏声《说文通训定声》则认为“米末谓之粉，从米从分，会意”。说“从分”“会意”，是根据声训，还不如许氏的“分声”有道理，但以“米末”为“粉”的本义看来更合情理。现在，普通话“粉”单用多指“傅面者”，而“米末”之“粉”已双音化为“米粉”，北方话的口语多半也是这种情况。可是在南方话中，米粉还经常说成“粉”，如问做某种糕点是“用粉还是用灰面”。这正好跟北方用双音词表示米粉而用单音词表示面粉的情形相反，但道理都是一个，只因为北方是产麦区而南方是产稻区。

上述这种南北对立，还稍有参差。北方一般不单用“面”来表示面条，南方却可以单用“粉”指用米粉制成的面条样食品（多见于华南、西南及湖北），如问“吃饭”还是“吃粉”。这倒另有原因。汉语中，越往南，保存的单音词越多，双音化进程越慢，如“眉毛、颜色、鸭子、窗户”，在苏州话中是“眉毛、颜色、鸭、窗盘／窗”。在广州话中是“眉、色、鸭、窗”。上述“面条”和“粉”的不对应可能与此有关。另外，北方话的“米饭、干饭”等双音词，在非官话区一律只说“饭”，这可能跟前面谈到的两个原因都有关系。一方面，南方的主食就是米饭，是经常要提到的，在绝大多数场合又无须与其他饭食区别，所以就用了单音词来表示。另一方面，南方话本身就倾向于多用单音词。

“面”和“粉”有共同的引申义，都泛指细末，其中有的也体现在构词的语素上，这儿也有南北之别。北方多用本义为面粉的“面”来表示，如“胡椒面、白面儿（毒品）、药面、豆面、玉米面”等，甚至米粉也可以说“米面”；南方一般只用本义为米粉的“粉”，如“胡椒粉、白粉、药粉、豆粉、玉米粉”等。不过，“粉”在北方话里有时也用，还有些用“面”用“粉”均可，如“药面／药粉”；有些还只能用“粉”，如“奶粉”，特别是从南方引入的东西，如“藕粉、蟹粉”。

末了，咱们再回到“面粉”这个词，从本义看，不妨将它看作一个联合型的偏义复合词，“面粉”指“面”（“麦屑”）不指“粉”（米末），正像“国家”指国不指家。实际上，看作偏正型可能更合理一些。在整个汉语中，如上所举，用“粉”表示细末比用“面”多，在“面粉”中，“粉”用的是细末义，而“面”修饰“粉”，表示“小麦做的粉”，跟“豆粉、藕粉”等构造相同，只不过“面粉”的“面”已有细末义，“粉”重复了一下细末义，这在语言学上属于羡余现象。

（原载《汉语学习》，1986 年第 5 期）

农业文化的语言印证

几千年的农业经济，给汉文化的各方面造成了非常深刻的影响，农业文化在汉语汉字中也留下了鲜明的印记。

汉语中直接与农业生产有关的词语、俗语、谚语特别丰富，不胜枚举。福建人干脆管人叫“农”便是突出的例子。这种说法虽然不普遍，但至少汉“人”的一半——“男”，是跟农业有关的。“男”字从田从力，表示在农田里劳作。四季之一“秋”，“秋”字从禾，《说文解字》云“秋，禾谷熟也”，用庄稼成熟作为季节的代称，自然是农业社会的特点。汉人用来下饭的，不管荤素，统称“菜”，“菜”字从“艹”（草），本义自然只指从地里采来的蔬菜，不像游牧民族，主要以肉、奶类为食。再看下面这些有着农业方面语源的普通词：“租”（从禾，田赋）、“税”（同“租”）、“界”（从田，田界）、种类之“种”（种子）、广播之“播”（播种）、秉公之“秉”（手握一禾）、“兼”（手握双禾）、“精、粗、糙”（三字均从“米”，本指米之精粗）。这种引申并非古代独有。咱们现代仍爱将农业词语引申出普通意义，请看一项工作的全过程：一个念头“萌发”，事情尚在“萌芽”状态，还需要辛勤“耕耘”，才能有所“收获”（“获”繁体从禾，收庄稼）。“收获”若是产品或著作，还需寻得销售“渠道”，才算有了“结果”。这些词义引申的轨迹，在非农业民族的语言中是不可能大量存在的。

以上分析的都是较明显的例子。下面，我们着重分析几组合成词，它们初看之下跟农业无关，实际上多少都是农业文化的产物。

[家庭、家园、社会]

“家庭”是人的群体，可是，“家”字不是屋里有“人”，而是屋里有“豕”（猪），这显得有点怪。而且，“豕”是牲畜，似乎跟畜牧业而不是农业有关。其实不然。文化史表明，农业民族并非只种庄稼，更常见的是兼养某些家畜家禽。猪恰好是农业社会的特色牲畜而不是游牧社会的特色牲畜。猪是杂食动物，不需要“逐水草而徙”，而且它们好吃懒动，也不适合大范围远距离的游牧。庄稼的许多副产品可做猪饲料，猪粪更是肥田佳品，猪肉则弥补了庄稼类食物营养的不足。屋内有猪，虽非家之必然，却正是农业家庭的一个典型特征。更重要的是，“家”从“宀”，“庭”从“广”，本义都是指固定的住处、建筑。农业社会的一大特征就是定居，一家人在一个固定的房屋里共同生活，所以才能用固定住处的名称来代称这种人的群体。狩猎民族要跟着猎物转悠，游牧民族要随着水草状况而飘荡，一群人或一家人都没有固定住处，也就不宜用“家庭”这种住处建筑意义来指一家人的群体。

“家园”泛指家庭或家乡，含有珍爱的感情色彩。它跟“家庭”一样也是本指处所，只是“庭”指厅堂，在室内，而“园”指庭园、田园，范围更大，并且更明显跟农业有关。这个词的感情色彩，真切反映了农业民族与固定田地特有的感情联系。与“父母在，不远游”“叶落归根”等汉民族心理是一致的。

“社会”的现代用法借自日语（日语用“社会”这两个汉字来意译英语的 society），“社”本指土地神，与谷神“稷”组合代称国家，同时，土地神不但受君主供奉祭祀，也是地方上百姓供奉祭祀的主神，因为百姓主要是定居的农民，土地是他们的命根。但土地神并不是每家供奉，而是一定范围内的群体（通常是村落）共同供奉在一处，到一定时候共同来举行祭祀。于是，“社”不但指土地神，也指供“社”的处所、祭“社”的时间和活动。以后，又泛指跟祭神有关甚至无关的乡村集体活动，如“社戏”“社火”。“社”是人们集中交往的大好时机，因此“社”又泛指由人结合而成的集体，如“诗社、茶社、学社、公社”。“社”的这些意义，又被借入同属农业社会的日本，以至连现代的有限公司也叫“株式会社”。表示土地神的“社”，正是在农业社会的特定文化背景下逐渐扩展其语义，以至形成“社会”一词。传统的中国“社会”，不正是由一群群扎根于土地、寄望于“社”的人“会”合而成的吗？

[艺术、政治]

“艺术”，“术”繁体从“行”，本为道路之意，引申为方法、技术，与“道”的引申脉络相似。在“艺术”一词中，意义重心在“艺”，“艺”可代替“艺术”而“术”不可以。“艺”及其繁体都从“艹”，本义是种植，属地道的农业词。种田需有种田的技术，“艺”从种植义引申为农业技术，再引申为一切技艺，古代教育内容有“六艺”——礼、乐、射、御、书、数，这里的“艺”已是泛指，而不是农业技艺了。到近代，“艺”由泛指技艺逐渐变为专指艺术，以至一般人并不觉察，“农艺、园艺”中的“艺”，其实比“艺术”之“艺”更接近本义，有些自诩高雅、瞧不起农业的艺术家，更不知“艺术”之“艺”的老祖宗正是种田。

“政治”一词，“政”侧重权力、权威，本为名词，而“治”侧重治理、统治，本为动词。“治”又可做形容词，意为经治理而安定太平，与“乱”相对，如“天下大治”。但“治”字从水，本义是治水。水利是农业的命脉，农业社会最大的自然威胁是水旱，最大的社会威胁是战乱，一时误了农时，全年收成遭毁。而修水利、保太平，都需要权威、政权。治水跟统治国家，对农业民族来说，确有太多的相似之处甚至紧密联系，许多政治家就因为治水贡献而名垂千古。在这种文化背景下，“治水”之“治”跟“政”组合成“政治”，也就不是偶然的了。

[根本、本末]

“根本”是事物最重要的部分或方面，在汉语中是个意义抽象、用途广泛的常用词，如“根本问题、根本解决”。“根”“本”二字是同义并列，“本”由一短横指出根部，二字都为“根”义。事物的重要方面可从许多角度引申，而汉语独选植物之根来表示，这又与农业有关。采集文化和农业文化都要同植物打交道，但采集民族只需关心现成的可食部分，而农业民族却必须精心观察研究植物生长的全过程。因此，他们深深懂得，根部是整棵植物——庄稼的生命所在，根部受毁，全株皆完，而这关系到农业的收成。这样，选用“根本”来表示最重要的部分，也就很好理解了。

再看“本末”，这是反义并列，“末”指植物的末梢。引申开去，“本末”便指重要方面和次要方面。这一引申，自然也跟农业文化有关。更有意思的是，这一从农业意义而来的引申泛指意义，又反过来专指与农业有关的意义。在汉族传统政治经济理论中，“本”专指农业、“末”专指商业，每当商业活跃之时，便有人出来呼吁“重本抑末”，而商人发了财，也总是不忘把金钱换成农田，做地位更加稳固的地主。可见农业为本的思想，在我们这个农业文化的社会中是何等牢固。“本末”这个词，真是在双重意义上反映了汉文化农业社会的特点。

（原载《中文自学指导》，1991 年第 6 期）

数字的数学意义和文化意义

就本义来说，数字只表达数学意义。那各种各样的非数学意义，则是在民族文化的历史长河中逐渐形成的。各个民族文化赋予数字的意义并不相同，因此，这些非数学意义可以统称为数字的文化意义。

数字文化意义的形成，跟数字的数学性质有一定关系，但其文化意义并非完全由其数学性质决定；假如完全由数学性质决定，那么，各民族的数字文化意义就该相同了。所以，确切地说，数字文化意义，是由不同文化对其数学性质的认识、引申、解释造成的。

汉民族有着数千年悠久文化，汉语也经历了数千年的发展，汉语数字的文化意义异常丰富。光是从“一”到“十”十个基本数字，几乎每个数字都有其特殊的重要文化意义。

“一”

“一”为数之始，这就奠定了它重要文化地位的数学基础。开始自然是重要的，在汉文化中，“一”由数之始进而被看成万物之始，这在道家哲学和宗教中表现得尤其突出。老子认为“道生一,一生二,二生三,三生万物”，“一”成为抽象的“道”转化为具体的物质世界的起点。有时，“一”干脆成为“道”的代名词，并被冠以“太”字以突出其至尊的地位——“太一”（又称“泰一”）。在汉民族的神话、宗教系统中，“太一”（也作“太乙”）又成为诸神之最“天帝”的代名词。

“一”的重要性不止于此。“一”的数学性质本就是多样的，它的文化意义就更加多样。在整数范围内，唯有“一”不能再被分解（整除）。因而，它代表了单独的个体或单纯的性质，跟“单、独、纯”等成了同义词。单独的个体在艺术上有突出形象的聚焦作用，李煜名句“一江春水向东流”，如换成“大江春水向东流”，意境就稍显逊色。人名“张帆”的形象性，也不如“张一帆”鲜明。甚至群体形象也可以借“一”化为许多个个体形象，“一道道青山紧相连”就有如此效果。单纯的性质是许多中国人，特别是道士僧人所追求的美德，“一”被取入名字道号的例子很多，“一清道人”“弘一法师”之类就反映了这种价值取向。比起小数、分数来，“一”又是完整、整体的代表，“统一、整一、合一、一齐、一律”等词都用到了“一”的这层意义，杜牧《阿房宫赋》“六王毕，四海一”径用“一”做“统一”的同义动词。此外，“一”是唯一的乘任何数、除任何数都仍得该数的数字，“一”的任何次方仍得“一”，因此“一”还带上不变的含义，“始终如一、一以贯之”等成语都用“一”强调恒久不变。“一”在所有正整数中，毕竟又是最小的数字，因而很自然地又获得了“少”的含义，特别是跟其他数字相对时，如“一丁点儿、九牛一毛、千钧一发”，当然，若跟比“一”还小的分数“半”配合，强调“小”就更理想了，如“一鳞半爪、一知半解”之类。“一”从数量小又发展出时间极短的意义，并形成了副词性关联词的用法，古有“一触即发”一类，今天咱们还说“他俩一见面就吵架”。

以上意义都是从“一”的基数义发展出来的。作为序数，它就不是小、少，而是老大，排在最前面，“一流产品、一级教练、第一把手”，都是最高最好之意（除非前面还有“特级”“高级”之类）。但是也有例外，工人的级别，就是从“一级”到“八级”由低到高升上去的。作为序数，“一”也有一批同义词：元（元月）、大（老大）、首（首位）、头（头等）。这些词大都有头脑之意，用它们代表“一”正显示了汉文化对序数“一”的看重。难怪咱们逢“一”的节日特别多，春节（年初一）、七月一日、八月一日、十月一日等。除了有一定的历史事件原因之外，选在一日也契合了汉人的文化心理。

“一”的有些文化意义，要跟其他数字比较了才看得更清，容下文再谈。

“二”

“二”的数学性质不比“一”简单，它的文化意义也不比“一”小。“二”是偶数之始，在自然数列中，它是第一个能被其他数整除的数，又是能整除所有偶数的唯一的一个数字。汉民族早在远古时期就发展出了朴素的一分为二的辩证哲学思想，这大大增加了“二”的文化重要性。这种辩证思想的代表是阴阳学说。古人认为，“太一出两仪，两仪出阴阳”(《吕氏春秋·仲夏纪·大乐》)；万事万物都有阴阳两个方面相对构成一个整体，天—地、男—女、昼—夜、峰—谷、日（太阳）—月（太阴）、盈—亏、盛—衰，等等。天地缺一无以生万物，男女缺一无以滋人类。在这一意义上，“二”才是完整的、完美的，而相比之下，“一”便有孤单、不完善之意。由此发展，“二”及其倍数，即一切偶数，都代表吉、喜庆，“一”及一切奇数，则与凶、不幸有关。难怪结婚送礼钱，数目定额逢双，办喜事人家发糖也要逢双，甚至发喜烟也要两支一发，而平时发烟总是一支一发的。1990 年 10 月 14 日，正逢阴历 8 月 26 日，阴阳历月份日期巧逢四个双数，报载北京城里形成结婚高潮，可能还不止北京一地，都是图这四双会集的大吉大利之时。只有办丧事时，送礼钱要逢单，上菜数目也逢单，以示对逝者的哀悼。求双求对的价值观，又跟汉民族特重对称的审美观相互促进和强化，从而渗透到生活的许多方面。门前石狮要成对，门口灯笼要成双，小户人家没有这些，那门上一年一度的春联是非贴不可的。我们的文学语言也极重成双成对，它成为骈文、律诗的首要美学原则。即使在口头语言中，成对出现的单位也比比皆是，如大量的对称四字格（死去活来）、对称俗语（你一言他一语）、对称谚语等。在汉语中，除了“一”，只有“二”有不少同义近义词：“两（本指成对物）、对、双、偶、骈、俪”，这些词，都表达了一可分二，合二才成一的意思。“美丽”的“麗”是“俪”（儷）的古字，这充分说明了汉人以“俪”（成对）为美的观念。二龙戏珠、干将莫邪雌雄二剑等，都成为汉文化中恒久不衰的优美艺术形象。

“二”的重要性，不仅在于其本身及其倍数——偶数，而且在于对其他数字的作用。别的数字如果成双出现，便容易成为富有意义的数字。看一下中国的传统民间节日：正月一（春节）、二月二（龙抬头）、三月三、五月五（端午）、六月六（某些地区的猫狗节日）、七月七（乞巧）、九月九（重阳），十二个月中，竟有多个月日同数的节日，数字在其中的作用是不能低估的。

当然，比起“一”这个不可分的单独整体来，“二”是个可分的数字。所以“一”是稳固、不变，“二”就有分离、变异之意，试比较：“一心、一心一意”和“二心、三心二意”。在两派冲突中，“两面派”往往不受欢迎，一旦暴露，难免成为“风箱里的老鼠——两头受气”。

“二”跟“一”虽然只相差一，但作为序数，地位却远不如“一”。“一流”“一等”都有赞美之意，“二流子”“二等公民”却是十足的贬义词。

“三”

“三”是多之始。在自然数列中，“三”是第一个与“一”相隔的数，就这一点，使“三”成了多的代表，老子的“道”，生到“三”便生万物了。“三”的文化意义没有“一”和“二”复杂，基本上都跟多有关。先秦汉语中，“三”字用得特别多，其中许多并不表示确数“三”，而是泛指多。如《论语》“三思而后行”，《左传》“三折肱，知为良医”，《诗经》“不稼不穑，胡取禾三百廛兮”，“三”都可以用“多、几、数”来翻译。训诂学家们早就注意到这一点，清人汪中撰《释三九》，专门分析了“三”表多的现象。

“三”没有“一”“二”那种浓郁的哲学、宗教气息，但却有强大的世俗、民间文化的活力，是个很得中国人宠爱的数字。汉民族在创造文化符号时，特别爱把三样相关事物凑在一起，以显示其多，满足多样化统一的审美需要。松、竹、梅称为“岁寒三友”，书、画、印俱佳即成“三绝”。至于“三鲜汤”“炒三样”，超出三种菜料是常事，不到三种有时也冒称“三鲜”。小说家是最懂得“三”的魅力的，《三国演义》有桃园三结义、三请诸葛亮、三气周瑜，《水浒》有三打祝家庄，《西游记》有三打白骨精，《红楼梦》有刘姥姥三进贾府，都是脍炙人口的故事。

“三”跟其他数字的配合也很有趣。“三”是多之始，若与小于“三”的“二”配合，那表示的不是多而是少，如“三三两两”“三言两语”；若跟大于“三”的数字配合，则强调多，如“三令五申”“三姑六婆”。但“三”跟“四”配合，却是贬义多于数量义，如“丢三落四、推三阻四、低三下四、不三不四”，这可能是奇偶相连引起的不协调感，“七……八……”相连也有这种效果，详下。

“三”作为序数，那肯定是贬多于褒了。“三流歌手、三流作家、下三流”，都带有鄙薄之意。但序数“三”用于时间，却没有贬义，还可能是个重要日子。人出生后过的第一个纪念日，就是“三朝”，有的地区还要隆重请吃“三朝面”，以庆祝婴儿已平安度过很“多”日子。

“三”为多的文化观念，远起于汉民族形成之初，这有汉字为证。汉字造字时，就是用三个相同字形来合成该事物多之意的，如“众、森、品、垚（尧）、晶、磊”。这种“三”字文化历经数千年，依旧不衰。

“四”

“四”是全之始。汉语数字中，表示“全部、所有”含义的数字有好几个，“四”是其中最小的数字，也是最基本的一个。从空间看，以人为基点，方向有前后左右四个；相对于太阳的位置，则方向为东南西北四个。从时间看，汉民族把一年分为春夏秋冬四季。这就大大加强了“四”代表“全”的地位，还有一些小因素，如人有四肢、汉语调有四声等，也帮助增强“四”给人的“全”之感。

“四”表全部，有许多是直接从四个方位和四季而来，贴近本义，如“四方、四季、四时”，但运用时其实已不强调分开的四者，而是看作包含全部的一个整体，如“四方宾朋、四海之内皆兄弟、香飘四季”。“四季”完全是“全年”的代名词。还有一些用“四”的，已进一步引申虚化，只表全部，不能确切地分成四份，如“四邻”是所有邻居或邻国，“四国”古代也可指所有邻国，“四座皆惊”即“满座皆惊”，“烽烟四起”即到处闹兵。汉文化中，把四样事物凑在一起的也跟三物并举的一样多，但比较起来，举“四”言全，举“三”言多，区别还是明显的。如古书分经史子集“四部”，清代又整理为“四库全书”。古代把治国之纲总结为“礼义廉耻”——“四维”，孟子则把道德观念归结为“仁义礼智”——“四端”，并与人的四肢作比说“人之有是四端也，犹其有四体也”。印度文化也重视“四”，认为世界有四大物质“地水风火”，佛教有“四大皆空”“四大金刚”，后两者也融合到中国文化中了。此外中国人在列举有代表性的人或物时，也特别爱“四”，如战国时信陵、平原、孟尝、春申四君子，古代四大美女，初唐诗坛四杰，京剧四大名旦，江南四大米市等。这些虽然是实在的“四”，但毕竟有以“四”概“全”之意。

可是，“四”在汉语中与“死”音近，仅有去声与上声之别，这给“四”蒙上了一层色彩。在有些行当，“四”字的读音便成了禁忌的对象。影响所及，连“四”读 sì 、“死”读“洗”二字不同音的沪苏一带，“四”也是禁忌，面馆中遇到要喊“四碗”，便喊一声“两两碗”避开了“四”。有趣的是，“四”“死”二字都被借入日语，而日语没有声调，二者完全同音，讲迷信的日本人，忌“四”竟比中国人还厉害。汉字文化圈把“四”的忌讳也带出中国了。

“一”为数之始、“二”为偶数之始、“三”为多之始、“四”为全之始，这四个数字，大概就构成了汉语基本数字中最基本的数字，汉字用横线数目表实际数字，也到“四”为止：一、二、三、亖（后改作“四”）。“五”以上，便用其他方式构字了。

“五”

“五”是“十”的一半。汉民族早就采用十进制计数，“十”是第一个进位之数，是数字第一轮循环的结束和第二轮循环的开始，又是汉字系统中用单个汉字表达的连续数字中最大的数字（“百”“千”等与“十”不相连续，“十一”起用两个数字表示），因而是个重要数字，“五”就因为是“十”的一半而获得一定的重要性。人们在庆祝某事物的周年纪念日时，除了逢十的周年（十、二十、三十……），就数逢五的周年（十五、二十五、三十五……）隆重。但是，“五”的文化意义并不到此为止。汉文化的阴阳学说，进一步发展为阴阳五行学说。“五行”的基本意义是，世界万事万物都由木、火、土、金、水五种基本要素构成。除太阳、太阴（月亮）外，五颗最亮的星星（行星）成为五行在天上的代表，分别以五行之一的名称命名。《说文》就以五行来释“五”，“㐅（即五），五行也，从二，阴阳在天地间交午也”。五行学说大大增强了“五”在汉文化中的重要性，成为另一个表“全”的数字。

五行学说不限于解释世界的基本要素，而且还将五行推广到其他方面。很多重要的自然现象和人文现象都被划分为五个基本范畴，并且与木、火、土、金、水相配。色彩有“五色”：青（木色）、赤（火色）、黄（土色）、白（金色）、黑（水色）。音阶有“五音”：宫、商、角、徵、羽。地域有四方加上中构成“五方”：东（主木，青龙）、南（主火，朱雀）、中（主土，黄龙）、西（主金，白虎）、北（主水，玄武），甚至后世有些音韵学家在给声母分类时，也将唇舌齿牙喉“五音”分别与五行相配，每个朝代也都有所配的“行”与“色”，如黄帝土德黄色、炎帝火德赤色、秦水德黑色等。“五”表达的“全”与“四”表达的“全”在文化意义上是有所区别的。“四”之“全”由四方、四季而来，是确实包含全体之“全”，“五”之“全”由五行而来，是用五种基本要素概括全体之“全”。如颜色细分有数十数百种，而以五色概括。类似的情况有许多，如“五谷”（具体内含说法不一）指一切粮食作物乃至一切农作物，“五味”（甜、酸、苦、辣、咸）指一切味道，“五虫”（倮虫、毛虫、羽虫、鳞虫、甲虫）指一切动物，“五刃”（刀、剑、矛、戟、矢）指一切兵器，“五金”（金、银、铜、铁、锡）指一切金属。

“五”跟其他数字配合，也能帮助我们看出“五”的文化意义。跟表示“多”的“三”配合，“五”也沾上“多”的意味，如“三令五申”、“三五成群”（比“三三两两”多）。跟表示“全”的“四”配合，两“全”一起更强调全部，如“五湖四海”（全国各地）、“四分五裂”（彻底分裂）。跟大于“五”的数字相配，表示多而全，但重在多，如“五颜六色、五花八门”。跟“十”相配，由于“十”本是全而多，重在全，因此“五”也帮助表达这一意义，如“五光十色”。

“六”

“六”用于文化意义似乎不如前五个数字常见，但它的文化意义却颇不简单。其实，“六”的数学性质首先就比较复杂。“六”是“二”和“三”的乘积，如果不考虑“一二得二”，那么，在自然数列中，“六”是第一个既为奇数的倍数，又为偶数的倍数的数字。跟奇数和偶数同时有关可能为“六”在文化意义上的两重性奠定了基础。此外，阴阳学说关于数字的观点，又加强了“六”字文化意义的复杂性。“六”本身是偶数，按民间信仰本该属吉数。在阴阳学说中，则奇数为阳，偶数为阴。虽然阴阳各有长短，但“六”被看作阴数之极（与阳数之极“九”相对），不免显得“阴气”太重。于是，“六”在汉文化中便带上了吉与凶双重意义。一方面，“六”常常跟“顺”联系在一起，称为“六顺”，打扑克发牌、打麻将开牌，遇“六”也称“六顺”，由庄家右手第一人开始。云南省原来有个“六顺县”，也由这种观念而得名。两个“六”

相遇，则更顺，称为“六六大顺”。但是，汉文化中又有“六冲”之说，这成了迷信者所认定的阻碍婚姻的唯一年龄限制。意思是说，男女双方年龄若相差六岁，则他们的婚姻将是不吉利的，因而不能结婚。在这里，“六”又成为不顺之数了。阴历六月初六，两个“六”相逢之日，是许多地区猫狗的节日，一说为猫狗生日。这天，应该给猫狗洗澡，人要吃馄饨，都与水有关，水正是柔性的、阴性的。

从空间看，平面上的方向有四个，“四方”成了所有方向的总称；但在三维空间中，“四方”加上天地两者便成了六个方面，汉语中称为“六合”。李白诗云“秦王扫六合，虎视何雄哉”。“六”也获得了泛指所有地方的文化意义，类似的还有“六极”“六幽”等说法，但终究没有“四”常用。人死后所住的空间也是六面体——棺材，所以有些地方讳称死为“睡六块板”。

“七”

“七”的数学性质很奇特，在自然数列的前十名中，“七”是个最不合群的数字，因为它是唯一的既不能整除任何数，又不能被任何数（除“一”外）整除的数字，不做乘积、不做商，跟任何数都没有明显关系。这种性质，给“七”带上了独特、古怪、神秘甚至凶险的色彩。在汉语运用和汉文化生活中，“七”的用武之地不多，人们通常对它敬而远之。跟“七”联系最紧的生活内容是丧事，人死后每七天为一个悼亡祭灵的周期，称为“头七、二七……”，到七七四十九天结束，称为“断七”。送丧礼钱要取奇数，而“七”也是奇数，这倒是一致的，只是“七”是奇数中最为“凶”的数字。中国古代办丧事时，要给死人躺杉木板，板上有七个孔，称“七星板”，“七”成了丧事的文化符号。“七星”本为北斗之名，大概因为“七”的缘故，带上了凶险神秘之意，所谓“七星宝剑”也给人一股肃杀之气。古代神话中有一个凶神，名字就叫“七煞”。至今“七煞”还是吴地的骂人话。《西游记》中太白金星炼丹炉将齐天大圣炼了七七四十九天，也就是想炼死神猴，谁知这神秘之炉和神秘之数却练就了悟空的铜头铁臂和火眼金睛。阴历“七月”在汉文化中是“鬼月”，整整一个月因“七”而带上“鬼气”，“七月半”则是明确的“鬼节”。

阴历七月七，两“七”相遇，也是汉民族的节日，称“乞巧”，那天，据说是牛郎织女鹊桥相会之日，是个带点喜气的日子，人间的姑娘媳妇们也借机向织女乞求传授织布巧技。不过，这喜气毕竟是带着悲剧色彩的，因为相会之后，就将是一整年孤独分离的日子在等着这对苦命夫妻。这个故事选七月七作为相会之日，确实不是偶然的。

“七”不管实用虚用，总容易带上贬义。“七窍”“七孔”，其实意思也跟“五官”相近，可是，只用在“七窍生烟”“七孔流血”之类不大恭敬的说法中，赞美一个人“五官端正”，是绝不会说“七窍端正”的。“七”这个不合群的数字，能搭配的唯一数字是邻数“八”，这一奇一偶搭配的结果是让本无贬义的“八”也带上贬义，如“七零八落、七拼八凑、横七竖八、乱七八糟”。

“八”

“八”是“四”的两倍，又是“二”的立方（三次方），是第一个可开立方之数（“一”的任何次方都得一，不计）。“八”的文化意义也跟“四”一致。“四”表示全部，“八”也表示全部，只是更为强调。东南西北和四方，分得再细一点，加上东南、东北、西南、西北，便成为八方。“四方来宾”“四方支援”，也可以说“八方来宾”“八方支援”，意思基本相同，只是说“八”更带夸张语气。一年四季，春夏秋冬，古人又以立春立夏立秋立冬加上春分夏至秋分冬至合为“八节”，“八节”和“四季”一样都可以代指所有时间。在更为虚化的用法中，“八”也可以看作“四”的进一步强调，如“八面玲珑”，比“四面讨好”更加强调。至于“八宝饭”“八宝鸭”“八珍糕”之类，“八”更有全而多之意，在多的意义上，是“四”所不能代替的。

由于“四”“八”基本同义，因此这两个字常常配合使用，这比单用“四”或“八”更强调全部，如“四面八方、四通八达、四平八稳”。可是“八”跟“七”相配却有多而杂乱的贬义，这跟“四”“三”相配的贬义恰恰相映成趣（例子已见“三”“七”处，不再重复）。“三”“四”，“七”“八”都是相邻的奇偶两数，可见数字及数字搭配的文化意义确实跟它们的数学性质有关。

在谐音方面，“八”的命运却比“四”好得多。“四”因为音近“死”而有时被忌讳，“八”却由于谐音“发”而受到中国人（主要是闽广人）的青睐。许多闽广人在生活中视“八”为神明，尤其是商人，更关心“八”（发）的好运。据报载，旅馆中带“8”字号码的房间，总是被闽广人抢着订，若有“888”号，更是四季常满，个别人甚至不带“8”的房间不住，海南省有一厂家，所产的电视机就叫“888”牌，“发发发”，让做着发财梦的人听来确实带劲，可是对“北佬”们的作用还不明显。不过随着南风北渐，北边也开始有厂商挖掘起“八”的潜力来，江苏盐城的“燕舞燕舞”厂，就推出了“燕舞888”的新型产品。对“八”的崇拜也被闽广人带到海外。新加坡不久前建起一批中国古代名人塑像，选八人，据说也是为谐“发”，不过这个“发”解作“发财”大概不宜，恐怕只能是“发达”之意了。

“八”字字形简单却有一定的形象性。作为汉字，“八”也常被人移作他用。唇上髭须被形象地称为“八字须”，事情还没头绪叫“八字还没一撇”。人们对旧时官府的评价是“衙门八字开，有理无钱莫进来”。这句谚语中用得极妙的“八”字，是既不能意译，又不能音译，恐怕得“形译”才行。

“九”

“九”是“三”的三倍和平方，是最大的一个个位数，这是“九”

字文化意义的数学基础。在阴阳学说中，“九”是阳数之极，这又加重了“九”的文化意味。“三”是表多之数，“九”是“三”的平方，“三”不足以言其多时，便可用“九”来强调。对此，清人汪中在《释三九》中已分析过了。按说，“十”比“九”大，但“十”已进位，在两位数中是最小的，所以中国人宁可用个位数中的最大者来强调多。人们描写极高的天有九重，简称为“九霄”，上面住着“九天玄女”一类神仙。相对地，地下则有极深的“九泉”，人死之后，只能“九泉有知”。至于《左传》“三折肱，知为良医”，到《楚辞》中说成“九折臂而成医兮”，更说明“三”“九”都是言多之辞。山川河流称“九”的也很多，黄河流域众多支流古代总称为“九河”，与此相应，则有长江流域的“茫茫九派”。此外还有“九嶷山、九华山、九龙江”等。

在有些情况下，人们是明显地故意取“九”舍“十”的。在吴地，习惯上庆祝“某十大寿”是在虚岁逢九的年纪时举行的，如四十九岁时做“五十大寿”，六十九岁时做“七十大寿”，还名之为“做九不做十”。进位缺一的多位九数，在汉人看来更能显示多，更有表达力和形象性。“饭后百步走，活到九十九”，当然有押韵的缘故，可“黄河九十九道弯”，却纯粹为了强调和增强形象性。电影《红高粱》的歌词作者深谙此道，“九千九百九”一句，广为流行。

阴阳家定“九”为阳极之数，这也进一步提高了“九”的地位。阴历九月初九，并没有什么要纪念的事物，只因为两个阳数相遇，就成为一个颇大的节日，称为“重阳”，地位比两阴相遇的“六月六”高。重阳是人的节日，要登高，体现“阳”意；“六月六”是猫狗的节日，要下水，体现“阴”意。

“九”的文化意义不仅体现于个位数“九”的本身，而且还影响到带“九”的多位数（如“九千九百九”）和“九”的倍数，形成了一个阵容庞大的“九文化”家族，这在数字中是最突出的。许多“九”的倍数都有与“九”有关的文化功能，人们乐意用它们做文化符号。“九”的两倍“十八”，也强调多，地下除了“九泉”，还有更糟糕的“十八层地狱”。武士们最喜欢自夸的是精通“十八般武艺”。“九”的四倍是“三十六”，又是一个表多的数字，“三十六计”“三十六行”可为例证。“三十六行”的十倍“三百六十行”，也还指多。《水浒传》里则有“三十六天罡星”，还有“七十二地煞星”——“九”的八倍，加起来是“一百单八将”——“九”的十二倍。《水浒传》用这些“九家族”成员，当然不光是指多，而且也给这些“替天行道”的好汉增加神秘色彩——“天意”“阳气”之类，一百零八将的头儿宋江，就是靠了“九天玄女”亲授的“天书”来带领这支队伍的。《西游记》里唐僧师徒到西天取经，要历经九九八十一难，这是大神们有意设下考验他们的，当然在“多”之外有更多的神圣意味了。孙悟空有“七十二变”，也是“九”的八倍，但比起体现佛法的“八十一难”来，毕竟又差一筹。两位数有八九十个之多，恰恰这些“九”的倍数有如此重要的作用，这绝不是偶然的。

“九”跟其他数字配合，主要也表示多。跟“一”相配构成多少对比，如“九死一生”“九牛一毛”。“九”和“三”“六”是汉语中表多的数字系列，“三”和“六”相配前已举例，“三”和“九”相配如“三跪九叩”。“三跪九叩”虽有实义，但作为礼仪，它是人为规定的，可知规定者是有意取其象征意义的。“六”和“九”相配没找到，可见在表多数字中，“三”还是最基本的。

“十”

“十”是第一个进到两位的数字，比前面九个数字高了一个层次，又是连续的自然数列中数目最大的单个汉字。“十”带有对前面的数字总结归纳之意。在汉语中，“十”的基本文化意义是“多而全”。就多而言，它跟“三、六、九”这个表多系列相关；就全而言，它又跟“四、五、八”及一定程度上的“二”这个表全系列相关。所以有总结之意。同时，“十”跟这两个系列又都有一些差别。

“十”比极言其多的“九”还多了一，当两数相配时，“十”确实比“九”还多，如“十拿九稳”“十室九空”。但分别单用时，“十”和

“九”的语义差别却不在多少上。“十”是封闭性的“多”，强调其数量之多已概括全部，如“十全大补膏”，表示内含补品不但多，而且需要的都有了。而“九”是开放性的“多”，强调极多而且难以确计，在“多”的意义上甚至赛过“十”，如“九河”“九派”，表示黄河、长江流域支流很多，“九嶷山”原作“九疑山”，形容该处有许多山峰和河流交杂其中，多得叫人难辨认而生疑路之感，这些说法都毫无全部的意味。

多不多是量的问题，全不全是质的差异。“十”重在言全。性质上跟“四、八”等更加一致，只是“十”强调内含的成分和方面更多一些。“十面埋伏”其实跟“四面包围”一样都是将敌方全部困住的意思。“全”比“多”在气势上要大一点，为了体现这种气势，“十”和“四、五、八”一样经常跟“全、大”这类词组合，如“十全大补酒、五毒俱全、十大歌星、四大名旦、四大米市、唐宋八大家、八大金刚”。相对来说，“三、九”表多较具有汉文化的特点，而“十”表多而全则更带有各民族的共同性。在世界性的体育项目中，最全面的是“十项全能”，各国国庆都是逢十之年最隆重。“五”的“全”意是由“十”的一半而来的，“十项全能”的一半是“五项全能”。

汉民族的生活追求和审美理想中，向来有一种求全的倾向，所爱者则冀其全好，所恶者则斥其全坏。这种倾向使数字“十”也大有其用武之地。而历代封建朝廷法律规定“不赦”的重罪是“十恶”，由此产生了十恶不赦的成语，影响之深，到“文革”中抓人斗人，也动辄列举“十大罪状”。当然，“十”在现代生活中用于美好的方面更常见。旅游部门在精心确定各个城市的“十景”或“十大名胜”。至于评选“十大名酒、十大歌星、十佳运动员”，这类活动此起彼伏，从未停过。毛泽东也是对“十”很偏爱的，战争年代，他提出“十大军事原则”，建设时期，他又发表了著名的《论十大关系》，两个“十大”成为他的理论思想中极重要的组成部分。“十全十美”，这个成语，道出了中国人世代向往的最高境界。

（原载《学语文》，1991 年第 4、6 期，1992 年第 1、2 期）

文化语言学的新收获

——读史有为《异文化的使者——外来词》

中国的文化语言学，从呼唤呐喊的第一阶段，经过理论草创的第二阶段，现在已开始进入第三阶段——研究成果不断涌现的阶段。史有为先生的专著《异文化的使者——外来词》（吉林教育出版社，1991 年 4 月，以下简称《外》）便是文化语言学的一项新收获，是第三阶段已经来到的又一个很好的标志。

诚如史先生在书名中所揭示的，外来词是异文化的使者。比起语言中的某些要素来，外来词尤其与文化有着天然的紧密联系。长期以来，汉语外来词的研究虽有过一些成果，但仍然显得比较薄弱，而完全自觉地从文化语言学的角度来研究，《外》当推首次。仅这一点，就足以引起我们的重视。读罢全书，看到《外》所取得的成功，更使我们体会到，文化语言学的理论和方法对于外来词研究的深入是何等必要。

汉语吸收外来词，虽然在数量上不如英、日等语言，但是呈现出的情况却异常纷纭复杂，如外来词的义类、形类、汉化程度、通行程度、各时期对外来词的开放程度，等等。对这些问题，前人都做过一些探讨和解释。然而，如何从纷繁中理出头绪，构建一个大的框架，便于人们从总体上把握汉语外来词，却是一件很有难度的工作。在这方面，《外》是一次十分成功的尝试。且看一下《外》正文部分的结构（序号为本文笔者所加）：

1. 外来词，文化交流的结晶　2. 外来词，古四裔文化的浸染

3. 外来词，入主中原各族的遗音　4. 外来词，域外宗教传播的见证

5. 外来词，科学文化的冲击与再冲击　6. 外来词，汉文化欢迎你

从章名看，史先生完全是从文化现象的角度来观照汉语外来词并进行分类分析的。事实上，这一分类“恰好”兼顾了历史顺序。除第 1 章是理论阐述外，第 2 章是上古至汉，第 3、4 章都是中古至近代（清），第 5 章是近代至现代，第 6 章是当代及今后趋向。更重要的是，这一分类也非常切合汉语外来词语言特点方面的分类。让我们具体看一下三者切合的一些例子。

上古至汉，汉语外来词主要是四邻各族传入中原的物质文明或精神文明的名称，如“径路”（匈奴剑名）、“箜篌”（西域乐器），而中古至近代，许多词来自入主中原的北方民族，因此表示官职、爵位、称呼的词往往成套地大量借入。在语言上，上古至汉的外来词经常导致成组汉字的新创，如“箜篌、葡萄、茉莉、琥珀、琉璃”等，由于统治中原的邻族不同程度地汉化，因此出现了从汉语借出又借入的有趣现象，如来自蒙古语的“喇叭”（←汉语“螺贝”）、“扫花”（←汉语“赏”），来自满语的“章京”（←汉语“将军”）、“福晋”（←汉语“夫人”）。多音节译名在汉语中往往缺少竞争力，但具体情况也因不同的历史文化环境而异。在汉以前，多音节词通常开始就以简化和汉化的形式出现，如来自梵语 vaidūrya 或 velūriya 的“琉璃”恰似汉语的双声连绵词；在中古，多音节的佛教译名往往与简缩形式并存再逐渐被后者取代，如“菩提萨埵→菩萨”“阎魔罗阇→阎罗”；在近现代，代替多音节译名的主要是意译词、音意兼译词或日译词，如“哀的美敦书→最后通牒”“洛集克→逻辑”“德谟克拉西→民主”，同时，有一些多音节外来词已在口语中扎根，如“歇斯底里，奥林匹克”。在提倡开放的当代，连外文字母本身都开始进入汉语，如“T 恤衫、卡拉 OK，果味 VC”等。

由此可见，《外》的框架，成功地兼顾了文化现象、历史发展和语言特点这三个方面。但不能将这一成功简单地归因于作者构思的“巧妙”、编排的“匠心”。成功的关键，在于史先生扣住了外来词与文化（主要是不同历史文化条件下的文化交流和融合）的紧密联系，以现代文化语言学的系统理论来重新审视和剖析外来词现象。所以说，《外》的收获，是文化语言学的新收获，《外》的成功，是文化语言学的成功。

当然,《外》的可取之处，不仅仅在其理论框架方面。这本书同时也建立在作者对有关外来词的丰富的语言材料和文化材料充分掌握的基础上。依靠这些材料，再加上作者的理论思考，本书有助于澄清人们在外来词问题上的模糊认识。曾经有人认为，汉民族长期闭关自守，对外来文化，尤其是外来词，有强烈的排外性。对此，史先生指出:“在长期的封建社会中，汉语并没有少吸收外来词。……在汉、唐、元、明诸朝中，对外开放的程度是相当高的，只是到了清代后期，闭关自守才成为一种严酷的特征。”(第22页)《外》中的大量实际材料充分地证明了史先生的论断。我们看到，外来词在我们的文化生活和语言生活中已近乎无所不在。且不说还多少带点洋味的玩意儿，就如春节欢庆必有的“狮子”舞，饭桌、果盘离不了的“菠菜、苹果”，制作中国花茶的“茉莉”，婚礼上祈求多子的“石榴”，道士卖药的“葫芦”，直到北京人吓唬小孩的“妈虎子”，表示不信之类否定义的叹词“姥姥”，都该是汉文化中最深层的东西，其实都是“舶来”(或“骆驼来”)之词，而且带入它们的“舶”和“骆驼”本身也是外来词。由此，我们不禁想到，世界上没有一个强大而持久的民族文化不伴随着广泛吸收外来文化，包括外来语言的过程。当代中国文化的发展、汉语的发展，同样离不开这种大度的开放精神。《外》的最后一章“外来词，汉文化欢迎你”，确是一个醒目而又意味深长的呼唤。

文化语言学，并不是以文化学解释代替语言学研究，更不意味着用夸夸其谈或泛泛而谈来掩盖实际研究的贫乏；它需要文化学和语言学二者的系统素养，更需要严谨的、扎实的，尤其是科学的治学态度。在这方面《外》也可以为年轻的中国文化语言学提供一个良好的范例。为了考订源流，作者一方面广泛吸收已有成果(包括作者参与编写的《汉语外来词词典》)，一方面再向深度和广度拓展，面对着漫长的借词历史、众多的源头或中介语言、多样化的借入途径、汉字不表音的缺憾知难而进，取得了许多扎扎实实的进展，对“卍”与“卐”，表示中国的“支那”等疑难问题也提出了自己可信的分析，同时也不回避几说并存、源头阙如等现象。比起前人的研究来，《外》对汉语外来词构成模式及其演变发展的分析尤为引人注目。在具体词项上随处能见到观察入微的分析。例如，“比丘尼”是“比丘”的阴性形式，其同义形式中，“尼”来自全词的阴性标志而成为“比丘尼”的略称，“尼僧”是一个略称与一个外来词的结合，“尼姑”则是外来形式与汉语固有成分的结合，四个词的构成形式各不相同。书末的“词内整合模式的突破”一节，更是集中了作者在这方面的研究成果，这是迄今为止语言学界对汉语外来词形式所做的最详尽的分类，也是对外来词形式的发展线索所做的最清晰的阐述，这无疑得益于史先生作为一个语言学多面手在语音、语法等方面深厚的功底和长期的研究实践。通观全书，即使以“纯”语言学角度论，《外》也标志着汉语外来词研究的一个新水平。同时，对今后外来词的吸收、取舍、规范也有着实际的参考价值。

《外》的其他一些特点，也给全书增色许多。该书专业性颇强，但写得生动活泼。章节名称常常新奇别致，如：“匈奴，留给华夏的胡言胡词”（“胡言乱语”的“胡”确实来自民族义的“胡”），“救人的没药，害人的鸦片”，等等。全书的行文也通俗流畅，还不时信手拈来一些涉及外来词的古今文学作品，读来趣味盎然。可见，只要作者努力，把语言学专著写得雅俗共赏是完全可能的。书末所附的约 2000 条外来词的索引，又使这本不拘一格的著作成为不是词典胜似词典的工具书。

汉语外来词是一个十分复杂的课题，一本个人撰写的专著不可能做到包罗万象、十全十美。但是我还是愿意提出自己的一些商榷意见（或者不如说希望），向史有为先生请教。

《外》涉及的范围已是十分广泛，但可能还有些方面在书中注意不够。比如，上海、广州两地在近现代都曾经存在过洋泾浜语[①]，有相当一批外语词是以洋泾浜语为中介进入汉语的，不少外来词还因此带上这两处洋泾浜语的痕迹，但《外》没有专门涉及这个对汉语外来语影响颇大的文化语言环节。再比如，《外》对西域和北方各族语言进入汉语的词

① 关于上海洋泾浜语，可参看钱乃荣《上海方言俚语》35 页，上海社会科学院出版社，1989 年。关于广州洋泾浜语，详见 Shi, Dingxu（石定栩）, Chinese pidgin English: Its origin and linguistic features. *Journal of Chinese Linguistics*, 19 (1), 1–41。

论述详尽，但来自众多南方语言的词则很少谈及，这些民族在文化和语言上跟汉民族（尤其是南方汉人）关系密切。当然，洋泾浜语和南方各族语言对汉语的影响主要体现在南方，而汉语向来以北方话为共同语基础，但作为汉语整体的一部分，这两方面似乎也应该适当论及。

《外》在个别理论问题上也有可商之处。史先生指出："今之汉族，古之华夏，绝不是单一来源。华族或华夏族是在多次民族融合中形成的。华族与其四裔所谓的北狄、西羌、东夷、南蛮有着千丝万缕的血缘联系。"（第 23 页）在这点上，我们同史先生有很接近的看法①。但是，史先生接着引证了许多上古汉语中来自四裔语言的词，并据此得出"外来词是古代华语形成中的必然因子"的结论。我们觉得这一结论在逻辑上欠妥。既然古代华语是诸族语言融合的产物，那么这些语言分别是古代华语的源头之一，有关的词也当是古代华语从源头语言中继承（而不是借）来的成分，不应称为"外来词"。假如把构成华语的各语言的"外来词"都排除了，那么还剩下什么是最初华语的成分呢？只有在华语已经初步形成之后再进入华语的四裔语言词，才可以被称为外来词。

在具体词项的分析上，也有个别不当之处。240 页解释严复译名"额里思"时说，"今译希腊，英语 Greece"，这样说容易使人误以为两种形式都译自 Greece。其实"希腊"来自英语中另一个较古雅的词 Hellas。235 页对严复的译文中"罗马之泌涅特"一语，作者释"泌涅特"为"即内阁，英语 senate"。据我们所知，senate 指当代的"参议院"或古罗马的"元老院"（严复译文中指后者），都是立法机构，而"内阁"为行政机构，英语中为 cabinet 而非 senate。

（原载《语文研究》，1992 年第 1 期）

① 参看拙作《文化研究中的"语言导人"》，《东南文化》1991 年 1 期或人民大学复印资料《文化研究》1991 年 2 期。

科学精神：中国文化语言学的紧迫课题*

一、文化语言学在中国的勃生、兴盛与寂寞

“文化语言学”在国内是个新生的学科名称，但在国际上并不新鲜。它习惯上以“语言与文化”“文化中的语言”“人类语言学”和“语言人类学”等名称存在于学术界。语言与文化关系的研究，是伴随着西方学术界的文化研究（包括文化人类学、文化哲学等）而兴起的。如果从博厄斯算起，它在学术舞台上已发展了约一个世纪，假如追溯到摩尔根、洪堡德，则历史还要长一些。到20世纪80年代来强调语言与文化的关系，并不能说是新创举。但在缺乏这一类研究的中国，这一提倡有着积极的意义。

中国的学术界，除了罗常培的《语言与文化》这类零星著作外，长期忽视语言与文化的关系，使语言学遗留了一个重要环节。其原因，并不如某些人认为的，是结构主义和所谓“科学主义”的一统天下，而是整个社会科学界忽视文化研究。进入20世纪80年代，复兴中的国内学术界出现了空前的文化热。正是在这一背景下，一批中青年学者以自己的时代敏感性，经过高声呼唤和辛勤培植，使文化语言学在中国诞生。可见，中国文化语言学与国外的文化语言学有着相似的出现过程，即伴随着文化研究的发展而产生。

中国文化语言学一出现，就以强劲态势，引起许多人的关注、重视和共鸣。这个长期被忽略的领域一下子成为众多语言学“淘金者”的广阔天地，短短几年便已果实累累，令人目不暇接。与此同时，人们不难觉察到

---

* 本文得到江苏省教委社科基金资助。

繁荣景象背后的另一幅图景：中国语言学的主流，至今并未受这一新潮的明显影响，文化语言学在语言学界以外受到了一些出乎意料的重视，却难得在语言学权威杂志、重点项目和权威出版社这类“大雅之堂”露面。这种局面，使倡导者难免产生寂寞之感，也使一些追随者感到困惑彷徨。

这种不正常局面，固然与学术界的某种惯性（或曰惰性）有关，但根本原因还在文化语言学之内。某些倡导文化语言学的论著，从内容、观点到文风，似乎都是感性的，严格的科学说理不足，有些论著中甚至出现了许多带根本性科学问题的观点。[①] 本来，文化语言学可以拓展语言学领域，完善语言学科学体系，应该受到语言学界的欢迎。然而，某些文化语言学提倡者，却把自己的研究与现行的语言学对立起来。他们以原教旨主义式的热忱，把文化语言学捧上神圣至尊的地位，说成是语言学唯一的“宏富之路”，把不属于文化语言学的语言研究排除在语言学之外。他们以反对所谓“科学主义”为名，表露出否定科学进步的倾向，把《马氏文通》以来近百年汉语语言学的巨大进步贬抑为“文化断层”“科学主义酸果”，主张返回马氏以前的国学传统。这种倾向，自然会招来语言学界的反感，更何况他们感兴趣的国学小学，是其中的意会、臆断、只下结论不做证明这种前科学的方面，而不是扎实严谨的朴学精神这种合理的科学方面。事实上，正是这种非科学倾向堵塞了通向语言学主流之路。因此，确定文化语言学在科学体系中的恰当位置，提倡科学精神，已成为发展中国文化语言学的紧迫课题。

二、“文化”与“语言”：老话题新探

要确定文化语言学的科学地位，必须解决语言与文化的关系问题，

---

① 本文将予以讨论商榷的这些观点，是笔者从一批文化语言学倡导者和研究者的大量著述中概括出来的，并不意味着他们中人人持有所提到的每一个观点，我们关注的是其中体现的学术倾向和思潮，而不是具体课题的结论。当然，如果笔者概括有误解之处，当由笔者负责。欢迎批评指教。

首先要从“文化”的概念谈起。

“文化”的概念是个很老的问题，国内外出现过的定义数以百计。国内流传最广的“文化”定义是“人类创造的一切物质财富和精神财富的总和”。许多人以此界定文化学科的研究对象。若按这一定义，则文化学是一切人文科学和许多自然科学的上位学科，这显然不符合实际情况。其实，“文化”概念并不像已有定义的庞大数目所显示的那么复杂难辨。“文化”，就其作为科学研究对象的含义而言，具有二重性，定义的混乱多半出自这二重性的混淆。culture（文化）这一名词在英语中有不可数与可数二重语法、语义性质，“文化”概念正有着与此相应的二重性。一是指不可数文化，即与自然界相对的人类共同文化，上引定义便指这层含义。一切人文社会科学的研究对象，如政治、经济、军事、法律、伦理、文艺，都属于区别于自然界的人类文化，但政治学等学科却并不都属于文化学科。因此，这一重含义的文化并不是文化学科的研究对象。“文化”的另一重含义是可数文化，即与特定群体相联系的各具特点的文化系统及次级文化、文化圈等。文化学科的主要研究对象正是可数文化。构成文化系统的文化要素涉及人类生活的各个方面（包括物质的、精神的），但其中只有能形成、影响或反映特定文化系统特点和要素的，才是文化学科的关注对象。换句话说，文化学科并不像其他社会科学那样有固定的研究对象，它们只关心特点和那些决定或影响了一个群体面貌的要素。

文化学科的这一特性，使它在起源上明显有别于其他社会学科。其他社会学科的萌芽和起源都可以追溯到相当早的年代，只要人们对自身生活的某一方面做一定的观察思考，一门学科便开始萌芽了。文化学科却无法如此产生，无论是亚里士多德传统，还是国学传统，都孕育不出文化学科。因为，在单一文化的视野内，人们视本群体的一切为天经地义，即使偶尔接触其他群体的文化，也以野蛮、未开化来解释，并不能区分人类通性和个别民族“一家之见”。文化学科只能导源于文化接触与比较。只有接触到众多的“异文化”，并且尽可能抛弃主观偏见，以冷静客观的态度来比较诸文化的异同，才能发现可数文化的存在，才知道许多“天经地义”原来只不过是人类生活许多种选择的一种而已。具体地说，真正的文化学研究的产生背景，是欧洲资本主义发展初期的海外探险、旅行、殖民、扩张和近代自然科学的理性、客观精神。culture 的现代学术意义，也正是在这一背景下由英国文化学家 E. 泰勒首先使用的。客观比较是文化学科的头一要旨，文化学科正是靠摆脱欧洲中心主义才得以形成发展。[①] 奇怪的是，国内有些文化语言学提倡者，却在所谓“人文主义”的旗号下，要我们抛弃近百年来打破锁国状态后建立的现代学术传统，回归到立足于单一文化视野的国学传统中，这对许多学科来说还有某种合理成分，对文化学科来说却是地道的南辕北辙。

文化学科的研究对象是可数文化，文化语言学的基础——语言与文化的关系又是什么呢？

两者的关系比较复杂，但最根本的是两种关系：（一）语言是文化系统的一部分，并且是特点最明显的一部分；（二）语言是整个文化系统的符号、反映、积淀、滤色镜等。那么，文化语言学着眼于哪一种关系？

假如着眼于第一种关系，那么，一切语言问题都是文化问题，一切语言研究，即使不涉及语言外的文化要素，都先天地属于文化研究，也就无须再提倡什么文化语言学了。因此，文化语言学只能着眼于第二种关系。这样，只有同可数文化系统中的非语言要素和特点发生联系的语言问题，才是文化语言学可能涉及的对象。另一方面，也只有跟语言系统有联系的文化问题才是文化语言学的对象。这样，结论就很清楚：

1. 文化语言学是一门交叉学科。只涉及语言学和文化学中互有联系的那部分课题。某些人想使文化语言学完全取代语言学，把文化语言学看作唯一的语言学，这是根本不可能的。

2. 文化语言学着眼于可数文化与可数语言的关系。因此，比较，而不是返回国学，是中国文化语言学的立身之本。

---

① 有关这个问题的详细讨论，可参看拙作《论“可数文化”与“不可数文化”——“文化”概念与文化科学研究对象新探》，载《东南文化》1991 年第 5 期，人民大学复印资料《文化研究》1992 年 1 期，摘要见《新华文摘》1992 年 3 期。

三、被遗忘的闹市：类型、共性、方言、民俗，等等

作为交叉学科，文化语言学需要两方面的坚实基础；作为以比较为本的学科，它需要更加广阔的视野和科学处理材料的能力。文化语言学的深入和发展，远比呼唤它的出现更有难度。然而，目前在部分初涉语言学的人中间，却有一种感觉，即文化语言学的研究比“纯”语言学的研究轻松得多。这是对文化语言学的极大误解，但这种错觉事出有因。许多应属于文化语言学的基本建设、基础设施的方面，在部分提倡者那儿长期被忽略，而这些被遗忘的方面并不是偏僻角落，而是车水马龙的“闹市”。避开这些“闹市”，创造“崭新的”理论可以更加自由自在。但这种研究的成果能不大打折扣吗？下面就择闹市之要者略举一二。

文化语言学以比为本。一提比较，有人便想到中西比较，其实，地球上的民族语言与民族文化多达数千种，某些原始部落之间的语言差异，可以大大超过中西差异。绝不能凭着对西方的一点了解便大谈汉语如何特殊。当然，研究者不可能对这两个“数千种”事必躬亲。但是，当今学术界有许多现成的成果可供借鉴。文化人类学为我们展示了人类文化的多样性和深层共通性。语言类型学与共性研究为我们展示了人类语言的差异性和差异的极限——语言共性。这些方面是文化语言学这出新戏的必备布景。缺了这些布景，难免演成空城计，尤其是关于汉语汉文化如何特殊的理论，因为在一片白墙的衬托下，有手足长耳目都能说成是一个人的特殊之处。可惜，文化语言学的部分倡导者，沉浸于从国学家的“意会”“体味”中“悟”出汉语汉文化的特性，而漠视众多民族文化语言的存在，尤其是漠视共性的存在。

汉文化有着丰富复杂的次级文化变体，汉语包含着差异极大的丰富的方言。要谈汉文化、汉语的全貌，离开了次级文化、方言是不可能的。而且，次级文化、俗文化和口语方言有时候更接近于原生态的文化

和语言。透过它们，更容易看到汉文化、汉语的本来面貌。[①]这已经被某些文化语言学成果所证明。但有些研究者，却乐于继承传统中厚古薄今、尊雅贬俗、重文（字）轻（口）语的传统，很少有暇顾及地域文化、民俗、口语、方言研究的丰富成果以及汉族亲属邻居的文化和语言。就语言来说，在有些研究中，像“鸡声茅店月，人迹板桥霜”这类诗句被一再引用，作为表明汉语特点的有力证据，其受重视程度远远超过活生生地存在于口语、方言中的现象。有时候，仅仅通过对一本古籍、一篇现代小说做合自己口味的分析，便构筑起全新的理论大厦，而很少考虑这些理论的可操作性，即如何能有效而一致地适用于其他语料。有些人为了拔高汉字在语言研究中的地位，竟否定语言第一性、文字第二性的基本原理，用“汉语文”“中华语文”等含混概念取代“汉语”和“汉字”作为研究对象，甚至声称只有汉字而不存在词和语素这类单位，只有汉字的组合规律而不存在词法、句法。不知道在他们心目中，没有被汉字完整记录的汉语方言和不识字者及儿童使用的汉语，还能不能算汉语？他们用来构造语句的单位是文字单位还是语言单位？

的确，国外的语言学理论，包括普通语言学的理论，有许多不适合汉语等东方语言实际的地方。其原因，是这些理论的语言基础还较窄，偏重印欧等语言。但是，理论大师们实际上已尽他们的可能采用了众多的语言材料。索绪尔、萨丕尔、布龙菲尔德等，都同时是多种非母语的专家。萨丕尔、布龙菲尔德、J. 格林伯格、C. 菲尔墨等的经典论著分别运用了不同语系不同类型的数十上百种语言的材料。他们的理论，比起对自己的口语方言都不重视也不适用的理论，当然要高明得多。甚至以过于偏重英语出名的乔姆斯基也曾深入研究过非印欧的希伯来语。为了完善语言学理论，我们理当更广阔地拓展视野。

当然，一门新兴学科，不可能在短时间内做得十分全面、完满。我们提出上面这些看似求全责备的评论，是因为现存的问题，不在于发展程度的不足，而在于学术方向的偏差。揠苗助长是可笑的，而防止科学

① 关于方言、民俗等在文化语言学中的作用，可参看拙作《文化研究中的“语言导入”》，载《东南文化》1991年1期，人民大学复印资料《文化研究》1991年2期。

退化是完全必要的。

四、汉语的“人文性”别解

文化语言学强调比较，但也十分需要对个别语言的深入研究，并充分吸收古今学者研究成果。中国文化语言学在这方面已做出一些成绩。其中关于汉语“人文性”的理论，就带有一定的合理性和解释力。这一理论正是建立在中西语言比较和古今许多学者对汉语深入研究的双重基础上。[①]但是，我们对汉语“人文性”的理解，与其提出者不尽相同，而附带了以下的认识。

（1）作为文化系统的一部分或反映文化的符号系统，任何语言都带有“人文性”。只能说，汉语比某些语言，尤其是形态语言多一些“人文性”。换言之，“人文性”是在量上而非质上揭示汉语特点的。说一种语言“人文性”强，是指该语言的构成及运用受文化、人类活动、思维、环境的直接影响比另一些语言多，受语言内部规律的强制性约束比另一些语言少。

（2）汉语在本质上仍受人类语言共性的制约。普通语言学的许多原则和研究方法同样适合于汉语。事实上，连一些鄙薄普通语言学和现代中国语言学的人，在具体分析汉语时，也在用“名词、动词、SVO、并列句、目的句、主题语、评论语”这类并非来自国学传统的概念，在分析语言与新技术革命的关系时，那些意会、顿悟、体味等都不见了，代之以义素、深层结构、嵌入句这些现代术语。这是颇具讽刺意味的。

（3）汉语的结构、运用与发展中，仍有许多情况是由语言内部规律决定的，跟文化没有直接关系。如音位的对立与互补、区别性特征、语

① 我们注意到，严厉批评当代汉语语言学和语法学的人所建立的语法体系，虽然不乏主观随意性和不严密性，但也有一些合理成分，不过这些合理性似乎直接得益于现当代语法学的代表人物和一些海外专家的有关论述：汉语多意合、省略，吕叔湘、王力、李临定等早有论述；汉语看重话题，赵元任、汤普森和李讷有深刻阐述；汉语语序与客观事理的顺序有一致性，戴浩一有精当的分析；汉语主谓句与非主谓句并重，赵元任的“零句”“整句”理论正为此而提出。

音系统的平衡律、词义的派生律、语义场对词义的制约、词的语法分类、动词与名词的语义格关系、短时记忆对句子长度的制约、会话准则与会话含义、语音演变的词汇扩散与方言特征的波浪式推移，等等，这些是人类语言的普遍规律，而非汉语特有的“人文性”。即使是汉语的特点，也不都同“人文性”有关。如舌尖元音的存在、轻唇音的出现、复辅音的消失、语素的单音节性与词的双音节化、形容词的接近动词而非名词、前定后名的语序、关联词语的成套使用，等等，都是“纯”语言学研究的对象。

（4）最重要的，作为研究对象的语言的“人文性”，不能偷换为作为科学的语言学的“人文性”，用“人文性”来否定现代科学精神，把语言的系统研究拉回至即兴语感、随机发挥的前科学层次，这不是创新。对于当代紧迫的应用课题来说，这种态度更不可取，因为没有一本汉语教科书或计算机用语法书能建立在意会、神摄、声气、文无定法、文成法定这种基础上。

基于以上认识，汉语的研究没有理由离开世界语言学的当代发展总方向。事实上，国外的有些理论，像功能主义、认知语言学、心理语言学、语用学等，都很注重语言的“人文性”。汉语的“人文性”强，这意味着汉语研究要付出更多的科学劳动，要更多地注意到使用语言的主体——人和使用语言的大环境——文化。这一切，都必须以科学精神为主导。近年来，国内学者注重语法的三个平面，注重篇章与话语分析，打破共同语与方言和汉语史研究的壁垒，研究儿童语言等，并开始取得成果，这表明以科学态度研究具有“人文性”的对象是通向认识汉语实际的真正途径。

五、文化语言学科学方法的探索

短短几年中，在中国文化语言学这块淘金地上，确实涌现出数量惊人的成果。其中，有科学的真金，前科学的沙金和伪科学的沙砾。要使

"产值"转化为"效益"，科学的研究方法是一个关键。在这个充满了"人文性"的领域，现代语言学的一些重要观念仍大有用武之地。毕竟，现代语言学在研究方法上走在人文科学的前列，许多方法被成功地移植到比语言更带有人文性的领域，如文学、神话、宗教、民俗、法律等学科。文化语言学理应更加重视这些现代科学方法。下面我们以文化语言学的一个分支为例，谈谈科学方法的探索。

在语言的各个分支系统中，词汇、语义显得系统性弱而随机性强，与社会文化的关系也更加密切。在分析词义与文化的关系时，特别容易出现（也已经出现）随心所欲地解释发挥的情况。然而，现代语义学已探索出一些增强客观性、可信性的方法，语义的文化分析同样有可以捉摸的客观规律。我们在分析语义单位的文化蕴涵时，初步总结出一些规律，这些规律直接得益于被某些人鄙薄的现代语言学观念。

（1）组合性单位的相对长度，与其文化重要性成反比。具体地说，同样的所指内容，在甲语言中用较简短的语言片断表示，显示它在甲文化中占有较重要的地位，或者说处于文化中心地位；在乙语言中用较长较复杂的片段表示，显示其较不重要或处于文化边缘的地位。如表示比自己年长的同胞，汉语用单音节"哥、姐"（及其重叠式），它们是汉文化中的两个重要概念，其中反映了长幼关系，而英语则用 elder brother 和 elder sister 这种含有比较级形态的偏正短语，这是英美文化中并不重要的概念，英美人通常只关心是否同胞而不重视长幼关系。反之，不区分长幼的概念，在英语中是重要而简短的，即 brother、sister，译成汉语却变得复杂，即"兄弟、姐妹"。

（2）聚合性单位的相对数量及复杂性与其文化重要性成正比。具体地说，同样的语义范围，在一种语言中词项较多，分类较细，表明其在文化中较为重要；反之，词项较少，分类较粗，则表明文化地位较不重要。如表示稻米的不同状态，汉语中分为"稻、谷、米、饭、粥"等较多的词项，而英语中只有一个词 rice，如 plant rice（种稻）、buy rice（买米）、eat rice（吃饭），这显示稻米在两种文化中的不同重要性。这一规则与第（1）条规则是互为补充的。汉语的"谷、米、饭"在英语中也可区分为 unskinned rice（直译：未去皮的稻米）、uncooked rice（未煮的稻米）、cooked rice（煮过的稻米），但同时增加了单位的长度和复杂性，仍然说明它们在英美文化中是不那么重要的。

（3）无标记语义成分比有标记语义成分具有更大的文化重要性。具体地说，在同一大类下，有的小类无须带上小类标记（无标记），有的小类则常常带上小类标记（有标记），这显示前者在文化中更加重要。比如男性的“作家、诗人、厂长、老板、科学家、将军”等一般不需加“男”的标记；若用于女子，常加上“女”的标记，这显示至少在这些领域，男性占着文化优势地位。再比如猪肉在汉语中常用无标记成分表示，其他食用肉则用有标记成分。比较“红烧肉”和“红烧牛肉”“红烧羊肉”，可以看出猪肉在汉族饮食结构中的特殊重要性。

（4）从特指义派生出泛指义，表明特指的语源义具有较深厚的文化基础。由特指到泛指本是语义发展的普遍规律之一，但由什么特指义派生出泛指义却常常因语言而异。一般情况下，在一种文化中较重要的具体要素，较容易成为抽象概括义的载体，如“钢丝、铜丝、头发丝”中的“丝”表示很细而长的东西。这一泛指义来自蚕丝这一特指义，这与蚕丝在汉族社会中深厚的文化基础相一致。再如，同是粉末这一泛指义，在北方多用本义为麦面的“面”派生而成，在南方则用本义为米粉的“粉”表示，如“胡椒面儿～胡椒粉、药面儿～药粉、白面儿～白粉（海洛因）”，这体现了麦文化区与稻文化区的区别。

（5）从泛指义派生出常用特指义，表明特指的派生义获得了较强的文化重要性。由泛指到特指也是语义发展的常见现象。假如泛指义派生出十分常用、不大受语境制约的特指义，那常常表明特指义的文化重要性。比如，在汉语中，“烟”经常特指香烟，如“抽烟、买烟、贩烟、送烟、好烟、名牌烟”，这是“烟文化”在中国变得重要的反映。“学习”常特指有组织的政治学习，这表明了政治学习在中国的重要影响。在英语中，take（取）经常特指用汽车接人带人，如 I will take you（我会用汽车接你），call（呼叫）可以很自由地表示给人打电话，如 I called him this morning（我今天上午打电话给他了）。这是汽车、电话在西方文化中重要性的反映。

（6）构词语素的意义与词的整体义不一致，表明语素义的所指具有较深厚的文化基础。这一规律的道理跟第（4）条是相同的。如“笔墨”表示书面语言，体现了中国人的传统书写方式，相关的还有“汗青”指历史书，“杀青”指写定著作等。再比如“先生”用来尊称对方，体现了汉文化的尊老传统，“失身”表明汉文化对女子贞节的极度看重，“天子”反映天人合一、君权神授的观念，“布衣、缙绅”反映服饰的等级化，“走狗、狗腿子”体现汉文化对狗的鄙视。

（7）上下位词经常反逻辑地并列，表明下位词的所指具有特殊的文化重要性。下位词的所指已被包含在上位词中，两者的并列不符合逻辑。但这种并列在语言实际中大量存在，其表达效果是突出下位词所指的特殊重要性。如果一个下位词在特定社会中经常性地与上位词并列，则更说明它具有特殊的文化重要性。如“各位领导、各位同志”体现出对领导的特殊尊重，“团员和青年”突出了团员在青年中的特殊重要性。

我们相信，在研究实践中探索出这一规律并运用它们去分析解释语言与文化的关系，将比就事论事、随心所欲的“意会”要具有大得多的解释力和可信性。文化语言学包括许多领域，能否在这众多的领域里逐步探索建立一套科学的方法，将是中国文化语言学能否走向成熟、走向主流、走向世界的重要标志。

（原载《江苏社会科学》，1993 年第 1 期）

汉语称谓中的长幼伦理文化

如果说，汉民族传统文化在物质方面以农耕为最大特征，那么在精神方面则以伦理为最大特征。这种伦理本位文化，有别于世界上许多宗教本位文化。当然，伦理观念及其行为规范存在于一切社会，但伦理文化确实在农耕社会中尤其发达。农耕民族过聚集定居生活，频繁的人际交往、水利的协同修建、耕种的计划指挥、土地的继承分配，都需要在社群中建立起精密的人伦规范和社会秩序。传统的华夏文化，正是一个典型的农耕-伦理文化系统。其伦理文化的特点，给汉语留下了深远、广泛的影响，本文只就几个常见的社交称谓谈一下伦理文化的一个方面。

［**先生**］ 这是个资格极老的复合词，在汉语尚处在单音词为主的先秦时代时，“先生”就跟“天子、社稷”等一起作为复合词存在了。几千年来，“先生”在不同时代、不同地区获得了众多的意义，以至于人们早就不大顾及它的内部构成和来历，其实这是颇为显豁的。“先生”拆开来讲，是“比人先出生”。在《诗经》中，“先生”指头胎出生，以后，又指比自己先出生的亲人——父亲和兄长。孔子在《论语》中说“有事，弟子服其劳；有酒食，先生馔（食用）。”“先生”与“弟子”相对。然后，“先生”又发展出种种其他意义，大都有尊称意味，如年长而有学问者、辞去官职者、教师、医生、相面占卜看风水之类有独特“学问”者，乃至泛称一切自己须表敬意和礼貌的对象。所有这些意义，都是由“先出生”之意引申而来的。

为什么“先生”会获得这种种尊敬意义呢？这是因为汉民族伦理观的核心内容之一便是“长幼有序、长者为尊”。因此，只需指出你比我出生早，不必再加任何内容，便表示了说话人对对方的尊敬。即使对方比自己年轻，仍可称之为“先生”，这更显示“我对你尊敬，将你看作比我年长者”。我们再来看看中国传统思想的主流——儒家的大师孟子所描写的理想社会图景：“五亩之宅，树之以桑，五十者可以衣帛矣；鸡豚狗彘之畜，无失其时，七十者可以食肉矣。”就是说，即使一切尽如人意，也要到五十岁才能穿丝绸、到七十岁才能吃上肉。年纪本身是受尊敬的主要原因，这是“先生”一词作为表敬称呼盛行数千年直至今天的文化背景。

［**老师**］ 这里的“老”字，现在看来是个凑足双音节的前缀，其实在古代是有实义的。“老师”指年老资深有学问的人，它曾比“先生”更有尊敬意，因为“老”是绝对的年长而“先生”是相对的年长，何况还多一层“师”的意思。司马迁《史记》用“老师”称呼儒学中一派的大师荀子。以后“老师”主要用于学生尊称教师或科举考生尊称考官。教师和考官通常比学生和考生年长且有学问，即使他们实际年龄不大，但在中国文化的氛围中，被冠以“老”字相称自然有获得尊敬之感。有趣的是，“先生”一词用多后，人们逐渐淡忘了它的“先出生”的本意，“生”字念成轻声甚至脱落成为“先儿”。因此，“先生”也常被加上“老”字以加重敬意，明代时“老先生”成为对大小官员（包括年轻官员）的尊称，有一首讽刺贪官的民歌（“夺泥燕口……”）正是以“亏老先生下手”煞尾的。“老师”表示教师一直沿用到当代，近年来并有扩展的势头，一切学术界、文艺界、体育界人士，不管教不教书，都可尊称为“老师”。有人认为这是强调对方有学问或专业知识，其实不仅仅如此。“老师”的泛化跟表示年长的“老”字也有关系，否则，同样双音化的“教师、教员”为什么没有得到如此广泛的运用呢？

“先生”和“老师”都带有年长之意，因而在讲究“长幼有序、长者为尊”的汉文化中成为重要的社交尊称。但是汉民族的长幼伦理观，不仅有年龄的一面，还有辈分的一面，而且后者更重要。一个年轻的长辈，地位高于其年长的小辈。下面的几个称谓就与此有关。

［**师傅**］ 这是当今三大泛用称谓之一，与“同志、先生”鼎足而立，而常用度或许雄踞首位。其泛化用法似乎是20世纪70年代从工

人阶级最集中的上海最早推开的。“师”字不用解释，“傅”却需辨析一下。有人认为“傅”与教君王念书的“太傅少傅”有关，其实不然。“师傅”本应作“师父”，如《西游记》中的老孙便口口声声喊唐僧为“师父”。“父”古念浊声母 vu，而“傅”只有清声母 fu 一读，如“姓傅、太傅”。至今吴语，如上海话，仍念“师 vu（父）”而绝不念“师 fu（傅）”。写作“师傅”其实是北方人写别字，因为全浊声母消失、“父”“傅”合并为 fù 一读，又淡忘了“师父”的来历，于是附会到“太傅少傅”上去。

传统上，“老师”多用于知识教育的师生关系，“师父”多用于专门技能传授的师徒关系。在旧时，这种师徒关系不限于授业解惑，而且常常带有一定程度的人身依附关系，徒弟要在各方面绝对服从师父并且为其服务。因此，仅带有年长意的“老师、先生”不足以表示徒弟对他的尊重，于是，带有长辈意的“师父”便应运而生。这恰好是古语“一日为师、终身为父”的凝缩。旧时有资格带徒弟的，基本上都是男性；在现代，女子带徒弟也极其常见了，幸好北方人已将“师父”误写作“师傅”，否则就会出现“女师父”的写法了。不过，在上海人的嘴里，毕竟仍是“女师父 vu”而不是“女师傅 fu”。

［**老爷、太爷、少爷**］ 这三个已过时的称谓，曾经是中国人非常熟悉而常用的，至今还用在引申意义上，如“做官当老爷”“少爷脾气”。不过，它们不是随便能用的。在封建社会中，“老爷”是对封建家长或官僚的尊称，必须是封建统治阶级的成员。普通劳动人民，即使是一家之长，也不能“僭用”此称。“老爷”一词是怎样构成的呢？不妨对比一下含有年长意的“先生、老师”和含有长辈意的“师父”。不难看出，“老爷”正是年长意（老）和长辈意（爷）的综合，因而具有加倍的敬意。在中国文化的背景下，封建统治者要在称呼中突出自己的至尊地位，靠的也就是在字面上抬高自己的年龄和辈分。仆人、农民、百姓，即使年长辈高，也被迫在字面上承认统治者比自己年长辈高。假如“老爷”本人年纪不太大，还有健在的父亲，那汉语中有“太爷”或“老太爷”来表示。“太”指大或更大，这里指更高一辈，不过这“高一

辈”倒是实的。至于“老爷”的儿子，明明年纪不大，还只是候补封建家长，有的甚至尚为孩童，但已经以长辈自居，要人们称其为“少爷”。“少爷”是个矛盾的组合，即“年少的长辈”，这又是以拔高辈分取得尊敬的一个例子。普通人称呼中也有借用“爷”的，如“大爷”，但被称者必须真有做长辈的年龄，这种“爷”的长辈意是实在的，不是有意抬高的。

随着封建时代在中国的结束，“老爷、太爷、少爷”作为带有浓厚封建色彩和阶级压迫意味的称谓已退出汉语历史舞台，其中有的可能在方言中用于其他意义。阶级色彩不明显的“先生、老师、师傅”这些称谓，则仍然活跃于当代汉语中，既体现了语言的继承性，也体现了传统文化的稳固性和生命力。

（原载《语文月刊》，1993 年第 2 期）

汉语称谓中的男女伦理文化

中国社会是个注重伦理的社会。汉民族的伦理文化，除了长幼尊卑观念外，另一个重要方面便是有关男女伦理关系的观念和行为规范。这后一方面，同样在汉语中留下了深深的投影。这里试挂一漏万地分析几例。

［**闺女**］ 这是个北方口语词。本指未婚女子，现多泛指女儿。分解开来看，“闺”指闺房、闺阁，即女子所居的内室。“闺女”即“闺房中的女子”。用它来指未婚女子，似乎挺自然。可是，追问一下，为什么未婚男子不用他所居的房间来构成称谓呢？这是有文化原因的。传统文化对女子的生活有严格的要求，或者说规定。她们的行为远不像男子那么自由。在封建时代，未婚女子应该安静地（老老实实地）待在家里，不应常出家门，尤其不得“抛头露面”于大庭广众，否则，会被视为不守规矩，不是好女子。至于出去谈情说爱，更是大逆不道之事。她们成年后只能听任“父母之命、媒妁之言”来摆布自己。这种规矩在大家庭中尤其严格，胆敢蔑视或挑战者很可能遭到严厉的责罚。劳动人民家庭为生活所迫，未婚女子或许会做一些农活或小生意之类，但这也是不得已之举。在这种文化背景下，未婚女子的确成了名副其实的“闺女”。表示未婚女子的词还有一些，如“室女、处子、处女”，从字面上看，也都有室中静处之意。

“闺女”一词，通行于北方，南方不用；南方表示未婚女子的称谓似乎不带有“闺女”那种文化意味，如“姑娘、女伢、女娃、小娘、细娘”等，有些是跟男性词对称的，如“男娃、小伙子”等，这并不是偶然的。南方在传统上对女子的行为规范确实要比北方松一些。江南地方，未婚女子出门比北方自由，下田、经商都比北方常见，福建惠安甚至由女子承担外出挣钱的重任。这种文化环境不大会产生“闺女”这类称谓。

女子未婚时，行动受限制。那结婚以后呢？让我们再往下分析。

［**内人**］“闺女”身份的结束，自然是妻子身份的开始。“内人”便是妻子的一个雅称。“内人”分解开来便是“家里的人”。妻子的活动领域已由这个称谓表达得很清楚——结婚以后还应该老老实实地待在家里。汉语中还有一系列带“内”的称谓，都是跟妻子有关的，如“内弟、内侄、内亲”等，最受人称道的也无非是“贤内助、内当家”。“内”成了妻子的代称。“男主外、女主内”，这一千年古训概括了传统文化对女子社会角色的规定。其实，“内人”还算是个雅称，另一些妻子的称谓就不那么雅了。以前有人称自己的妻子为“贱内、俺做饭的”。贬抑之意溢于言表。反过来，妻子称丈夫却是“当家的、俺掌柜的”，家长的身份显露得毫不含糊。

比较起来，南方妻子的地位比北方高一些，似乎听不到“做饭的”这类称谓。有些地方俗称妻子为“屋里人”，这与“内人”相当。苏州一带吴语称妻子为“家主婆”，一个“主”字肯定了妻子的地位。温州一带吴语甚至用“屋里”兼指丈夫和妻子，更显出夫妻的对等。读上海《现代家庭》杂志，知道上海的“模范丈夫”特别多。在现实生活中，上海的“毛脚女婿”也特别殷勤。这些都不是偶然的，而有着一定的地域文化传统，并且与称谓的南北差异是一致的。

“内人”等词所反映的“男主外、女主内”观念，还只涉及日常行为伦理规范的男女差异，若是涉及性道德，那男女的差异就更大了。不妨再看看下面这些词。

［**烈女**］这是对妇女的褒奖称谓。“烈女”一词，其构成与“烈士”相对，一指女、一指男，“烈”字相同。“烈”有胸怀抱负、刚正不屈之意，引申为为正义而死，都是盛赞之意。但“烈”配“女”和“士”，具体内涵大不相同。“烈女”指丈夫或定过亲的未婚夫死后誓不再嫁或者以身殉夫者，也指被侵辱后自杀的人。“烈士”本指有远大抱负、刚

正不屈的男子，现特指为正义事业而死的人（男女都可）。同一个赞美之辞“烈”，对女子赞美的是她的性道德和殉夫精神，对男子赞美的是他为事业奋斗献身的精神。可见，传统文化极其看重女子的性道德，甚至看得比生命还重，所谓“饿死事小、失节事大”。而对男子则关心其对社会的贡献。特别值得重视的是，汉语中根本没有与“烈女”同义的男性称谓。有关性道德的词汉语中还有不小一批——“贞节、贞操、守节、失节、失身”等，全是只冲着妇女来的。“失身”一词再次说明，“贞节”重于生命，违背性道德（哪怕是被强暴的结果），就如同“丢失了身体”，活着也无脸见人，只有殉身做“烈女”方为出路。

再看看封建社会的现实生活。“烈女”们的事迹被高度赞美，还编有《烈女传》供妇女奉为榜样，地方志中列有长长的“烈女”名单，有些“烈女”还被立牌坊纪念。而像祥林嫂这种被迫再嫁的女子，即使捐了门槛也洗刷不清“罪责”。这种强烈的男尊女卑现象，在社会和法律保障男女平等的今天，当然有了大大的改变。不过文化具有跨越制度的继承性，阻挠再嫁、歧视受辱妇女之类现象，至今还不时有报纸在揭露。

（原载《语文月刊》，1993 年第 4 期）

亲属称谓在非亲属交际中的运用

汉语有非常严密的亲属称谓系统，它既反映了亲属之间的亲疏关系，也表明了汉人对这些关系的极端重视。即使在非亲属交际中，亲属称谓也被大量地借用、仿用，虽然其中不乏逢场作戏式的“称兄道弟”，但也不可否认“远亲不如近邻”这类真情实义的存在。亲属称谓在非亲属交际中的运用，是缩短人际距离、拉近人际关系的重要交际方式之一，具有鲜明的民族特点。这一点已被普遍地注意到。但亲属称谓用于非亲属交际并不是无条件的，在适用的词项、选词的规则、词形词义等方面都受到许多规则的制约，这方面的研究目前还较为薄弱。本文便试图考察亲属称谓在非亲属交际中的具体运用情况及其规则，并从中探讨其汉民族文化的印记。

一、亲属称谓概况

现代汉语亲属称谓系统的主体，以“自我”（ego）为视点。纵的方向，上至祖辈，下及孙辈；横向考察，涉及与“自我”同辈的兄弟姐妹。现代汉语普通话中比较通行的主要亲属称谓有（见表1）：

表1

辈分	家庭内及父方亲属称谓	母方亲属称谓
曾祖辈	曾祖父　曾祖母 太爷　太太	
祖辈	祖父　祖母 爷爷　奶奶	外祖父　外祖母 外公　外婆

续表

辈分	家庭内及父方亲属称谓	母方亲属称谓
父辈	父亲　母亲　爸爸　妈妈　伯父　伯母　叔叔　婶婶或婶娘　姑姑或姑妈　姑父（夫）	舅舅　舅母（妈）　姨或姨妈　姨父（夫）
“自我”辈	丈夫　妻子　哥哥　嫂嫂（子）　弟弟　弟媳　姐姐　姐夫　妹妹　妹夫　堂兄（哥）　堂姐　堂弟　堂妹	表兄（哥）　表弟　表姐　表妹
子辈	儿子　女儿　侄儿（子）　侄女	外甥　外甥女　姨侄儿（子）　姨侄女
孙辈	孙子　孙女　侄孙　侄孙女	外孙　外孙女

（表中没有收入方言色彩包括北京话色彩较重的称谓，如“姥爷、姥姥”）

从表1可以看出，汉语亲属称谓至少有如下特点：

1. 长幼有序。哥哥、弟弟、姐姐、妹妹和父方亲属称谓中的伯父、叔叔，这些称谓本身就含有长幼义素。

2. 男女有别。父方亲属称谓和母方亲属称谓各成体系，相比之下，父方亲属称谓系统更加严密、复杂。

3. 亲疏有别。不同的亲属称谓反映了亲属间的远近亲疏关系，如“堂”指同宗同姓，而“表”既可指姑表，又可指姨表。

4. 血亲姻亲有别。血亲称谓属自主称谓，其年龄义素由所指本人的年龄决定，如“哥哥、姐姐”长于自我，“弟弟、妹妹”幼于自我，“伯父、叔叔”分别长于和幼于父亲。姻亲称谓属从属称谓，其年龄义素只与中介有关，与所指本人的年龄无关。如“伯母”是伯父之妻，其中介（即伯父）长于父亲，但其本身的年龄并未反映。“妹夫”是幼于自我的女性同胞之夫，但其本身的年龄也未反映。其他姻亲称谓如“婶婶、嫂嫂、姐夫、弟媳、大舅子、小叔子、小姑子”等也属此类。不含年龄义素的姻亲称谓也可由此类推划入从属称谓，如“舅妈、姑夫、姨夫”。不少从属称谓含有相对的自主称谓的语素，如“伯母”之“伯”、“姐夫”之“姐”、“姑夫”之“姑”，自主称谓不会含有相对的从属称谓的语素。“丈夫、妻子”是最直接的姻亲称谓，属同一核心家庭，且不含年龄义素，可以不划入从属称谓。“公公、婆婆、岳父、岳母、儿媳、女婿”则属从属称谓，它们不含年龄义素，但其辈分义素由中介称谓决定。在亲属称谓中，曾祖父、曾祖母、祖父、祖母、父亲、母亲等，书面语色彩浓重，通常是不用在口语里当面称呼人的，但在叙述和介绍时，特别是在较为庄重的场合或书面语中叙述、介绍人物之间的关系时，多用这种称谓，而其他亲属称谓既可在介绍和叙述时使用，亦可用作面称的呼语。

汉人非亲属交际中大量借用、仿用亲属称谓，自古有之，现代也继承了这种用法，但这种借用和仿用是有条件的，使用环境和所反映的人际关系也较亲属交际有所不同。本文即着重分析亲属称谓用于非亲属交际的选择规则及其所反映的人际关系。

二、亲属称谓的选用范围

1. 非亲属交际中使用亲属称谓主要用来当面称呼，一般不用于叙述，没有严格的书面语形式，如果要叙述或介绍的话，往往根据被介绍人的实际身份、地位而不是借用的亲属称谓来叙述或介绍。如一位姓李的科长会被介绍为“这位是李科长”，而不会是“这是我叔叔”。有时为了某种需要，也会借用亲属称谓来介绍，但这时的称谓前往往要加上标志（后文谈及）。由于非亲属交际中借用亲属称谓主要是用作呼语，因此它只选择能用于面称的亲属称谓而排除亲属称谓中的书面语形式。

2. 亲属称谓在非亲属交际中的选用，主要限于父方亲属称谓。母方亲属称谓的选用，仅有较后起的“阿姨”一例。（在北京话中，真亲属用“姨、姨妈”，非亲属用“阿姨”，“阿姨”属下文的“类亲属称谓”。但在许多方言中“阿姨”兼指真亲属和非亲属。）即使是父方亲属称谓，一般也只选用排行在前的称谓。在辈分上，曾祖辈和孙辈的称谓不用于非亲属交际，子辈的也用得较少。姻亲称谓中只有部分女性称谓用于非亲属交际，如“伯母、婶子、嫂子”等，男性姻亲称谓不用于非亲属交际。旧时有女方亲友称男方为“姑爷”（女婿），妓院中人称嫖客为“姐夫”，是亲属关系的比附，现已不多见。

三、亲属称谓词的词形改造——类亲属称谓

大多数亲属称谓用于非亲属交际需要进行改造。改造，是许多亲属称谓进入非亲属交际的一个重要条件，是区别亲属交际和非亲属交际的重要标志。如果有人对一位老者称“爷爷”，无疑，称呼者与被称呼者之间很可能是祖孙关系。但有人称一位老者为“老爷爷”或“老大爷”，谁也不会误认为称呼者与被称呼者之间是祖孙关系，而只能理解为年少者对长者的尊称。本文把“老爷爷”这种改造后用于非亲属交际的词，称为类亲属称谓。把亲属称谓改造为类亲属称谓，主要有以下一些方法。

1. 用前缀“老”或“大”。用“老”或“大”作为前缀，既可用于对长辈称谓的改造，也可用于对晚辈称谓的改造。汉语对成年男子称谓的改造，基本上都用“老”或“大”来实现。“老”和“大”虽然从表年龄和排行的“老”和“大”而来，但作为类化前缀，年龄和排行标志已不明显，仅仅是表示尊敬。

这类词，祖辈的有“老爷爷、老奶奶”；父辈的有“老伯伯、大伯、大爷、大叔、大婶、大妈”等；同辈的有“大哥、大兄弟、大妹子”等。需要说明的是，改造后的类亲属称谓词有的可能与亲属称谓词同形，如“大姐”，但其结构与意义均发生了变化。

2. 用前缀“小”。用“小”来称呼别人，有年轻的意味，但更多的却是表达一种亲切、亲密的情感。这类称谓有“小兄弟、小姐、小妹”等。这种方式改造后的称谓，仅限于同辈人之间的称用或长辈对晚辈的称呼，绝不能用于晚辈对长辈的称呼，否则会被认为是大不敬的行为。

3. 在亲属称谓前加上姓氏或名字来称呼非亲属，如“张大伯、赵小姐、芙花姐、阿庆嫂”等。在亲属称谓前加姓氏法，可用于长辈和同辈称谓的改造，而加名字法，主要用于对同辈称谓的改造。加姓氏或名

字，老派对女性称谓的改造，往往是在女性从属称谓前加上丈夫的姓或名，如“阿庆嫂”；而新派往往是在女性自主称谓前加上女子自己的姓或名，如“小红姐”。这种变化，也反映了女子社会地位的变迁。用这种方式改造后的称谓，前面还可再加上“老”，表示对长者的尊重，如“老张大伯”。

4. 前缀连用。“老”“大”连用或“大”“小”连用来改造亲属称谓，如“老大爷、老大妈、老大哥、大小姐、小大姐”等。

另外，加后缀“子”来改造亲属称谓，往往要在称谓前加上“大”与之呼应，如“大妹子、大侄子”等。用“子”作为后缀，仅用于对同辈或晚辈称谓的改造。

5. 屈折法。通过音变来区分亲属称谓和非亲属称谓，如“大爷”，作为亲属称谓，“爷”字念阳平，而作为非亲属称谓的“爷”字念轻声。

亲属称谓，加上“老”“大”“子”等前缀或后缀，或加上姓氏名字等标志之后，就词来说，词形和意义及使用对象均发生了变化，已不能算作严格意义上的亲属称谓，所以称为类亲属称谓。

四、亲属称谓与类亲属称谓在交际中的作用差异

类亲属称谓从亲属称谓而来，必然在很大程度上与亲属称谓保持同步，如性别、年龄等。即使如此，类亲属称谓与亲属称谓在实际运用中又体现出很大的差异性，这些差异性表现在如下几点：

1. 亲属称谓在亲属交际中，长辈和同辈的称谓绝大多数可以重叠，重叠后的称谓可加上“大”“小”表示排行，如“叔叔、婶婶、哥哥、弟弟”等。非亲属交际中使用的类亲属称谓不常重叠，要重叠的话，也常在称谓前加上标志成分，如“张伯伯、李叔叔”等。类亲属称谓既可重叠又不需要改造的，仅有“叔叔”一例。一般说来，重叠的称谓只用于亲属交际。根据这一特点，我们可以比较容易地辨别亲属称谓和类亲属称谓。如：

姐姐：泛称比自己大的同胞女性。

大姐姐：称排行最前的同胞女性。

小姐姐：称排行仅在己前的同胞女性。

小姐：对年轻女子的礼貌称呼。

老大姐：对与自己关系比较密切，年龄较大的女性的称呼。

这些称谓，前三个为亲属称谓，后两个是类亲属称谓。

2. 非亲属交际中，有时为了表示关系的密切，许多亲属称谓可以被直接套用。这种套用，特别多地用于义亲关系中，但词形变化后的类亲属称谓不可用来称呼亲属，否则会使原来密切的关系显得疏远、淡漠，除非是要故意疏远、淡化这种关系。我们不可能听到孙子对爷爷叫“老爷爷”或“张爷爷”。这种单向不可逆的流动给非亲属交际带来了不少亲属称谓，上面谈到的“叔叔”就属此列。

3. 亲属交际中的亲属称谓与被称呼者的辈分、年龄严格对应，特别是辈分的高低，绝不允许弄混搞错。在非亲属交际中，长者对幼者叫“叔叔”是毫不奇怪的，但在亲属交际中是绝不会出现的，也就是说，亲属称谓选用的第一标准是辈分，其次是年龄。非亲属交际中，辈分是模糊的，人们甚至会故意颠倒辈分、长幼关系，以示对称呼者的尊重。如我们写信时，常称与自己年龄相仿的男子为“贤兄”，其实，这“贤兄”未必比自己大，有时甚至比自己小得多。再如忘年交中长者与幼者称兄道弟，也表现出这种密切与亲近。非亲属交际中，对祖辈或曾祖辈的男性与父辈的年长男子统称为“老大爷”的事时有发生，有时我们还会对同一辈分的人用属于两个辈分的称谓来称呼，如对两个年龄悬殊的弟兄，我们可能称其幼者为“大哥”，称其长者为“大伯”或“大叔”。

对年幼、低辈分人的称呼也往往表现出这种“混乱”：一位老年男子与一位少年男子独处时，老人对少年的称呼很可能就是“大兄弟”，而与别人在一起时，就很可能称之为“大侄子”，这种情况在亲属交际中是绝不可能出现的。

4. 亲属间，人与人的相互关系是客观上确定的，除了亲属称谓本身体现出的亲疏外，实际交际中，亲属称谓无法表达特别亲密的情感。但非亲属交际中，同一个人，不同环境中可以有不同的称呼，由称呼人根据与被称呼人的关系主观决定，因而表现出的关系也较亲属称谓来得微妙、复杂。如对一位名叫王晓华的女性，同一年龄层次的称呼可以有：

王姐：一般场合，一起共事的女性。

王大姐：年轻男子较为礼貌的称呼。

晓华姐：年龄相仿，关系较为密切的女性。

华姐：年龄相仿，关系很密切的女性。

5. 亲属称谓表现的是客观存在的血缘、婚姻关系。非亲属交际中虽然比较多地使用类亲属称谓，但交际双方无血缘、婚姻上的瓜葛，它只是表示一种“套近乎”的亲密，不能用于介绍，不管是自我介绍还是别人介绍。如果我们说“我是你大爷”，“他是你大爷”或者“你是他……”，这种介绍，贬低了“你”的辈分和年龄，被介绍人会感到极不舒服，甚至会有被侮辱的感觉。如果颠倒过来说成“你是我大爷”，“你是他大爷”或“他是你大侄子”，要是这种介绍与被介绍人的实际年龄不符的话，听话人会感到极不自在。亲属交际中，任何一个亲属称谓都可以用来介绍，而不会让人有什么异样的感觉。

6. 亲属称谓中，有一部分是从属性的，但非亲属交际中，这种从属性显得不那么明显。老派的类亲属称谓基本上承袭了亲属称谓的这种主从关系，一般是对男的用自主称谓，如“大伯、大爹、大哥”等，对已婚女子用从属性称谓，如“大娘、大婶、大妈”等。新派的类亲属称谓，这种主从关系显得较为模糊，如儿童对年轻男子一律称“叔叔”，对年轻女子统称“阿姨”，它们本来就分属两个子系统，都属于自主称谓。这种变化，反映了现代社会交际对个人独立性的看重，但“伯父、伯母”仍延续了女性用从属称谓的传统。

总的说来，类亲属称谓的使用有如下特点。（1）不平衡：类亲属称谓主要选用父方亲属称谓。（2）不严密：类亲属称谓的选择性，使之未能建构成一个完整、严密的系统，实际使用中，与亲属称谓有交叉现象。（3）简化：即使是父方亲属称谓，也只有排行在前的才能进入类亲属称谓。

五、亲属称谓用于非亲属交际文化意义

在非亲属交际中，有选择地使用、改造亲属称谓，绝不是一种偶然出现的现象。它与汉人的文化传统教育有密切的关系。文化作为一种传统，有着跨越历史的延续性。中国古代农耕经济比较发达，农耕经济的发展需要长期的定居，需要有计划、有组织的劳动。在大规模、大体力消耗的农业生产活动中，男子以其天生具有的优越性取得了生产劳动和家庭生活中的支配地位。源于父系公社家长制的宗法制是中国古代社会独有的社会组织，它的基本单位是核心家庭或三四代同堂的扩充式家庭，其上还有宗法制大家庭即宗族，宗族以男子为线索代代繁衍，这些都决定了男子在社会、家庭中的特殊权利和地位。非亲属交际中选用父方亲属称谓，对男性用自主称谓，对女性用从属称谓，都是这种文化现象在社会交际中的辐射。正是由于男性在社会和家庭中的主导地位，选用父方称谓，更能突出被称呼者的地位、身份和与自我的亲近，因而显得格外亲切。

宗法制极其重视家族的延续，所谓“不孝有三，无后为大”就是这种观念的写照。任何一个家庭的物力和财力都是有限的，要使一个家族世代繁衍、兴旺发达，就必须保证有限财力的相对完整，为了家族的利益，这有限的财产就只能由一个人来继承，而不能平均分配，这个继承人理所当然地就是长子。汉文化以男子嫡长传承为中心的宗法制度，长子拥有仅次于父亲的权力，受到家族成员尊重。正因为长子拥有独特的权力、地位，类亲属称谓对成年男子称谓的改造才偏爱“大”。“大”在亲属称谓中即排列第一，这就是“大”字尊敬意味所在。

参考文献

陈松岑　1984　北京城区两代人对上一辈非亲属使用亲属称谓的变化，《语文研究》第2期。

陈月明　1990　现代汉语亲属称谓系统以及文化印记，《汉语学习》第5期。
胡明扬　1986　北京话的称谓系统，《汉语研究》第一辑，天津：南开大学出版社。
李树新　1990　现代汉语称谓词与中国传统文化，《内蒙古社会科学》（文史哲版）第3期。
刘丹青　1983　亲属关系名词的综合研究，《语文研究》第4期。
遆永顺　1985　称呼语及其使用，《语言教学与研究》第2期。

（原载《南京师大学报》（社会科学版），
1994年第2期，与潘文合作）

《红楼梦》姨类称谓的语义类型研究*

像《红楼梦》中的不少词汇成分一样，《红楼梦》中的姨类称谓，即对母亲之姐妹的称谓，也不反映北京话的状况，而与南京方言一致，即母之姐与母之妹分别称“姨妈”和“姨娘”。通过比较可以发现，这对词的语义切分，及姑类称谓的类似切分，在汉语方言和相邻语言中具有一定的类型意义。据初步考察，这种语义特点不是北方汉语及南京话所在的江淮方言的特点，而是南京历史上曾归属过的吴语区的特点，也是广泛散见于南方汉语中的一个语义类型特点。再与相邻语言比较，可以推测，这种语义类型不像是原始汉语和藏缅语的共同祖语的类型特点，而更接近百越语言的现代成员壮侗语言的类型特点。汉语南方方言中姨类姑类称谓分长幼的情况，反映了汉语的许多南方方言和壮侗语言在这一类型参项上的一致性。不过，这种一致性既不是词汇上的同源关系，也不是语音类型或语法类型的一致性，而是纯语义层面的类型一致性。可见，无论是研究语言间关系，还是研究语言的共性与类型，纯语义范畴都是一个不可忽视的方面。

下面我们先从《红楼梦》的情况谈起。

---

* 本文初稿曾在中国民族语言学会 1994 年长沙会议上宣读，会后几经修改。王士元先生、岩田礼先生、石锋先生和《中国语文》编辑部对本文的修改提过很好的意见，谨致谢意。

笔者自己调查的方言点：苏州、吴江同里、昆山周庄、常熟市区、常熟兴隆、丹阳、通州金沙、启东吕四、靖江、无锡、常州、江阴顾山、江阴要塞、宜兴周墅、武进罗溪、武进村前、仪征、泰兴、姜堰（前泰县）、兴化。陈妹金女士参与了调查工作，顺致谢意。

一、《红楼梦》的姨类及姑类称谓与南京方言

《红楼梦》的姨类称谓及其与南京方言的关系，刘丹青（1996）已经做过较详细的说明和分析。因为该文发表于香港，内地不易见到，所以这里再做一个简要的转述。

《红楼梦》的姨类称谓用于人物口语的有两个——“姨妈”和“姨娘”。在前80回中，这两个词的用途有明显区别。它们主要用于由王氏姐妹薛姨妈和王夫人为中介所构成的姨甥关系。基本情况是贾府的下一辈称薛姨妈为“姨妈”，并以“薛姨妈”作为小说对她的叙称（因全书以贾府为视点）；薛家的下一辈称王夫人为“姨娘”。此外“姨娘”又指父之妾如“赵姨娘”，这不在本文讨论的范围之内。

这里讲的语义分工，在前80回中也有个别例外，不过从统计数字得到的分工倾向仍是非常清楚的。在前80回中，贾府小辈或以他们口气称薛姨妈为“姨妈”的有27次，称“姨娘”的有两处共4次，比例约为7∶1；薛府小辈或以他们口气称王夫人为“姨娘”的有17次，称“姨妈”的有1次，比例是17∶1。这样的比例不可能是偶然造成的，倒是那个别的例外，不排除有版本或传抄等方面的特殊缘故。以上用法的具体例子，详见刘丹青（1996）。

在前80回中，“姨娘”还多次用于贾蓉对其母之妹尤二姐和尤三姐的称呼，甚至在带上排行字时仍说“二姨娘、三姨娘”而不说“二姨、三姨”，更不说“姨妈”或“二姨妈、三姨妈”。只有一处以贾蓉为视点的作者叙称出现了带排行字的单音节“姨”，即“贾蓉又和二姨……”（63回），与“姨娘、二姨娘”的叙称同见于一段中。贾蓉对她们两个人的称呼为我们探讨上面所说的分工提供了有用的线索。

据我们了解，今天北京话称母之姐妹都是“姨”，常儿化，可加排行成“大姨、二姨、小姨”等。“姨妈”虽已被普通话吸收，见《现代汉语词典》，释为“〈口〉姨母（指已婚的）”，但据张伯江先生告知，

北京人还是觉得“姨妈”不是地道的北京口语，不管已婚未婚都以称“姨”为常。指母亲姐妹的“姨娘”则被该词典明确标为“〈方〉”，普通话和北京话都不用。《红楼梦》的上述情况显然不是北京话的情况。更值得注意的是，在据认为北方和北京背景更明显的高鹗所著的后40回中，“姨娘”一词消失了，贾宝玉叙称面称薛姨妈都是“姨妈”（84回、91回），薛姨妈对薛宝钗称王夫人也用“你姨妈”（95回）。可见“姨妈”“姨娘”之分的确只是曹雪芹的方言特点而不是北京话的特点。

再来看另一种与曹雪芹关系密切的方言——南京方言的情况。南京话（老派）的姨类称谓主要是“姨妈、姨娘”两词，这与《红楼梦》一样。其语义分工是前者指母之姐，后者指母之妹。这种分长幼的情况甚至延及非亲属称谓：小孩对略长于母亲的女性称“马马”，对略幼于母亲的女性称“阿姨”。至于“姨”，远不如“姨妈、姨娘”常用，主要用于叙称，而且多半前面有排行字，这也与《红楼梦》的情况相近。

以上情况有助于探讨“姨妈、姨娘”在《红楼梦》前80回的语义分工。“姨妈”和“姨娘”不可能是已婚和未婚的区别，因为王夫人和薛姨妈都是已婚的。既然这两个词在今南京话也存在，那么也应当像南京话一样是母亲的姐妹之别。书中关于王夫人和薛姨妈的关系，只说两人是姐妹并都是王子腾的妹妹（4回），看不出长幼。但尤二姐、尤三姐是贾蓉的母亲之妹，面称“姨娘”，这与南京话正好一致。由此推知，被薛家小辈称为“姨娘”的王夫人当居幼为妹，而被贾府小辈称为“姨妈”的薛姨妈则居长为姐。这样，才能解释书中“姨妈、姨娘”二词的明显分工。

《红楼梦》的姨类称谓符合南京话而不符合北京话，既不偶然也不奇怪。《红楼梦》中有不少北京话不说的南京方言词，如称生育子女为“养”（27回）、面条为“面”（62回）、尊称男性少年（而不是丈夫）为“相公”（7回）、马桶为“马子”（61回）、午觉为“中觉”（5回、24回）、头晕为“头眩”（11回）、做菜为“弄菜”（62回），等等。《红楼梦》的亲属称谓，多数是北京南京共有的，两地有差异的称谓《红楼梦》也有舍北取南者，如不用“姨父”用“姨爹”（4回），不用“舅妈”用“舅母”（3 回），不用“爹妈”用“老子娘”（6 回）等（南京话上述词语的详情请参阅刘丹青 1995）。曹雪芹儿时生活在南京，其时他家已在江南四代，举家迁往北京后，家庭内部保持部分南京话要素也极有可能，尤其是亲属称谓，最易保持老家的习惯。只是以前过多强调《红楼梦》的北京话之纯，以至对其中的南方成分未予重视，只有少数学者注意到曹雪芹语言中的南方成分，如俞敏（1992）。当然从全书的语言看，北京话的比重超过南京话，基本的方言背景当是北京话的，例如书中有首字为入声的“鸭头”和首字为舒声的“丫头”构成的双关玩笑，这是口语说南京话的作者不大可能想到和采用的。

再看看跟姨类称谓平行的父方称谓即姑类称谓的情况。北京话称父亲的姐妹都是单音节的“姑”，可加排行成“大姑、二姑、小姑”等。“姑妈”可算是普通话，但还不是地道的北京话。这与姨类称谓情况类似。南京话（老派）称父之姐为“姑妈”，父之妹为“娘娘”（阴平＋轻声）。单音节的“姑”未见。《红楼梦》姑类称谓出现于三项关系。一是贾府小辈称贾赦、贾政之妹贾敏（林黛玉之母）为“姑妈”（3 回）。二是王熙凤除从夫称薛姨妈为“姨妈”外，也据娘家关系称她为“姑妈”（35 回、36 回），薛姨妈是王熙凤的父之妹。三是金荣称父之妹璜大奶奶为“姑妈”和“姑娘”（9 回、10 回）。以上三项，均是父之妹之例，可称“姑妈”，这与南京话“姑妈”指父之姐不同；但又有“姑妈、姑娘”两词，且不用“姑”，这与南京话用两个词且一带“妈”一带“娘”的情况相近，而与北京话明显不同。

二、姑姨称谓分长幼的跨方言比较

在《红楼梦》中得到部分反映的南京方言姨类及姑类称谓，在语义类型学上具有重要意义。父母的同胞按性别分有四类，即叔伯、姑、舅、姨，用国际上习用的义素表示法就是：

FB（父之兄弟）、MB（母之兄弟）、FS（父之姐妹）、MS（母之姐妹）以上代号，F代表father（父亲），M代表mother（母亲），B代表brother（兄弟），S代表sister（姐妹）。有的称谓不分父方母方，则F和M可以合为一个P，代表parent（父母），下文将会用到这个代号。以上四类若再按长于或幼于父母一分为二，则有八类。即：

FBe（父之兄）、FBy（父之弟）　FSe（父之姐）、FSy（父之妹）

MBe（母之兄）、MBy（母之弟）　MSe（母之姐）、MSy（母之妹）

这里，小写的e代表elder（年长者），y代表younger（年幼者）。普通话仅父亲的男性同胞分长幼，其他都不分，实分五类，其中男性三类（FBe伯伯、FBy叔叔、MB舅舅），女性两类（FS姑、MS姨）。而南京方言则除母亲的男性同胞即“舅舅”外都分长幼，实分七类，其中男性三类，同北京话，女性四类（FSe姑妈、FSy姑娘、MSe姨妈、MSy姨娘）。这是两种很不相同的语义切分类型。汉语方言词汇调查表和调查报告习惯上都以普通话的五分法形式出现。其实这种形式并不适合调查和记录所有的汉语方言。就本文讨论的姑姨称谓而言，北京的类型可称为二分法，南京的类型可称为四分法。另有一种四分法是根据婚否来分，本文不讨论。我们想知道的是，南京方言的这种四分法的语义特点体现了哪种方言类型。

首先，这种特点看来不属于北方方言的类型。《汉语方言词汇》（1964）共收18个点。其中官话8个点，父之姐妹分长幼的未见，因此不存在四分法，母之姐妹分长幼（三分法）的仅西安一点。另据我们对所见文献的考察及当面询问，在华北（如天津）、中原（如河南、徐州）、山东（如德州、博山、即墨）、山西（含晋语，如天镇、中阳、阳曲）、东北（哈尔滨）等官话和晋语方言中都未发现这种语义特点；仅在乌鲁木齐回民汉语中见到父母之姐妹分长幼（四分法），而这一方言群体的来源也是清末西迁的“陕西人居多”（刘俐李1989），与西安的三分法当同出一源，可视为北方汉语中的仅有例外。

其次，这种特点也不像是南京方言所在的江淮方言的类型。《江苏省和上海市方言概况》（1960）共收江淮方言点10个，加上我们的补充调查，证实除南京外，只有江南的南京邻城镇江和江北的泰州父母姐妹分长幼，其他地方，包括书中未列的仪征、姜堰（前泰县）、泰兴、兴化等都没有这种特点。而在《安徽方言概况》所列的75个点（约半数属江淮方言）中无一点有这个特点。泰州成为长江以北江淮话中唯一发现四分法的点。

以上两方面的材料，不排除有调查疏漏不够全面的情况，但至少反映了大致的倾向，即北方官话和江淮方言中父母姐妹分长幼是极其罕见的。

南京及镇江历史上曾属吴语区，晋室东渡后开始逐渐向北方话——官话系统演变。南京话的上述语义特点，应是一种吴语的方言类型。下面是笔者查阅和调查所得的部分太湖片吴语点的情况，使用的符号同上：

上海：FS 娘娘；MSe 大姨姆妈；MSy 阿姨

舟山：FSe 姑妈；FSy 阿都、都都；MSe 姨娘；MSy 阿姨

苏州：FSe 嬷嬷、伯伯；FSy 娘娘（阴平）；MSe 娘姨嫚嫚；MSy 阿姨

吴江同里：FSe 嬷嬷；FSy 嗯娘；MSe 大姨姆妈；MSy 阿姨

昆山周庄：FSe 嬷嬷；FSy 嗯娘；MSe 大姨；MSy 娘姨

常熟市区：FSe 好伯；FSy 好叔；MS 好娘舅

常熟兴隆：FSe 老伯伯；FSy 爷叔；MS 舅舅

丹阳：FS 嫚；MSe 大姨嫚；MSy 姨娘

通州金沙：FSe 姑妈；FSy 娘娘（阴平）；MSe 姨妈；MSy 姨姨

启东吕四：FS 姑妈；MSe 姨妈；MSy 姨姨

靖江：PSe 亲娘；FS 好伯；MS 姨娘

以上共有11个点。舟山、苏州、吴江、昆山、通州5点是完全的四分法，即父母姐妹都按长幼分别用词。其余6点是某种形式的三分法，如上海是姨分姑不分，常熟是姑分姨不分，靖江是父之姐与母之姐不分。在四分法的点，长幼区分也常跟南京话一样延及非亲属交际。如吴江同里小孩称略长于父母的女性为“嬷嬷”（同FSe），称略幼于母亲的女性为“阿姨”（同MSy），可见姨姑类称谓分长幼的语言心理之牢固。另一方面，在我们的取点范围内，也有覆盖面及地点数接近上述各点的苏南吴语不区分长幼，而采用北京式的二分法的，它们包括无锡、常州、

江阴顾山、江阴要塞、宜兴周墅、武进罗溪、武进村前。采用四分或三分法的上述11点既有吴语代表点及附近地区，也有处在吴语边界上的点——丹阳在吴语西北端，最后3点都在长江以北与江淮方言接壤处。在苏沪吴语区这不太大的区域内，这些方言点和分布范围应该说具有一定的广泛性，但其分布密度还称不上是北部吴语的普遍类型特征。考虑到靠近江淮方言的边界吴语仍保留这一特点，并且用词也与吴语腹地有共同点（如阴平的"娘娘"指父之妹），可以推知这是一种较为悠久的特点。因此仍可看作吴语的一种语义类型。南京方言中的这一特点，显然不是江淮方言的共同特点，而是吴语留存在南京话中或影响南京话的成分。

从更大的范围看，父母姐妹分长幼也不仅是吴语的类型特点，这一语义特点在汉语南方方言中具有相当广泛的分布。从大方言区看，各大方言区都有这种现象存在。如：

闽语（福清）：FSe 姑姐、大姐；FSy 姑、阿姑；MSe 大姨；MSy 姨囝

粤语（阳江）：FSe 大姑；FSy 姑姐；MSe 大姨；MSy 阿姨

湘语（衡阳）：FSe 姑姑、姑妈（已婚）；FSy 姑子；MSe 大娘；MSy 姨子、姨娘（已婚）

湘语（娄底）：FSe 大唧；FSy 嫚嫚；MSe 大姨娘；MSy 姨唧

这些都是四分法。由于材料的限制，目前尚难以全面确切地了解这一特点在南方的分布密度。有些地点和区域虽然有地点词汇材料和跨地点词汇对照表发表，但由于受传统词汇调查表北方式设计的限制（父母兄弟姐妹的五分法），因此往往看不出姨类姑类称谓是否分长幼。不过，李如龙、张双庆主编（1992）和詹伯慧、张日昇主编（1988）的两种区域性调查报告却部分或全部地突破了传统词汇调查表的限制，因而为我们提供了南方部分区域较能说明问题的材料。

李如龙、张双庆主编（1992）共收录33个客赣方言点，其布点密度略近于前述苏、沪、皖的报告。该书的词汇对照表中，姨、姑仍分别只列一个词项，但对分长幼的情况则在同一对照词项中加以说明，所以我们能看出哪些点姨类姑类称谓分长幼。在这33个点中，存在上述语

义特点的点有 7 个，情况如下：

广东连南：FSe 大姑；FSy 阿姑；MSe 大姨；MSy 姨仔

广东河源：FSe 大姑；FSy 阿姑；MSe 大姨；MSy 阿姨

广东东莞清溪：FSe 大姑；FSy 阿姑；MSe 大姨；MSy 姨仔

江西铜鼓三都：FSe 姑娘；FSy 姑姑；MSe 娘娘（阳平）；MSy 姨娭

广西陆川：FSe 大姑；FSy 阿娘；MS 姨婆

江西余干：FSe 大姑；FSy（ha 阳平）姑；MS 阿姨

江西南城：FSe 大姑；FSy 姑姑；MSe 大姨；MSy（ha 阳平）姨

这 7 个点，从地域看，跨粤、桂、赣三省，涉及客、赣两大方言，应该说分布相当广泛；从比例看，占五分之一强，分布密度不算很高；从类型看，5 个点是四分法，两个点是三分法。

詹伯慧、张日昇主编（1988）共收录珠江三角洲粤港澳地区的 31 个方言点，其中粤语 25 点，客家话 5 点，闽语 1 点。由于比李如龙、张双庆主编（1992）的覆盖范围小得多而地点数相近，因而布点密度要大得多。而且，该书是我们所见的国内第一本按父母同胞八分法（父母姐妹四分法）设计对照表的跨点词汇报告，因而反映的情况特点清楚。该书涉及的父母姐妹四分法或三分法的各点情况如下：

粤语：

广州市区：FSe 姑妈；FSy 姑姊；MSe 姨妈；MSy 阿姨

香港市区：FSe 姑妈；FSy 姑姊；MSe 姨妈；MSy 阿姨

香港新界锦田：FSe 大姑；FSy 阿姑；MSe 大姨；MSy 阿姨

澳门市区：FSe 姑妈；FSy 姑姊；MSe 姨妈；MSy 阿姨

番禺市桥：FSe 姑妈；FSy 姑姊；MSe 姨妈；MSy 阿姨

花县花山：FSe 姑母；FSy 娘仔；MSe 姨母；MSy 姨姊仔

从化城内：FSe 阿娘；FSy 阿姑；MSe 大姨母；MSy 阿姨

增城县城：FSe 大姑、姑妈；FSy 阿姑、姑姊；MSe 姨母、姨妈；MSy 姨姊、阿姨

佛山市区：FSe 姑妈；FSy 姑姊；MSe 姨妈；MSy 阿姨

南海沙头：FS 姑姊；MSe 姨母；MSy 姨

顺德大良：FSe 姑妈；FSy 姑姊；MSe 姨妈；MSy 阿姨
三水西南：FSe 姑妈；FSy 姑姊；MS 阿姨
中山石岐：FSe 姑妈；FSy 姑姊；MSe 姨妈；MSy 姨仔
珠海前山：FSe 姑妈；FSy 姑姊；MSe 姨母；MSy 阿姨
斗门斗门镇：FS 阿姑；MSe 姨妈；MS 阿姨
江门白沙：FSe 阿姑；FSy 姑仔；MSe 姨母；MSy 阿姨
台山台城：FS 阿姑；MSe 大姨；MSy 阿姨
鹤山雅瑶：FSe 姑妈；FSy 阿姑；MS 阿姨
东莞莞城：FSe 姑妈；FS 阿姑；FSy 姑姊；MS 阿姨
宝安沙井：FSe 大姑、姑妈；FSy 阿姑、姑姊；MS 阿姨
客家话：
东莞清溪：FSe 大姑；FSy 阿姑；MSe 阿姨；MSy 姨仔
深圳沙头角：FSe 大姑；FSy 细姑；MSe 大姨；MSy 姨仔
中山南蓢合水：FSe 大姑：FSy 姑仔；MSe 大姨；MSy 晚姨
闽语：
中山隆都：FSe 姑母；FSy 姑；MSe 姨母；MSy 姨姊

以上共 24 个点，占总数 31 点的四分之三强，其中完全的四分法就有 17 个，超过总数的一半。

从整体上看，姑姨称谓的四分法及与之接近的某种三分法，是南方方言中分布得相当广泛的一种语义特点，跟只有二分法的北方方言相比，这一特点显然是一种南方类型。分布的密度也显示了它的南方特点。上文比较材料显示的分布密度是：粤语 > 吴语 > 客赣方言 > 江淮方言。粤语是最南的，分布也最密。江淮方言是最北的，分布也最疏。吴语区整体上比客赣方言区要北一些，但正如大家了解的，客赣方言从北方汉语中分化出来的时间晚于吴语，跟北方汉语的语言距离也小于吴语跟北方汉语的距离，因此其南方特点少于吴语是完全正常的。这还是就客赣方言整体来说的。假如单纯就客家话来说，那么至少在詹伯慧、张日昇主编（1988）中提到的与粤语靠近的那些客家话，也即位置最南的那些客家话，四分法的分布密度是高于吴语的，达五分之三，符合越

往南越密的总规律。而这一特点在南方分布的广泛性，似乎透露出，四分法曾是一种南方汉语中较普遍的类型特征，而不可能完全是偶合，也不可能是从汉语的共同源头继承来的，因为从古代汉语的称谓系统（以《尔雅·释亲》为代表）到现代普通话及广大的北方地区都是二分法。在某些南方地区其分布密度不太高，则可以用北方类型长期而强大的影响来解释。在这种影响下，四分法已成为一种正在消退的特点，在一些南方方言中只剩下了三分法，另有一些南方方言则已被二分法所取代，剩下的保留四分法的方言便或疏或密地散布在南方的各大方言区，有的还"幸存"在南京、镇江个别江淮方言点中，甚至由于作者个人的方言背景带入被视为北京话作品的《红楼梦》里。

三、父母姐妹分长幼的跨语言比较

南方汉语中父母的姐妹分长幼的语义类型特点，或称四分法，既然不像是从古汉语源头继承来的，也不像是不约而同偶合的，那么这种类型是从何而来的呢？讨论这个问题，需要把比较的目光进一步投向汉语之外的相关语言。

在发生学和发展史上跟汉语关系最密切的语言，是藏缅、苗瑶、壮侗这三个语族。我们就来考察一下这三个语族的有关语义类型特点。

藏缅语族跟汉语的亲属关系，是国内外学术界最为确定的，国外部分学者所说的汉藏语系，只包括汉语和藏缅语族。假如父母的姐妹分长幼的四分法是从汉语和藏缅语的共同祖先继承来的，那么它应该在现代藏缅语中也有所保留。在我们所见的藏缅语材料中，绝大多数语言都未见父母姐妹分长幼的情况，如藏语、错那门巴语、怒语、独龙语、普米语、羌语、土家语、彝语、纳西语、白语，而这些语言多数都区分父之兄弟的长幼，和汉语伯叔之分一致。由此可以推知，叔伯称谓分长幼而姑姨称谓不分长幼这种不对称的语义类型，应该早在汉语和藏缅语的共同祖语时代就已形成，所以造就了绝大部分藏缅语言和作为汉语主体方言的几乎全部汉语北方话在这一点上的高度一致；至于姑姨称谓分长幼，则不可能是从这个共同祖先继承而来的。我们的确也发现有个别藏缅语分父母姐妹的长幼：阿昌语姑姨都分长幼；拉祜语拉祜熙方言姑姨都分长幼（但拉祜纳方言姑姨都不分）。值得注意的是，这个别区分姑姨长幼的语言和方言都与傣语等壮侗语处于紧邻或杂居的状态，联系下面将谈到的壮侗语姑姨称谓分长幼的普遍性，这个别藏缅语言和方言的情况明显是壮侗类型影响的结果。

苗瑶语族的语种较少，在我们所见的数种苗瑶语中，没有一种语言完全区分姑姨的长幼，可见姑姨的长幼区分也不是典型的苗瑶类型。

最后，我们来看一下壮侗语族。壮侗语族跟汉语是否有同源关系，在国内外学术界还有不同看法，但汉语（尤其是汉语南方方言）和壮侗语在发展过程中有过密切关系，则没有人会有异议。在我们所见的壮侗语及与之关系密切的京语材料中，只有布依语和仡佬语姨类姑类称谓不分长幼（其中布依语的称谓就借自汉语“姑妈”和“姨妈”），其他语言父母之姐妹的称谓全都是分长幼的。下面的列举，方括号前的是义素代号，方括号内的是词的音标，音标右边的数字是调类号。

武鸣壮语：FSe[pa3]；FSy[ku6]；MSe[me6 pa3]；MSy[me6 na4]

龙州壮语：PSe[pa3]；FSy[ku5]；MSy[na5]

西双版纳傣语：FSe[pa3]；FSy[a1]；MSe[mᴇ6 loŋ1]；MSy[iʔ7 na4]

德宏傣语：PSe[pa3]；FSy[a6]；MSy[me6 la4]

傣雅语：FSe[ʔa1 pa3]；PSe[pa3]；PSy[ʔa1 mje3]；MSy[na4]

侗语：FSe[pa3]；FSy[u1]；MSe[nəi4 la:u4]；MSy[wəi6]

水语：PSe[pa3]；FSy[ni4 ti3]；MSy[fai6]

仫佬语：PSe[pa3]；FSy[ku1]；MSy[fai6]

保定黎语：PSe[ki:n1]；FSy[faɯ3]；MSy[pei1]

京语：FSe[ba5]；PSe[ba2 ba5]；FSy[ko1]；MSe[ji2]；MSy[ba2 ji2]

以上各点中，武鸣壮语、西双版纳傣语和侗语是典型的四分法；其余各语言的情况略为复杂，有父之姐与母之姐合一（如水语）或可分可合（如傣雅语）和父之妹与母之妹可分可合（如傣雅语）等情况，但所有语言都严格区分父之姐妹，也严格区分母之姐妹。总的来说，壮侗语言不太重视汉语所看重的父方母方之分（父母之兄合一称谓、父母之弟合一称谓的情况同样存在），但父母辈的女性称谓和男性一样分别长幼（母之兄弟也都分别长幼，没有相当于汉语“舅舅”这样不分长幼的称谓）。

假如把上述汉语南方类型的有关称谓分别与汉语北方类型和壮侗类型做一比较，就不难看出：在南方类型中，父方和母方称谓有别，父之兄弟长幼有别，母之兄弟长幼无别，这都是与北方类型（及古汉语类型和藏缅语类型）一致的；但父之姐妹长幼有别，母之姐妹也长幼有别，这与北方类型和古汉语都很不相同，而跟壮侗类型完全一致。有些南方方言跟壮侗类型的共同性还不止这些，跟北方汉语的类型差别也更加大。在广东花县、三水、台山、新会等地粤语中和连南、惠州、东莞、深圳、中山等地的客家话中，连舅类称谓也跟伯叔类姑类姨类称谓一样分长幼，这是壮侗语的特点；在吴江同里、昆山周庄的吴语中，祖辈称谓不分父方和母方，祖父外祖父都称“阿爹”，祖母外祖母都称“娘娘”（阳平），这也是部分壮侗语（如水语）的特点。这些特点都与汉语共同语及北方类型很不相同。

上一节已经说明，父母之姐妹分长幼，在汉语内部是一种南方类型，而且看来是一种在南方曾经普遍而现在有所消退的类型特征。现在我们又看到，父母之姐妹分长幼，及其相关的语义类型，在汉语之外则是一种壮侗类型。虽然理论上说类型的共同性完全可能由偶合造成，但南方汉语和壮侗语言在这一类型参项上的一致性却不应该只用偶合来解释。大家知道，汉语的南方方言区大多恰恰曾是历史上壮侗人的祖先百越人生活和活动过的地区，南方方言中的这一语义类型，很有可能跟百越-壮侗语有某种形式的联系。

我们注意到，南方类型的姑类姨类称谓虽然语义切分和北方类型不同，但所用的词除少数来历不明外，多数是用地道的汉语语素构成的。这里所说的跟百越-壮侗语的联系，并不指直接跟百越语言的词语（音义结合层面）同源，而是指跟百越语的语义切分方式（纯语义层面）一致。日本学者岩田礼先生在阅读本文初稿后的来信中提出一个看法，即姑姨的长幼之分也可能是由伯叔之分类推而来的。笔者很受启发，同时也觉得，类推的可能和本文推测的跟百越-壮侗语的联系并不矛盾。姑姨的长幼之分的确可能是由类推造成的，但广大北方汉语中自古存在的叔伯长幼之别并没有类推到姑姨称谓上，而在原为百越之地的南方却广泛存在这种类推，可见这种类推很有可能是在百越语言的影响下产生的。类推的结果是用汉语的语素造出符合百越语语义切分的新词，这正是纯语义层面的联系。只是以往研究语言间的关系，较多注意语音层面和音义结合层面。国际上的语言共性和类型学研究，倒是在注意语音和语法特征的同时，已开始注意到纯语义层面的课题，如有关颜色词共性的伯林-凯依假说（the Berlin-Kay Hypothesis，参看刘丹青 1990）就是纯语义层面的研究，但将语义类型用于语言间关系研究的似仍不多见。实际上，语言方言之间在纯语义层面的相互影响也是相当常见、不可忽视的。汉语新词中的大量仿译词和意译词，看上去是地道的汉语词，实际上却是在外语直接影响下产生的，就是一种纯语义层面的借用。许多当代汉语的新词，实际上背后有着英语等外语的语义影子，如“热线”（hot line）、“冷战”（cold war）、“反馈”（feedback）等。本文对《红楼梦》姨类称谓的这一番真正的“小题大做”，目的之一，就是希望在语言的类型学研究和语言间关系的研究诸方面更多地注意给纯语义层面以一席之地。

参考文献

北京大学中国语言文学系语言学教研室（编）　1964　《汉语方言词汇》，北京：文字改革出版社。
蔡国璐　1995　《丹阳方言词典》，李荣主编《现代汉语方言大词典》分卷本，南京：江苏教育出版社。
曹雪芹、高　鹗　1982　《红楼梦》，北京：人民文学出版社。
方松熹　1993　《舟山方言研究》，北京：社会科学文献出版社。
冯爱珍　1993　《福清方言研究》，北京：社会科学文献出版社。
合肥师范学院方言调查工作组（编）　1962　《安徽方言概况》（内部出版）。
江苏省上海市方言调查指导组（编）　1960　《江苏省和上海市方言概况》，南京：江苏人民出版社。

李如龙、张双庆（主编） 1992 《客赣方言调查报告》，厦门：厦门大学出版社。
李永明　1984 《普通话对照衡阳方言词汇》，湘潭：湘潭大学学报编辑部。
刘丹青　1983　亲属关系名词的综合研究，《语文研究》第4期。
刘丹青　1990　现代汉语基本颜色词的数量及序列，《南京师大学报》（社会科学版）第3期。
刘丹青　1995 《南京方言词典》，李荣主编《现代汉语方言大词典》分卷本，南京：江苏教育出版社。
刘丹青　1996 《王夫人和薛姨妈谁长谁幼？——语言和方言的证据》，香港《中国语文通讯》第37期。
刘俐李　1989 《回民乌鲁木齐语言志》，乌鲁木齐：新疆大学出版社。
欧阳觉亚、郑贻青　1983 《黎语调查研究》，北京：中国社会科学出版社。
邢公畹　1989 《红河上游傣雅语》，北京：语文出版社。
颜清徽、刘丽华　1994 《娄底方言词典》，李荣主编《现代汉语方言大词典》分卷本，南京：江苏教育出版社。
俞　敏　1992　高鹗的语言比曹雪芹更像北京话，《中国语文》第4期。
詹伯慧、张日昇（主编） 1988 《珠江三角洲方言词汇对照——珠江三角洲方言调查报告之二》，广州：广东人民出版社。

资料来源

"中国少数民族语言简志"丛书涉及语言：壮语、侗语、水语、仫佬语、傣语、京语、仡佬语、布依语、苗语、瑶族语言、畲语、阿昌语、拉祜语、藏语、错那门巴语、普米语、独龙语、怒语、羌语、彝语、纳西语、土家语、白语。

（原载《中国语文》，1997年第4期）

南京的青年流行语

一

流行语是当代中国都市生活中的一个普遍现象，南京的流行语自然带有其他都市流行语的许多共同特征。另一方面，由于特定的地域、历史、文化，南京的流行语也有区别于其他都市的“南京特色”。我们这篇小文，除了介绍南京流行语的一般情况外，将着重从地域文化的角度讨论南京流行语的地方特色及形成这些特色的原因，希望能为中国青年流行语的研究提供一份有特点的材料。

二

南京青年流行语的最大特点，是交汇性强。假如一个人读到（而不是听到）“二百五、侃、宰、路子野、撮一顿、一脸旧社会”这些词语，说不定会以为出自王朔一类京派作家笔下，而读到“嗲、扒分、门槛精、拎不清、吃瘪、十三点”，又可能猜想出自上海人之口，至于“靓、靓仔、拍拖、三八”，又像是粤港一带青年的话。而“妻管严、土包子、老外”等，则似乎是到处通行的老流行语。甚至还有“篓子”（笨人）一类有河南味的词。现实情况是，这些词语都活生生地跳跃于南京当代青年人的嘴上。

当然，南京流行语的主体，还是南京“土生土长”的，由南京青年创造发明的。但是，多数本地流行词语在词形上没有很鲜明的地方特点，看起来都还是普通话的词语，南京青年的创造发明主要表现在赋予这些词以特殊的意义、色彩或用法。比如“农民、菜农”，并不真指种田种菜的人，而是对没见过世面的人的讥称。同类的，如“大团结”指十元票面人民币，“模子”指女性长相，“条子”指女性身材，“下水道”指能喝啤酒的人，“面包卷”指腹部隆起的脂肪，“床头柜”谐音“床头跪”指怕老婆的人，“班长”“副班长”分别指当家的男人或不当家的男人。“看月亮”指上厕所，“晒月亮”指晚上男女逛马路谈恋爱，“跳”指爱出风头等。有些词语作为普通词语和流行语在意义上也差不多，只是在流行中染上了特殊的色彩。如“警察叔叔”指警察，同时带有调侃语气。还有些词意义、色彩都没有特殊之处，仅仅因为一时为青年人特别爱说而进入流行语，如“傲气”、“不要太潇洒噢！”（广告词）、“不一样就是不一样噢！”（广告词）、“挡不住的感觉！”（广告词）。通过改变词形或用法而成为流行语的也有不少。如“木”本有迟钝意，流行语改成“木里失古的”；“二百五”简称为“二五”，又扩展为“二五郎当的”“二五搭煞的”；“有味儿”变成“味儿”，指潇洒，有吸引力；“铁”由名词用成形容词，表示交情很好，如“他跟我很铁”；帮助维护城市交通秩序的“纠察”重叠为“纠纠”，并带调侃色彩。

作为一个大城市，南京青年流行语也有一些方言色彩比较重的词语，其中有些是从老南京话继承发展而来，有的则是带有方言特色的新创。如“骨酥”（肉麻）、“异怪”（令人恶心）、“异里八怪”、“犯嫌”（令人生厌的）、“邪尸”（什么也不怕的人）、“流尸”（游手好闲，不务正业的人）、“甩”（外向而举止不得体）、“甩不拉叽”、“甩子”、“抠”（小气，读阳平）、“痞”（喜欢耍赖）、“五二带鬼的”（不正经）、“邪头八角的”（倔，敢于犯上）、“邪头六角”（同“邪头八角的”）、“杆子”（城市男人）、“花杆子”（好色的男子）、“老杆子”（老年男子）。这些有方言色彩的流行语，在整个南京流行语中所占比例并不高，而且，在青年人的感觉上，这些词语和普通话色彩的流行语及京味、海派、粤式流行语并无明显差别，都是南京流行语的有机组成部分。

南京流行语交汇性强，有着深刻的地域、历史、文化背景。在中国的大都会城市中，南京可能是仅有的经历过方言大转型的城市。六朝时期，南京曾属吴语区。千余年来，从永嘉之乱、晋室东渡，到天京血战、日寇屠城，南京数经大规模战乱毁城和人口变动。在这些人口大变动中，由于中国由西北向东南的移民大势，南京话由吴语转型为官话系统中的下江官话，并且是下江官话中最接近普通话的一种。另一方面，来自吴语、吴文化的遗传因子又从未退尽，这就使南京文化和方言带上了南北交融、兼收并蓄的特点。进入现代以后，这种交融性又进一步加强。民国定都南京，确定以北京话为国语标准，使南京官话更靠拢北方官话。而国民党政府与江浙沪吴地的“血缘”联系，上海的巨大影响和沪宁线的便利，又使南京时刻感受到沪上之风的吹拂。1949年以后，山东、安徽、苏北等地的干部和移民继续大量来到，而来自吴语区的工人（如郊区的梅山钢铁厂，属上海）、干部，尤其是教师和科技人员也在不断增加。走进在宁的几十所高校和省、市机关，最常听到的是吴语普通话、苏北普通话而不是南京话。高校、机关密布的鼓楼、玄武两区，很难听到地道的“老南京话”，即使在本地人最集中的城南，据一所中学的调查，双亲出生于南京的学生数仅占28%。当代南京本地人所占比例之低，恐怕在各大城市中也是首屈一指的。南京这种特别的文化语言背景和现状，使南京文化有一种特殊的开放性和包容性。南京人不刻意追求自己的独特性，文学中至今没有一部突出南京文化特点的、有影响的“宁味”作品。南京人也很少有其他大都市常有的歧视外地人的小市民心态。在这样的文化氛围中，南京的青年在创造使用流行语时，并不刻意追求地方个性，而是“拿来主义”，熔南北东西于一炉。

外地流行语对南京流行语的影响，也因为影响力的大小和传播途径的不同而呈现不同的情况。北京话是普通话的基础，是一种优势方言，又与南京话同属官话系统，并且其流行语常出现在书面文字和大众传媒中，因此较容易直接辐射到南京，被南京的青少年所接受，其影响呈现出直接性和同步性。所以，《顽主》《编辑部的故事》等一经播放，“玩深沉”“腻味”“这话我爱听”等就在南京流行开了。南京虽然接近吴语区（沪宁线的苏锡常都是吴语区），但吴语缺少书面文字载体和大众传媒依托，其传播只能通过口语交际渗透推进，常呈现出一种滞后性。所以有些词在吴语中并不新鲜，甚至老掉牙了，在南京话中却还是流行语，如“嗲”、“滑头”、“拎不清”、“搭错神经”、“吃老鼠药”（被人骗了）等。粤语区与南京相隔很远，方言差距大，原本无多大影响。近年来随着“南风北渐”之势日盛，尤其是香港影视、粤语流行歌曲的影响，广东话不再那么陌生，甚至成为一种时尚，于是粤语词也开始进入南京流行语，如“靓”、“打的”、“拍拖”（谈恋爱）、“生猛”、“发屋”。不过，广东话毕竟是南京人难懂的方言，难以直接进入南京流行语，一般是通过影视、广告、歌曲中的“广式普通话”间接进入南京流行语。到目前为止，粤语的影响也还比不上北京、上海。

流行语的兼收并蓄，也不是没有选择的，首先还要取决于流行语的使用者——青年的价值观和心态。南京话和苏北方言同属下江官话，关系最“亲”，但南京流行语中很少有苏北方言的成分。青年流行语本身便有追新求洋的都市化倾向，而苏北地区在经济文化和城市规模上还没有比得上南京的。这就难怪南京青年宁可舍近求远了。

三

青年流行语常以惊人的速度流行，又以同样的速度消退或被新的流行语取代，是语言中最富有时代性、时尚性的部分。南京流行语的变迁消长速度，有时快得令人咂舌。对不知世面者的讥称，从 20 世纪 70 年代末以来的十余年中，已经历了许多次翻新，从“二哥”（源于工人老大哥、农民老二哥）和“二妹子”，经过“农二”“农民”“菜农”“贫农”，到后来的“老冒”，现在又出现了“香港农民工”（想赶时髦又脱不了土气的人）这种新奇的组合。有关恋爱的词语，更新换代也很快，20 世纪 70 年代称“找对象”、“找朋友”、“拉菲克”（马季相声《友谊颂》中的斯瓦希里语“朋友”一词），后来称为“钓鱼”（找女朋友）、“找盼喜”（中学生谈恋爱）、“拍拖”。此外，谈恋爱的过程，也先后有

“轧马路”、“数电线杆子”、“晒月亮”、“巡逻”、“站岗”（男大学生在女生宿舍外等恋人）等形象风趣的说法。这种发展变化速度，正反映了青少年追求新奇、赶时髦的年龄特征。

上面这些例子，还只是同样内容的改换说法。更多的流行语的变化发展，则同时代变化、社会生活的发展息息相关，各个历史时期的流行语，常能折射出社会发展的轨迹，带上鲜明的时代印记。“文革”时期，政治压倒一切，政治术语充斥整个社会，加之社会生活极度贫乏，几乎没有青少年自创自用的流行语。“文革”后期，流行语重新出现，并随着改革开放的实行和经济发展而日益丰富。就此，南京流行语按时代特点大致可分成三个时期。

第一是“文革”后期，到1976年为止，是青年流行语的恢复期。无休止的政治运动，使青少年的政治热情开始消退，对生活的其他方面则重新开始关注，青年流行语开始出现，但数量不多。“三转一响”（自行车、缝纫机、手表、收音机），预示着被“文革”压抑的物质生活的追求重又露头。“拉菲克”（恋爱对象）一词，则说明在“文革”中一度成为禁区的恋爱问题重又成为年轻人的热门话题。有些流行语套用报刊用语而被赋予嘲讽语气。大龄青年找不到对象称为“学习英雄陈腊贞，三十八岁不结婚”（陈是南京一矿山医疗站长，因公殉职，牺牲时尚单身）。

第二是20世纪70年代后期至80年代中期，是流行语的新旧交替发展期。这一时期的流行语曾沿用某些政治性词语，但意义却已转为调侃或嘲讽，体现出对“文革”的反叛。如“掺沙子”本是毛泽东的批语，意为在军队高层中安排新干部，70年代末的流行语指转业军人进入地方领导班子，80年代初又转为讽刺无能之辈混进领导层。“文革”中强调工人阶级领导一切，80年代初流行语根据“工人老大哥”一词翻造出“二哥”（以后又有“二妹子”“农二”“二哥哥”“二”等），作为对没见过世面者的讥称。再如把死者叫“地下党”，把打扑克叫“学习文件”等。也有部分词沿用了政治用语的感情色彩，但多少带了点戏谑的语气，如“傲得像小地主”、“傲得像保长”、“满脸旧社会”（愁眉苦脸）。有些流行语也反映了这一时期特有的社会现象。“文革”中下乡插队的城市青年陆续回城，流行语称他们为“老插”“插子”。下放回城家庭，处境很苦，沿街搭棚栖身，以至“下放户”一时成为鄙视对方的骂人话。随着社会生活的多样化，流行语的来源也逐步多样化，体现出新旧交替的特点。外国人外国货见多了，“老外”“外烟”之类词便应运而生，“原装”由指进口原装家电又引申到处女之意。讽刺不正之风的“香烟介绍信”“筷子作决定”之类也开始出现。这一时期，电视机得到普及，国内交流增多，外地词进入南京流行语迅速增多，北京的“哥们儿”，上海的“一塌糊涂”（程度词，南京缩为“一塌”，如“好得一塌”）、“结棍”（义转为“不巧”），广州的“好靓”，都在这个时期进来。

第三是20世纪80年代后期至今，是流行语的迅速发展期。这一时期经济飞速发展，社会更加开放，流行语也急剧发展，数量更多，换代更快，涉及面更广，形式和用法也更加灵活多样，具体表现出以下特点。

1. 经济活动类流行语比例增大。如“扒分”（挣钱，尤指工资以外）、“炒汇”（倒卖外汇）、“宰人”、“皮包公司”、“切”（黑市兑换外币时骗人）、“刀子快”（善于骗人）、“走穴”、“媒子”（帮人骗人者）、“跳槽”、“四个头”（百元票）、“一手数”（五十元票）、“一张分”（十元）、“美子”（美元）、“马克”（泛指钱）。

2. 现代消费生活类流行语大量增加。如“打的”、“大炮”（雪茄）、“棺材钉”（香烟）、“长健短路”（长支Kent烟和短支Marlboro烟）、“人头马”（法国名酒）、“仔服”（牛仔衣）、“冰啤”（冰镇啤酒）、“中巴”（中型面包车）、“大巴”（大型豪华旅行车）、“一杆洗”（打台球连续击落台子上所有球）、“枪头硬”（台球技术高）、“舞棍”（跳舞的常客、高手）、“倒拔垂杨柳”（从最贵的菜吃起）。

3. 词形和用法更加灵活多变。有改造词形的，如把“你歇歇吧”（这件事算了吧）缩为“歇”或“整歇”，由“扫黄”化出“泛黄”（嫖娼），黄色录像叫“黄带”“色带”或“教科片”；有活用词性的，如把名词“大腿”用作否定词，意为“不，不对，不是”，把实词“操、少有”用作感叹词；有夹用甚至全用外文的，如“放air”（放屁）、“L”［上厕所（Lavatory），中学生用语］、“bye-bye”、“Party”（聚会）、

“change money”（私兑外币）等。

4. 青年流行语因亚群体不同而出现分化：大学生、中学生、青年工人、青年个体户以及受教育少的社会青年各有不同的流行语。中学生用“小 x”（姓）指有恋爱关系的女同学，称男友女友为“盼喜”，大学生谈恋爱有“站岗”“巡逻”等说法，个体户使用“一条龙”“一张分”之类钱币代称，受教育少的人“屌、屄”常挂嘴边，成为搭配面极广的词缀，如“屌人、屌脸、呆屄（呆子）、话屄丑（糟糕）、屄大胡话（胡说八道）”。上述特点，反映了南京都市文化在短短几年中经历了很大的转型，由传统向现代、由政治向经济、由封闭向开放、由单一向多样，这种转型仍在继续，青年流行语也在继续发展和变化。

四

在青年流行语中，反映社会新现象的总是特别多，即使不是新现象，流行语也会不断变更说法，以求得语言上的新潮感。当代一些新颖别致、影响大的广告词句，是最能迎合青年的这种心理的，因此也成为流行语的重要来源，如“挡不住的感觉”等。青年人往往争强好胜，崇拜强者，因此有“单标”（一对一打架）、“摆场子”（打群架）等词出现。不过现代社会的青年人更崇拜的是“路子野”（门路多）、“上路子”（说话办事得体）的能人，而能力差、胆子小的人则被称为“软腿子”，不懂行的叫“老外”。恋爱、婚姻、性永远是青年关注的焦点，因而这方面流行语也十分丰富。除了上文的“拉菲克”“晒月亮”之类，近年来又有用其他词语来隐指性和婚姻问题的，如“小男孩”（不解风情的无性经验的男青年）、“练童子功”（不结婚）、“公共汽车”（谁都可以调情的女人）、“二尾（yi）子”（两性人，娘娘腔的男子）、“领照”（结婚登记，原指领驾驶执照）、“感情走私”（婚外恋）等。真正的性词语“屄、屌”之类，很少用于指性，而泛化成一般粗俗语言的话搭头，如“屄大胡话”“屄大胡”“话屄丑”“屌脸”等。近年来也有人觉得这些词不雅，于是谐音成“呆鸡”之类说法。随着教育程度的普遍提高，说这类话的人也在减少。

青年群体喜欢活泼轻松，不喜欢过于严肃刻板，他们创造的流行语，也常常形象生动，“滚刀肉”（软硬不吃的无赖）、“下水道”（能喝啤酒的人），“咂味儿”（开某人玩笑）、“半鸡半蛋”（谢顶）等都极富形象描绘性。幽默调侃的词语就更多了，如“上日本人当了”（上了莫名其妙的当）、“随家仓围墙倒了”（随家仓为精神病院所在地）、“太平洋警察”（讥人管得太宽）、“小儿科大夫”（小气鬼）、“路（露）透社消息”（小道消息）、“长得困难”（丑、难看）、“妨碍市容”（讥人貌丑）、“做灯泡”（不知趣地处于恋人之间的人），等等。

南京的流行语除了反映上述这些城市青年共有的群体特征外，也有的反映了南京青年在特定地域文化下产生的特点。南京人历来被一些外地人视为朴实粗憨，南京青年也不避讳称自己为“南京大萝卜”。锋芒毕露的傲气是不受欢迎的，因此“傲气”是流行语中一个常用的贬义词，并且有“傲得像保长”“傲得一房屌骚”等讽刺流行语。不过，有些观念也在慢慢变化，天不怕、地不怕的“邪头”，本来是个贬义词，如今在一些人眼中成了英雄式的人物，这个词也变成了褒义词。与某些大城市相比，南京人的排外情绪淡到几乎没有，因此，在流行语中竟找不到讥讽外地人的词语。另一方面，跟广州、上海、苏锡常等地相比，南京周围的农村相对落后，城乡之间经济、文化差别很大，这客观上助长了南京城市青年鄙视农村的心理，因此常有讥讽没见过世面的人的流行语出现。相信在不久的将来，随着市郊的经济发展，这类鄙视农民的流行语也会从南京流行语的“唱片”中消失的。因为流行语的“唱片”所录的永远是时代的脚步声，不管是和谐的，还是杂乱的，是动听的，还是粗野的。

（原载《南北城市青年流行语》，华夏出版社，
1993 年，与黄粤宁合作）

普通话语法中的东南因子及其类型后果*

普通话的基础方言是官话，尤其是北方的官话。另一方面，历朝历代，也不时有些东南方言的要素在方言接触的大背景下融入以北方话为基础的共同语中。到改革开放的当代社会，其势不减反强。这些由历史继承之脉或共时接触之潮而来的要素成为当代普通话体内的东南因子。它们在词汇方面有较多反映，例如，“外公、外婆、阿姨”这些南方来源的词早已成为普通话词语，反而是相应的北方词语如“姥姥、姥爷、大妈”等给人方言俗词的感觉。近年来丈夫的称呼也是由南方来源的“老公”大行其道。语音方面，则表现为某些字词的南方式读音，例如一些见系二等字的开口呼读法：“芥菜”念“gài 菜”（有写作“盖菜”的），“巷道”念“hàng 道”，“尴尬”念 gāngà，“癌”念 ái 等。语法方面的东南因子可能不如词汇和语音那么明显，但仔细观察之下，还是能找到一些，只是以往关注不够。本文旨在分项离析普通话中的若干东南方言要素，并探讨这些要素对普通话的句法类型所造成的影响。

本文所说的普通话，拟从口语和书面语两个方面大致界定。口语方面是指人们作为全民共同语使用的，即使略带口音色彩但仍被大家认可为普通话的口语，不包括人们能感知到含有显著方言词汇语法成分的低等级普通话。书面方面是读者能作为通用书面语接受，不感觉有不规范成分的书面语，对读者来说，里面可能含有自己不常说，但可以接受的成分，不包括无意或故意夹杂方言成分而读者能感知其非通用性和不规

* 本文获中国社会科学院重点项目“汉语方言语法比较与汉语方言语法语料库”资助，初稿曾在香港中文大学主办的“历时演变与语言接触：中国东南方言国际研讨会”上宣读，蒙与会同行热烈讨论，一并致谢！

范性的书面语。

一、词汇-语法界面上的东南方言现象

这类涉及一些具体词语的用法，本来可以视为词汇性差异，但是由于所涉及的是封闭性词类，而且是有虚词性语法功能的词类成员，是语法学很关注的内容，属于词汇和句法界面的现象，因此放在此处讨论。

1.1　量名搭配中的吴、粤成分

量词的使用涉及名词的分类范畴。每个方言有自身的量名搭配规则，搭配差异构成了方言语法差异的一个方面，普通话有些量名搭配来自吴、粤方言。

1.1.1　一“支”股票的来历——吴语的“只”

股票代表公司的股份，一家股份公司在一个证券市场上发行的股票为一种股票，这种以特定市场的特定公司为计算单位的股票种类，其量词在口语中念 zhī，一般写作“只”，但也不乏写作“支”的。我们用引号限定（以保证只出现字面严格符合的页面）的方式搜索谷歌的一些用例，下面是一些组合的网页数字：

表 1

	用“只”	用“支”	只：支
这只 / 支股票	745000	430000	1.73 倍
那只 / 支股票	92200	31500	2.93 倍
哪只 / 支股票	212000	45500	4.66 倍
三只 / 支股票	443000	25800	17.17 倍
三只 / 支小鸡	82500	5	16500 倍

在以上组合中，用“只”限定的股票种类网页为用“支”限定的股票种类网页的 1.73 到 17.17 倍不等。前三项在 1.73 到 4.66 倍之间，差距不

是很大。在这一用例中，因为意义实质是种类，所以无论用“只”还是用“支”都缺乏理据。这个量词的源头不在普通话中，而在中国股市最早的故乡上海。在上海话、苏州话等北部吴语中，“只”这个常用个体量词的一个义项就是表示种类，如：

（1）一只布（一种布料）｜一只料作（一种布料）｜埃只涂料（那种涂料）

掰只饼老好吃个。（这只 / 种饼很好吃。）｜帮我带眼掰只绒线。（给我带点儿这种毛线。）

“只”表种类多用于不可数名词，如“掰只布”，此时指称明确，就指种类。偶尔也用于可数名词，如“掰只饼”，此时有指称歧义，既可能表个体，也可能表种类，视语境而定。“只”可表种类而“支”无此功能，而且两字在吴语区舒入有别，上海话“只”读 [tsaʔ] 而“支”读 [tsʅ]，因此吴语区的人不会将“只”写作“支”。而说北方话的人不知道股票论 zhī 的理据，因此除“只”而外也写作同音的“支”。假如知道两者意思有别，是不会混淆的。如谷歌“三只小鸡”数量是“三支小鸡”的16500 倍。粤语也和吴语一样可以用“只”表示“种”，正好深圳也是中国内地仅有的两个股市所在地之一，所以“股票”论“只”也容易为深圳股市所接受，但股市的整套老术语都是来自旧上海的股市[①]，因此“股票”论“只”的最早源头应是北部吴语。

1.1.2 “间”用于商业文教机构的粤语来源

对于商店、医院、学校等商业、服务或文教机构，普通话规范的量词是用“家”或“所”，有时也用泛用量词“个”，如：一家商店、两家 / 个医院、一家 / 个邮局、三所 / 个小学。不过，这些机构在粤语中都用“间”来计量。这种用法的“间”已经大量出现在书面语中，而传统上，普通话量词“间”只用于房屋内的单位。在粤港地区的普通话书面媒体中，这类机构以“间”计量已成常规，反而用“家、所、个”的

① 感谢游汝杰先生在讨论中提醒笔者这一点。

少见，大概“间”已被当地新闻业等写者视为中文的正常用法。这种“间”也已出现在粤港以外包括北方的媒体中，不过在有些人语感中仍属于能接受但自己不说的形式。互联网上可以看到问“间”答“家”或“个”的实例。如：

（2）“百度知道”问题：

“音乐无定律”问：沃尔玛公司，在美国本地，开了多少间商场？①

“ce000798”答：约有3800家门店，是全球第一大连锁超市。

（3）问：我想问下大家，如果在小区内开设一间诊所会否有病人就医呢？（当然，前提是这间诊所领有执业牌照……）

答：天啊，不要啊，小区里面有一个这种医院，那些医疗垃圾到处乱扔，被不懂事的小孩捡到了怎么办？

可以预料，“间”作为商业、文教机构的可选量词之一可能会在普通话中逐渐站稳脚跟，占有一席之地，但短期内恐还难以取代普通话“家、所、个”的固有地位，也许诸词会在普通话中并存一段时间。量词的多选在普通话中并非罕见，如“宰了一头/口/只猪”。

量名搭配涉及封闭性词类和开放性词类的句法组合，其常规状况是一对多，即一个量词可以配若干个符合类别特征的名词。因此，量名搭配是一种句法现象。上述“只”“间”都是普通话固有量词，吴、粤语的影响是局部调整了名词类别的界限和范围。另一方面，量词又不是一个全封闭的虚词类，词项数以百计，并不容易穷尽列举，有的量词涉及的名词数量不多，具有一定的词汇性。量名搭配的变异如果只涉及个别量词，对整个语法系统的影响就不是很大，如上举普通话“只”“间”。

1.2 副词的范畴偏移：“再”和“又”

“又”和“再”是语义比较虚的副词，都表示动作行为的复现，都有英语 again 之义，如：“再来一次”“又看了一遍”。两者的区别，正如

① 问号为作者补充。

《现代汉语词典》（第5版）在相关条目里所提示的："注意▶表示已经重复的动作用'又'，表示将要重复的动作用'再'。"换言之，在英语里用副词 again 表示的复现义，在汉语里要按体范畴切分为对立的两个方面：一是未然的复现，用"再"；二是已然的复现，用"又"。但是，这一对立在港台等境外汉语中被中性化了，因为"再"在这些汉语变体中用法扩张至"又"的范围，可以用于已然的复现，使未然和已然的复现范畴的对立受到动摇，这也正是穗港粤语"再"允许的用法，如：

（4）温太买咗一支试完之后，再买咗一打。（网络）（……又买了一打）

近年来，扩张的"再"进一步北上，进入北方地区的媒体。如：

（5）据央视网刊登的一段视频显示，中央电视台早间新闻节目《朝闻天下》近日再添新人。（中新网新闻稿）

（6）据英国《每日邮报》5月4日报道，英国前首相布莱尔夫妇以400万英镑（约合5600万元人民币）的价格再购置了一套本属已故奥斯卡影星约翰·吉尔古德所有的豪华古宅。（房地产门户，搜房网2008年5月6日新闻）

这两例"再"都表示已然的行为复现，尤其是后一例，与完整体助词"了"连用。此外，我们注意到，这种用法的"再"较多出现在新闻标题中，而正文中的相应内容，有的用"再"，如上面两例的标题也用"再"；有的换用其他表达，如：

（7）《"凤凰"号再出问题》（2008年6月9日新华网新闻标题。"再"呼应日前已发生过的问题，而正文并未表现这一呼应，只说：美国研究人员7日说，美国"凤凰"号火星探测器出现未知故障，没能把所获火星土壤样本成功送入实验用烤箱）

（8）《东航再出返航事件　西安飞成都10小时》（《重庆晚报》2008年7月28日标题。正文为：今年3月31日、4月1日，东航云南分公司20余架飞机集体返航事件引起了全国关注。时隔近4个月，东航再次上演"返航门"）

后一例正文所用的"再次"提醒我们，标题中的"再"除了粤语之类南方话的影响外，可能也得到"再次""再度"等的助力，即"再"被某些人理解为“再次/再度”的缩减形式，并容易与古汉语“再”表“第二次”的意思相联系，所以这类“再”容易在书面语里被接受，再借道书面语进入普通话，尽管在口语中这种“再次/再度”并不能被缩减为“再”。

“再”取代“又”的实质，是特定速度、频率类副词的已然未然范畴对立被中和。我们注意到，“再～又”的“已然～未然”对立不是这对副词特有。在普通话中，还有一些此类副词存在这样的对立，如：

（9）a. 你赶快过去。（未然。～*你连忙过去。）

b. 他连忙过去了。（已然。～??他赶快过去了。）

（10）a. 你快写吧。（未然。～??你飞快地写吧。）

b. 他飞快地写着。（已然。～*他快写着。）

（11）a. 你要勤上外地去游览。（未然。～*你要老上外地去游览。）

b. 他老上外地去游览。（已然。～*他勤上外地去游览。）

我们用祈使句作为未然句的代表，而已然句则分别有完整体（实现体）、进行体和惯常体三种情况。由上述对比可见，“赶快”只能用于未然，此时不能换用“连忙”，除非改为表示已然。而“连忙”只用于已然，而此时不能换用“赶快”。同样，“快”和“飞快地”、“勤”和“老”，也都存在只用于未然和只用于已然的对立。值得注意的是，（9b）即使删除“了”，即“他连忙过去”，也只能表示已然，所以（9a）括号中的对比句作为未然句只能带上星号。这说明这类副词除了表示其显性的速度、频率意义外，同时还表示隐性的然否语义。以上事实说明普通话中存在着一个对然否范畴敏感的副词子系统，而“再～又”的对立本是其中最虚化、最常用的一对。它们的局部中和是否会蔓延到以上其他各对，还有待时间检验。

1.3 “就”用作话题敏感算子

“则”有凸显对比性话题的功能（参看徐烈炯、刘丹青 1998：230—232），“就”则有凸显焦点的功能，两者词性上都是副词，因而不属于附加在信息凸显成分（话题、焦点）上的话题标记或焦点标记，而分别属于话题敏感算子和焦点敏感算子。如：

（12）a. 林强喜欢看球，陈豪则喜欢听戏。

b. 谁说没人喜欢听戏，陈豪就喜欢听戏。

（12a）后分句“陈豪”与前分句“林强”构成对比，而且“陈豪”这类对比性话题一般是在语境中已被激活的信息，不同于对比焦点；而句子的新信息和焦点则是后面的“听戏”，与“看球”构成对比。话题构成对比、谓语部分表示新信息（包括上下句对比，但不限于对比），是话题焦点或称对比性话题的特点。而（12b）后分句“陈豪”是焦点，是跟他人声称的“没人”构成对比，这是“就”作为前指性焦点算子的语义功能之一，谓语部分“喜欢听戏”反而属于预设信息，不是新信息和焦点。两者的重读模式也不一样。用“则”的，前面的名词语“陈豪”不重读，有话题性，后面的述题带自然重音。用“就”的，前面的名词语“陈豪”是全句唯一的对比重音所在的焦点。还有一种“就”是完全指向后面的，用来表示承接上文后出现的新情况，“就”跟主语名词语没有关系，如：

（13）林强喜欢看球，陈豪就把球票送给他。

以上是普通话的传统分工。但粤语和港台中文的“就”却可以用如“则”，用来引出对比性话题，从而在副词方面削弱了话题和焦点的对立。这一用法已经开始在普通话文献中露头，如将上面第一句“则”换成“就”。这体现了粤语及港式中文（可能还有其他南方方言）的影响，从而模糊了“则”和“就”分别凸现话题和焦点的功能。请看：

（14）（粤语）林强中意睇波，陈豪就中意睇戏。［意同（12a）例］

（15）由于按英国警方惯例，他们不会透露拘捕疑犯的真实名字，有传媒便就此案访问其中一名管家June，她否认自己与丈夫是涉案人，更声称对碧咸家中失窃事件也感到很惊讶。至于碧咸夫妇发言人就表示警方正在调查中，不便作任何评论。此外，碧咸在澳洲一项民意调查中，被当地儿童选为“最喜爱名人”之一；冠军就由Paris Hilton连续2年称霸。(《星岛日报》加拿大版2008年11月4日)

两例三处“就”都在突出谓语/述题部分的对比，而上下句的主语/话题也构成对比，甚至用了介引话题的“至于”。这种话题敏感算子本来应当用“则”来照应的，却用了“就”。这种“就”与（13）的承接性“就”也不同，承接性“就”是“顺接”，顺着上句语义推进，不带对比性，而这三处是“逆接”，都凸显两句谓语之别。这一现象在普通话中有所露头，这会模糊话题结构和焦点结构的句法分工，造成书面上一些新型的歧义现象，如：

（16）王总当天表了态，张工就说要仔细研究。

这儿的“就”如果按新的“港式”理解，是焦点算子，强调张工则用“仔细研究”来回避表态，显示了张工与王总态度上的区别。假如按传统理解，则为承接性的“就”，表示张工听到王总表了态，就马上用“说要仔细研究”的行动来响应、贯彻，语意顺势而下。

二、语序、构式与虚词

2.1 “来 / 去”带空间题元的句式

2.1.1 主要动词“来 / 去”带空间题元的句式

“来、去”是最基本的表示位移的直指性动词，它所带的表示位移终点的处所题元，在汉语中有位移动词之前和之后两种位置。在北京话中（也代表现代官话主流）是前者，如：

（17）上 / 到 / 往 +NP+ 来 / 去，如：到北京来、上学校去

在粤语、闽语等华南方言中占优势的是“来 / 去 +NP”（来北京、去学校），如广州话（参看刘丹青 2000）：

（18）嚟 / 去 +NP，如：佢星期三嚟广州。｜我今日去咗书店。

今天的普通话，包括京味普通话，已经以粤闽模式为基本语序，以至对外汉语教学教材对这类句式普遍以“来 / 去 +NP”为基本句式。但老北京话的优势语序与此相反。我们用 20 世纪初、中、后期三种北京话作品的统计来说明问题。我们的考察对象是以“来 / 去”为唯一谓语

动词的带终点 / 方向题元的单句或从句，从句包括主宾语从句和关系从句，也包括兼语后的单动句，但不包括同主语的连动句。下面是三部作品几种句式的出现次数：

表 2

句式	《京语会话》（9.5 万字）	《骆驼祥子》（13.5 万字）	《过把瘾就死》（5.9 万字）
来 / 去 +NP	3（7.8%）	0（0%）	21（77.8%）
介词 +NP+ 来 / 去	29（76.3%）	37（75.5%）	3（11.1%）
来 / 去 + 介词 +NP	3（7.8%）	9（18.4%）	3（11.1%）
NP+ 来 / 去	4（10.5%）	3（6.1%）	0（0%）
总数	38（100%）	49（100%）	27（100%）

表 2 清楚地显示，在代表当代京味普通话的《过把瘾就死》中，“来 / 去”带终点 / 方向题元句已经以“来 / 去 +NP”为绝对优势（带框数字），而在代表老北京话的 20 世纪初《京语会话》和 20 世纪中叶京味普通话的《骆驼祥子》中，都是“介词 +NP+ 来 / 去”占绝对优势（带框数字）。充当其中介词的有“上、到、往、下、奔”等。尤其值得注意的是，当代占绝对优势的“来 / 去 +NP”句式，在《骆驼祥子》的出现频率为零。在《京语会话》中虽然出现了 3 例，但其实并不是典型的单动“来 / 去”带终点题元句。请看实例：

（19）这趟来京，一个人儿住在店里，很觉着寂寞无谓。（订交）

（20）我这趟来京，本打算谋一件事。（乞贷）

（21）我是一个外乡人，来这个地方儿，找一个朋友，扑空啦。（投宿）

其中（19）、（20）两例是复合词“来京”（“京”不是一个独立的词），实际上可以不计，况且“来 / 去”也不在典型谓语位置，而用在数量短语“这趟”之后，其指称性强于述谓性。只有（21）一例是真正的句法性组合，但是也不是典型的单句，实际上是一个被拆开了的连动句。（21）例更自然的说法是“来这个地方儿找一个朋友”，因为“来这个地方儿”在现场并不提供有用的前景信息，前景信息是“找一个朋友”及两个分句间的目的关系，这是更适合由连动式表达的。再结合《骆驼祥子》的情况看，我们可以相信“来 / 去 +NP”充当单动句在 20 世纪中叶之前的北京话中完全是边缘性的甚至不被接受的句式。当时表达这一语义关系的基本句式无疑是“介词 +NP+ 来 / 去”。而在其中可替换句式中，另外两种句式，包括不带处所成分不带介词前置于“来 / 去”的句式都比处所成分直接做宾语的句式可接受得多。而在当代汉语中，“来 / 去 +NP”全面取代“介词 +NP+ 来 / 去”成为基本句式，而且“介词 + NP+ 来 / 去”这种原来的基本句式一下子降至 10% 左右的低点。这是短短几十年间发生的显著语法变化，我们相信单纯北京话内部很难自然发生如此迅速的演变，以“来 / 去 +NP”为基本句式甚至唯一句式的粤闽语及港台中文书面语的影响，至少是这一句式在普通话中走强乃至波及北京话的重要因素之一。在连动句式中，“来 / 去 +NP”在老北京话中的可接受性比单动句稍强，在《京语会话》中有若干用例，如（22）、（23），但在《骆驼祥子》中也只有（24）一例，这是《骆驼祥子》唯一一处“来 / 去”有机会带宾语的情况，而且是紧接着上文刚刚用过的“来 + 介词 +NP”：

（22）昨天他来，是因为我找他要钱，他没钱，来这儿跟我说，还得容些日子。（解说）

（23）你这一肚子臭文，趁早儿不用来圣人门口儿卖字。（劝妻舅勿纳妾）

（24）来到这里作小买卖的，几乎都是卖那顶贱的东西，什么刮骨肉，冻白菜，生豆汁，驴马肉，都来这里找照顾主。（第十六章）

“来 / 去 +NP”句式是与 VO 类型最和谐的语序，而粤语是汉语中 VO 特征最突出的方言（刘丹青 2001），这一句式在粤语中最强势是十分符合其核心居前的整体类型属性的。不过闽语并不属于 VO 特征突出的方言（同上拙文），有此特征可能是东南方言偏南地区的区域特征影响。包括普通话在内的官话则是汉语中 VO 特征居中的方言（相比于吴语、闽语），“把”字句发达常用和受事话题句比粤语略多，多少增加了普通话 OV 类型的核心居后的属性，而处所题元在前的“介词 +NP+ 来 / 去”或更简单的“NP+ 来 / 去”都是核心居后语序，与 OV 类型和谐。“来 / 去 +NP”句式在普通话中远不如粤语发达，倒也十分正常。现在“来 / 去”在普通话中变成优势格式，而原来在北京话中占优势的处所题元在前的句式有所式微。这会促使普通话在整体类型上更向VO语言的核心居前类型倾斜。

2.1.2 趋向补语“来/去”帮助引进空间题元的句式

这种句式由直指性位移动词“来/去”充当趋向补语并帮助引进处所题元，即“V+来/去+NP”（这里NP指处所题元，而不是“掏出钱包”这种受事宾语结构）。本来，普通话中只有定位性趋向动词“上、下、进、出、回、过”可以帮助引进处所题元，如“爬上山顶、跳下舞台、踢进球门、走出非洲、送回老家、渡过长江”等（参看吕叔湘主编1980：37），而“来、去”没有这样的用法，本来没有“走去东单、飞来北京、送去上海”等说法。在我们调查的分别代表20世纪早期、中期、晚期的《京语会话》《骆驼祥子》和《过把瘾就死》中不见一例。而在粤语中，“嚟/去”能用于这种句式，如“行嚟沙田、搬嚟香港、飞去北京、送去深圳”等。我们考察汉语各大方言，发现存在这样的蕴涵关系：

（25）V+来/去+NP ⊃ 来/去+NP

蕴涵式表示有“V+来/去+NP”式的方言必然有“来/去+NP”式，反之则不必然。这意味着“来/去+NP”是更基本的格式，是派生出“V+来/去+NP”的源头。吕叔湘主编（1980：34）认为在趋向补语后面有处所名词时，趋向词的作用像一个介词。而介词介引宾语的能力是由其前身动词的带宾语能力发展来的，所以有此蕴涵关系。只有“来/去”作为主要动词可以直接带处所宾语的方言，才有可能在趋向补语位置帮助介引处所题元。在多数吴语中，“来/去”不能带处所宾语，相应也没有做补语介引处所题元的作用。而在普通话中，虽然“来/去”已经获得带处所宾语的功能了，但这种功能的发达时间不长，还没有足够时间发展出在补语位置介引处所题元的作用。而粤语早已经以“嚟/去+NP”为优势句式，因此“嚟/去”早已发展出这种“像介词”的功能。不过近年来情况有所变化，普通话语料中也出现了这种粤语式的结构，它们出现在香港广州的报章中还不算新奇，但现在也已出现在官话区和没有此式的吴语区的普通话报章中了，最近还见于冯小刚导演的贺岁大片《非诚勿扰》[见下面例（29）]。有意思的是，这一新兴句式毕竟在普通话中还不稳固，所以同一篇文章往往在标题和正文中交替使用不同的句式。如：

（26）她说有一次子怡在北京拍摄电影《梅兰芳》时有点生气，男友立即飞去北京陪女友。（《天津日报》，2008-7-18，标题《吕燕爆老友恩爱：章子怡发火、男友飞北京安慰》）

（27）看来，这飞去北京看奥运的一家子，重点并不是观看比赛。（《新快报》，2008-7-26，标题《我们飞到北京看奥运！》，正文中另有“区文中以前也有过飞到当地看奥运的经历”）

（28）陈天桥飞去北京已是旧闻，“我经常来北京，这次也和往常一样。”（成都《华西都市报》，2005-2-27，标题《传盛大、新浪高管齐聚北京》，文中还出现了“抵达北京”“飞赴北京”“飞入北京”等表述，也有“来北京、去北京、秘密抵京”等单动词表述）

（29）大老远的，跟你跑来这里。（冯小刚电影《非诚勿扰》）

（30）这个女娃娃没有母亲，从家里走来学校要走两三个小时。（杭州网，2007-11-26）

（31）参加浙江代表团赴京列车上的一场“特殊座谈会”，一起讨论如何开好“两会”，并交流带去北京的民生建议和议案。（《检察日报》，2008-3-4，标题《陈飞：带着竹篮上北京》）

（32）奥运志愿者把苏州“朝气”带去北京。（中国江苏网新闻，2008-5-6）

趋向补语虽然是加在前面动词上的，但是这里的处所题元是因为有了“来 / 去”才能用在动词之后的。

由以上例子看，这种格式在普通话文献中的扩散力颇为强劲。考虑到“来 / 去 +NP”在普通话中走强还相当晚近，很难认为“V+ 来 / 去 +NP”句式是由前者自然发展出来的，我们相信这主要还是由粤语类方言以港式中文为媒介影响到普通话的。在北京话口语中，这种句式至今仍是难以接受的。

“V+ 来 / 去 +NP”从另一个角度进一步强化了普通话 VO 类型的特点。

2.2　尝试体构式“VV 看”和“VP 看”

“看”有一个义项被吕叔湘主编（1980：297）收录为助词，“表示尝试”，所举例子有“尝尝看”“想想看”“动动脑筋看”“量一下看”“先做几天看”。我们把这类组合看作由短时少量形式（VV 重叠式或“V+动量”等）和“看”结合后专表尝试的构式。它在近代汉语中已经有不短的发展历史（参看陆俭明 1985），在普通话中的地位也无可怀疑。不过，这种被普通话完全接受的尝试体构式，实际上并非来自其基础方言官话，尤其不来自北京话，而是一种由东南方言而来的要素，至今也没有成为北京话及很多北方话的主流要素。张伯江、方梅（1996：§10）专门探讨了语助词“看”用于尝试貌的语法化过程和方言背景。他们以京味作品、真实口语语料统计、调查咨询和自我语感证明尝试语助词“看”不是北京话的要素，而近代文献也证明它从未成为北京话的活跃成分。北京话活跃的尝试义表达法是单纯的动词重叠或“VV/VP+ 试试”（跳跳试试、敲门试试）。在这一点上，北京话不是官话的例外，而是代表了官话的主流。从他们引用的近代汉语文献和方言报告看（包括笔者的苏州话研究成果），带“看”的尝试貌构式虽然从唐代以来就开始逐步形成，但所见的文献很少有确凿的北方背景的，近代文献中有明显南方背景的作品往往存在这一构式的较多用例，而有确凿北方背景特别是北京背景的作品则难寻其例或用例极稀。因此，可以大致推断，近代文献中不时显现的东南要素把带“看”的尝试体构式带进了作为文学语言的普通话并进而影响到普通话的口语，但至今基本没有进入北京话口语。而从今天的方言中这一构式的发达程度（包括常用度、可搭配动词的范围等）看，它来自北部吴语及江淮方言的可能性较大，而这两地也是很多有影响的白话作品的故乡（如“三言”、“二拍”、《水浒传》、《西游记》、《儒林外史》等）。这些吴、淮作者所写的带有吴、淮方言色彩的作品将“看”的尝试体用法带进了官话和日后的普通话。如：

（33）这多是命中带来的。请把姑娘八字与小尼推一推看。（《初刻拍案惊奇》卷三十四）

（34）且休忙，等我尝尝看，只怕是假的，莫被他哄了。（《西游记》三十九回）

更南的方言有的用“看一下”但不用“VV看”式，如连城客家话（项梦冰 1996）和安义赣语（万波 1996），有的带VV式但不用“看”，而用其他来自“看”义动词的助词，如温州的“VV睍”［据潘悟云（1998）。潘悟云（1996）曾认为此字本字为“覤”］。有的既不含VV，也换用其他看义动词，如泉州的“V一下迈”（“迈”原表探访义，见李如龙 1996），因此未必是普通话这一构式的直接来源。

2.3 “给”作为被动句的施事标记

吕叔湘主编（1980：297）“给”字条的介词义项中的第6项是“表示被动；被”，举例有“门给风吹开了”和“衣服给雨淋湿了”。这表明“给”作为引进施事的被动句的施事标记可以视为普通话要素。但是，通观被动句标记的方言分布大势，普通话是“被”占优势，而北京话及很多北方官话是“让、叫、着、遭（有的可能仍是“着”的俗写）”占优势，“给”在北方主要是作为受益者标记而用的。如《京语会话》近10万字无一例用“给”表被动的。再看围绕京畿的北方官话两大主要区域河北和山东。据《河北省志·方言志》（吴继章等主编 2005），所收近百种方言中没有一处用“给”表被动。另据《山东方言研究》（钱曾怡主编 2001），所收一百多种方言中用“给”做被动标记的极少，而且即使用于被动句也往往不是做介词，未必是被动介词“给”的来源。李宇明、陈前瑞（2005）注意到“给”作为被动介词很晚（20世纪50年代）才在北京话作品中出现，而且直到当代也用例极少，并且主要见于作品的叙述语言而罕见于对话。他们仍然试图从北京话自身寻找其来源，认为它来自早于被动介词“给”出现的直接用于动词前表受益等意义的助词“给”，但是同时也承认“南方官话长期存在的介词‘给’的被动用法及其对当代书面作品的影响，也可能进一步促使‘给’的被动用法加速进入当代北京话口语之中”。我们想补充的是：1. 南方官话作品不限于南方官话区的作者所作，很多是东南方言区的人所写。2. 只进入北京作家作品的叙述语言而基本未进入其对话部分，只能说明其进入了普通话而不足以说明已真正进入了北京口语。3. 他们所设想的自源型演变过程尚缺乏确凿证据，未成定论。北京周边山东、河北并未发生这一演变，也可以给我们启发。我们知道中国南方的汉语方言普遍使用给予义动词介引被动句施事，直接用“给”的也有一些，如成都（但不如“着”常用），但更多的是用当地的“给”义动词。包括粤语“畀”、客语“分”、吴语“拨”等。由给予义动词派生出表被动的介词是多数南方官话和非官话方言优势的派生模式。这些地区的作者在用共同语写到被动句时，会很自然地将自己方言里做被动标记的给予动词转换成普通话里的给予动词“给”，这应当是普通话被动标记家族中出现“给”这个成员的主要原因。

从类型上看，“被、遭”属于遭受型，“让、叫”属于致使型，而“给”属于给予型，它使普通话的被动标记多了一个类型。但是给予义来源的被动标记往往也要通过致使阶段（主要是致使范畴中的“容许”义）再成为被动标记。在深层机制上与北方的致使型标记是一致的，但它的中间环节“容许”义在普通话中不明显，使人感觉到它是被动句的一个特殊类型。

2.4　带已然确认标记“有”的“有没有 VP”和“有 VP”

普通话原有已然事件的否定表达式“没有 VP”（没有参加训练），但没有相应的肯定式“有 VP”（*有参加训练），但作为已然事件确认式的“有 VP”存在于从南部吴语温州话到闽粤方言的大片东南方言中。这类句子的正反问，在有“有 VP”的方言中是“有没有 VP”（“没有”的词形有“冇”等各种方言形式），但“有没有 VP”来自“有 VP+ 没有 VP”，而普通话没有“有 VP”，因而难以自然产生“有没有 VP”，其正常的正反问形式是“VP（了）没有”（参加训练了没有？），“有”成为一个只在否定句里成立的功能残缺的已然确认标记。从 20 世纪 80 年代开始，“有没有 VP”先于“有 VP”出现在普通话中，并逐渐由一种“我国东南一带沿海的常用句”逐渐成为普通话中“比较通行的句式”[引号中为王森等（2006）所引邢福义（1990）用语]。邢先生虽然没有直接说该句式来自东南沿海方言，但还是提醒人们它与东南沿海方言的关系。我们认为，由于普通话语法系统本身产生这一正反问形式的理据不强，它应当是在东南方言的影响下进入普通话的。因为“有没有 VP”由普通话中成立的“没有 VP”做掩护，不像“有 VP”那样突兀，而且“有没有”作为动词的正反问也一直成立，有直接的类推动力，所以它比“有 VP”更早进入普通话。到世纪之交，随着粤语和港式中文的影响通过娱乐、媒体等平台在全国包括官话区扩大，加上有“有没有 VP”已经让“有 VP”隐性地插入了一条腿，“有 VP”终于堂皇地进入普通话，而且看来是先由口语再到书面语的，王森等（2006）已用大量真实语料证明该式已在很多北方人口中出现甚至很活跃，例如“有来、有吃、有意识到”等。王森等文也将粤语等存在此式视为此式在普通话用开来的原因之一（但未看作唯一原因）。

本文不再赘述王森等的文章已详细描写的事实，只想就这一句式进入普通话所产生的类型后果补充两点看法。

第一，普通话原有否定式“没有 V（X）”，却没有肯定式“有 V（X）”，要说“V 了（X）”，有学者因此将“有”看作体助词“了”在否定式中的变体，“没”则是“不”在这些完成和经验体中的变体，只是它们受到一些变形和移位规则的制约，“没 + 有”就相当于“不 + 了”（参看 Wang 1965）。但是，“有”和“了”既有位置前后之别，也有虚实之别，作为同一范畴的相对形态要素，总是在系统上不够整齐对称，“没有 VP”成为系统中的一种孤单结构。引入“有没有 VP”后，“没有 VP”有了伙伴，固然减少了系统内的孤立性，但“有没有 VP”暗含了实际上不存在的“有 VP”，这又让“有没有 VP”成为理据残缺的结构。

引入“有 VP”后，整个系统更加整齐对称，规则性类推性更强，是符合语言发展的自然趋势的。据此，此式会有一定的生命力，也许在一定程度上会被主流中文所吸收。

第二，正反问在汉语中有紧密式“V-Neg-V-X”和松散式“V-X-Neg-V”两种方言类型［朱德熙（1991）表述为“V-neg-VO”与“VO-neg-V”，但这里动词后的成分不仅是宾语，如“拉不拉起来”和“拉起来不拉”，因此我们改 O 为 X］，两式在北方都存在，而在南方则紧密式占明显优势。虽然北京话传统上是以松散式（看电影不看？）为优势，但普通话却是更体现南方特色的紧密式（看不看电影？/看电影不看？）占优势。疑问句“VP 没有”（看了电影没有？）在类型上属于松散式，与普通话正反问的主流不符。现在紧密式“有没有 VP”在普通话中的力量增强，有利于与其他正反问的结构和谐。这也是在类型上有发展前景的结构形式。

三、小结

本文讨论了普通话中若干种带有东南方言因子的语法现象。肯定还有本文未注意的，总体上，这样的因子在普通话语法系统中比重不大。不过，普通话的语法要素，并不是非南即北，因为汉语语法整体上还是南北共同的要素更多些，因此，东南方言作为非基础方言能给普通话带来这些特色要素，已相当值得重视。下面我们从几个角度来归纳这些现象。

从时间跨度看，在本文讨论的东南因子中，有些是较早时就已进入普通话的现象，达数百上千年之久，如带“看”的尝试体构式，“给”字被动句；有的是在比较晚近进入普通话或由边缘结构成为主流结构的，如“来/去 +NP”的构式；还有的是在最近十年间刚开始进入普通话的，尚未成为主流，如“V+ 来/去 +NP”“有 +VP”。由此可见，南方方言作为非基础方言一直在为普通话语法的发展提供养分，这也是方言的固有功能之一。

从进入渠道看，语法方面的东南因子有些可能是先由书面渠道影响，再逐步影响口语的，如“再”用于已然行为、“V+来/去+NP”（飞来北京），都常出现在体现简洁书面语体的新闻标题中，而相应的正文并不一定用这些；有些更可能是先从口语进入的，如“有+VP”（有参加会议），据王森等（2006）调查，主要出现在现场对话中。也有些可能是书面口语双轨并进的，如带“看”的尝试貌构式。为什么有的先走书面之路，有的先走口语之路，是一个值得研究的课题。无论是书面渠道还是口语渠道，其实质都是方言区的人在使用共同语时（多半是不经意地）带入自己方言的现象，是第二方言习得中的中介语现象，后来中介语被认可为目标语——共同语的一部分。一种语言的诸方言群体在统一国家内的共同生活和共同的媒体，是中介语转化为目标语言的关键因素。

就本文所论的要素输出方看，这些要素主要来自粤语、吴语（有些是与官话中的江淮官话共有的成分）和闽语。当然，这一观察目前还只是基于不完整的初步研究，也可能与笔者的视野局限有关。比较起来粤语的影响似更多些，能体现闽语作用的主要是与粤语相同的要素。粤、闽语及港台式书面中文的影响多见于最近几十年，吴语的影响则主要体现在近代汉语以来的积累。这里有一个有趣的现象：普通话普及最有成效的时代，也正是东南方言因子进入普通话最多的时代。这个表面的悖论其实并不奇怪。如上所述，方言进入普通话都要经过一个中介语的阶段，而只有方言区的人大量使用普通话，才有中介语大量出现的机会。

总体上，东南因子的进入对普通话结构类型的影响都是局部的、微小的。这一方面是因为这类东南因子比重还不高，另一方面是因为南北方言本身在类型上差距也不大。但也有些因子对普通话内部的某些类型特征有强化或弱化的作用。其中“有没有VP”（有没有看电影？）促使普通话进一步偏离北京话的松散式正反问句类型（看电影不看？）而倾向于与南方类型相同的紧密式正反问（看不看电影？）。“有VP”结构强化了前加式体标记的比重，“来/去+NP”“V+来/去+NP”句式强化了核心在前的倾向，这些都是典型SVO–前置词语言的优势语序。所以，总体上，由于近年进入普通话的东南因子以粤语背景的为多，普通话在某些方面比以前更靠拢属于更典型的SVO类型的粤语了。

参考文献

李如龙　1996　泉州方言的“体”，《动词的体》，张双庆主编，香港：香港中文大学中国文化研究所吴多泰中国语文研究中心。

李宇明、陈前瑞　2005　北京话“给”字被动句的地位及其历史发展，《方言》第4期。

刘丹青　2000　粤语句法的类型学特点，香港《亚太语文教育学报》第2期。

刘丹青　2001　汉语方言的语序类型比较，日本《现代中国语研究》创刊第2期。

陆俭明　1985　现代汉语中一个新的语助词“看”，《现代汉语虚词散论》，陆俭明、马真著，北京：北京大学出版社。

吕叔湘（主编）1980　《现代汉语八百词》，北京：商务印书馆。

潘悟云　1996　温州方言的体和貌，《动词的体》，张双庆主编，香港：香港中文大学中国文化研究所吴多泰中国语文研究中心。

潘悟云　1998　《温州话音档》，上海：上海教育出版社。

钱曾怡（主编）2001　《山东方言研究》，济南：齐鲁书社。

万　波　1996　安义方言的体，《动词的体》，张双庆主编，香港：香港中文大学中国文化研究所吴多泰中国语文研究中心。

王　森、王　毅、姜　丽　2006　“有没有/有/没有+VP”句，《中国语文》第1期。

吴继章、唐健雄、陈淑静（主编）2005　《河北省志·方言志》，北京：方志出版社。

项梦冰　1996　连城（新泉）方言的体，《动词的体》，张双庆主编，香港：香港中文大学中国文化研究所吴多泰中国语文研究中心。

徐烈炯、刘丹青　1998　《话题的结构与功能》，上海：上海教育出版社。

张伯江、方　梅　1996　《汉语功能语法研究》，南昌：江西教育出版社。

朱德熙　1991　“V-neg-VO”与“VO-neg-V”两种反复问句在汉语方言里的分布，《中国语文》第5期。

Wang, William S.-Y.(王士元) 1965. Two aspect markers in Mandarin. *Language*, 41(3), 457-470.

（原载《汉藏语学报》，商务印书馆，2010年）

“物业”一词的前世今生

一、引言

在当代城市，物业和物业管理在人们的工作和日常生活中扮演着非常重要的角色，“物业”一词已频繁出现于各种媒体及人们的日常生活中。当代汉语中“物业”一词主要是从香港地区引入内地的，而且引入时间不长，但是，今天香港和内地各自对“物业”的使用，已经到了可能彼此难懂的程度。例如，香港人说“张三有好多物业”，很多内地人听了可能一知半解；内地人说“物业帮他修车”，香港人可能完全听不懂。本文将对“物业”一词的前世今生做一番探讨，并解释这个词在内地和香港“分道扬镳”的原因。

“物业”一词现在已经广泛用于全球华语地区，根据这些地区当前的用例，可以尝试概括出三个义项：

【物业】名❶ 建成并投入使用的各类房屋以及配套的设备、设施、场地等：～费｜～公司｜～管理。❷ 指物业管理部门：去～反映停车困难问题。❸ 指从事物业管理的人员：昨天来了几位～。

但在不同的地区，尤其是在汉语北方方言区（以普通话为代表）和香港粤语区中，人们对“物业”一词默认的解读已经相当不同。普通话中，人们看到或听到“物业”一词，首先联想到的是物业管理部门，换言之，他们对“物业”所默认的解读为义项❷；而在香港粤语区，人们联想到的是房地产等产业，换言之，他们对“物业”默认的解读为义项❶。

本文先分析各种语文词典对“物业”一词的收录和义项处理情况，

然后结合实际用例，追溯“物业”一词的来源和意义变化，解释不同地区其默认解读存在差异的原因。

二、语文词典的收词和义项处理

语文词典的收词和相关义项的设立从一定程度上可以反映某个词语在一定阶段的使用和变化情况。本节将对《现代汉语词典》《全球华语词典》等影响较大，一定程度上能体现地区差异的语文词典进行纵横比较，从中发现一些线索。

先来纵向比较。《现代汉语词典》从1960年的试印本到2002年的第4版均未收录“物业”条，到了2005年的第5版首次收录“物业”一词，只设立了一个义项，即上文提到的义项❶：

【物业】名 通常指建成并投入使用的各类房屋（如公寓、商品房、写字楼等）以及配套的设备、设施、场地等：～公司｜～管理。（《现代汉语词典》第5版）

2012年出版的《现代汉语词典》第6版在此基础上增加了“物业费”的例子，2016年出版的第7版沿袭第6版：

【物业】名 通常指建成并投入使用的各类房屋（如公寓、商品房、写字楼等）以及配套的设备、设施、场地等：～费｜～公司｜～管理。（《现代汉语词典》第6，7版）

通过历版《现代汉语词典》对“物业”一词的收录和义项设立情况可以看出，“物业”一词在2002年的第4版尚未收录，三年之后的第5版首次进入，这表明这几年“物业”一词在普通话的使用中发生了明显的积极变化，修订者认为该词经过一些年的沉淀，是时候收录其中了。

再来横向比较。范围覆盖全球华语的《全球华语词典》（李宇明主编2010）收录了“物业”一词，也只设一个义项，即上文提到的义项❶：

【物业】〔名〕指有价值的土地及土地上的附属物。包括住宅、工业厂房、商业用房等建筑物及其附属的设施、场地等。例 置办～｜～公司｜你申请这笔贷款要有～作抵押｜他身家丰厚，手上拥有7栋～，最近已升值近5000万港币。(《全球华语词典》)

该词典对"物业"一词所标注的使用地区为"大陆、港澳、新马泰"。值得注意的是，主要以收录普通话词汇为主的《现代汉语学习词典》(2010)收录了"物业"一词，并且设立了两个义项，相当于上文的义项❶和❷：

【物业】〔名〕❶产业，多指房地产及相关配套设施：～管理。❷指物业管理公司：维修房屋找～。(《现代汉语学习词典》)

增加了义项❷表明该词典的编修者认为在普通话中，义项❷已经比较稳固，可以收录。《全球华语大词典》(李宇明主编2016)也设立了这两个义项：

【物业】❶产业，多指房地产及相关配套设施：～管理。❷指物业管理公司：维修房屋找～。(《全球华语大词典》)

此外，《港台词语词典》(1990)、《当代港台用语辞典》(1994)这两部反映港台地区词语面貌的词典虽然收录了"物业"一词，但都只设立了义项❶：

【物业】财产。夏易《香港两姊妹》第三部六："'我还有点物业。所谓物业，是一间小小的房子。'说完，还笑了笑，有点自我嘲讽的意味。"白洛……夏果……(《港台词语词典》)

【物业】[港]房产，不动产：本港利率仍会继续追随美息降低，这是有助本港～市道复苏，因为减息对置业人士的负担是实际减轻。(《当代港台用语辞典》)

这两部词典都有值得注意之处。《港台词语词典》(1990)所举的三个例子，作者都是香港作家。根据体例，《当代港台用语辞典》(1994)所收词条均注明使用地区，以[港]、[台]或[港、台]表示；而此处"物业"条注明为"[港]"，表明该词条用于香港地区。

通过上面几部词典的纵横比较大致可以得出初步结论：在近三四十年的时间段内，"物业"一词早期多用于香港地区，且只有义项❶；在

2000年前后该词的义项❶可能已在普通话中使用，但尚未稳定，2005年收入《现代汉语词典》第5版则表明该词的义项❶已经在普通话中稳定下来，但是从其所举用例看，主要出现在跟物业管理有关的语境中，而没有举《全球华语词典》“置办物业”“有物业作抵押”这类与物业管理无关的用例。所以，义项虽同，用法已经在分化；2010年出版的《现代汉语学习词典》增加了义项❷，表明该词在普通话中已经产生了新的意义，更加专指物业管理相关语义。

三、“物业”的现代用例考察

上文仅根据各种语文词典的纵横比较得出初步结论，其可靠性需要实际语料的验证。为此，我们检索了大量电子语料和在线语料，力图展现“物业”一词在普通话中的使用情况，并对其意义变化做出概括。

首先，我们检索了Coco汉语语料库，具体情况为：

“现代汉语”中未见用例，其中包括鲁迅、郭沫若、茅盾、巴金、老舍、张爱玲、叶圣陶、冰心、赵树理、沈从文、王蒙、余华、王朔、刘心武等名家的经典作品。这至少表明，经典的现代文学作品几乎看不到“物业”的用例。

《作家文摘》共12例，其中11例来自香港作品或内地作家写香港的作品，1例出现在池莉作品中。

（1）老叶也许会较容易地“走进去”，走进大特区的“物业”“商行”“金融”“股市”。（鲁枢元《叶蔚林的苦恼》，《作家文摘》1994年）

（2）林珠回广州去了。康伟业迅速地行动起来，他在武汉很快就选中了一处叫做湖梦花园的物业管理小区。（池莉《来来往往》，原文发表在《十月》杂志1997年第2期，后经《作家文摘》连载）

此外，“人民日报95版”共15例。需要指出的是，以上三类语料中，“物业”一词都只有义项❶的解读，但池莉作品的用例也是“物业管理”的搭配。再检索“北京日报2001版”和“北京晚报2001版”以及近几年的新闻报道，情况已经发生了急剧的变化。具体表现为：首先，用例激增。“北京日报2001版”共2395项查询结果，“北京晚报2001版”共3956项，其中可能包括极少数非连续成词的“物……业”。其次，意义发生一定的变化。例如：

（3）为了争取一个良好的生活环境，多年来广大居民找遍了政府各有关部门，如街道办事处、工商所、区政府、区环保局以及小区物业等部门。（《北京日报》2001年3月19日）

（4）被困学生说，当时电梯内有七八个人，电梯被卡住后，他们立刻联系了小区物业，物业说去吃饭了。（人民网2015年8月3日，来源：齐鲁网）

（5）因为争执不下，有人报了警，经110民警现场调解后，物业打开轮胎锁，业主才把车停回到自己2014年购房时花20多万元买来的停车位上。（青岛新闻网2018年11月12日）

（6）对于来排队的大爷大妈被工作人员领进商场，物业称是商家自己发的号，物业方面无权过问。“一人拿一号到那买一双，其实都给鞋贩子了。”该名物业称，鞋贩子通常会加价三百到四百转卖鞋子……（人民网2016年12月9日，来源：《北京青年报》）

例（3）中，“小区物业”与“街道办事处、工商所、区政府、区环保局”并举，且句末定性为“部门”，显然已是“物业管理部门”之义，即义项❷。例（4）中，“联系了小区物业”的“物业”仍可理解为“物业管理部门”，而其后的“物业说”则表明“物业”已经被赋予一定的人的行为。例（5）中，“物业打开轮胎锁”的“物业”则被赋予一定的具体动作，越来越倾向于解读为“物业管理人员”。例（4）和例（5）的差异在于，例（4）是语境带来的普遍现象，一般的机构都可以被赋予“说”的行为，比如“学校说、出版社说、财务处说”等。例（5）则已向转义迈出了关键的一步，比如一般不会说“学校打开轮胎锁”等。到了例（6），“物业”受指量短语“该名”修饰，句法组合发生了实质性变化，表明“物业管理人员”义即义项❸正式确立。

四、“物业”一词的来源及意义演变的动因和机制

检索汉语历史语料发现，“物业”一词在唐宋之际已有用例，一直沿用到清末民国时期，只有“产业”义，类似义项❶。以下各例来自北京大学 CCL 语料库（网络版），引文出处依照语料库标注：

（7）如有浮客情愿编附，请射逃人物业者，便准式据丁口给授。（唐 \ 唐文拾遗，册府 · 四百九十五）

（8）应有坐家破逃人户，其户下物业，并许别户陈告，请射承佃，供纳租税，充为永业……（唐 \ 唐文拾遗，五代会要 · 二十五）

（9）我如今泼天也似家私，无边际的田产物业。争奈寸男尺女皆无。（全元曲——杂剧 2）

（10）晁夫人说：“我昨日没了儿，我这物业，您说都该是你们的……”［明 \ 醒世姻缘传（上）］

（11）到了次日，流芳清晨起来，梳洗已毕，用过早膳，暗自将家产田庐物业等项通盘计算……［清 \ 小说 \ 乾隆南巡记（下）］

（12）且乡户上等，并坊郭有物业者，乃从来兼并之家……（民国 \ 小说 \ 宋史演义）

由此可见，“物业”这个词汉语古已有之，由于特殊的时代背景，这个词在普通话里曾经沉寂了数十年（王朔 20 世纪 80 年代末至 90 年代初近十部代表性小说中无用例），但该词该义在香港地区却继续使用。到了 20 世纪 90 年代，随着改革开放的不断深入，香港在社会经济文化等方面对内地产生深刻影响，香港粤语的一些词也开始进入普通话。“物业”就是其中的一个，普通话最初引入时也只有义项❶。由于普通话库藏里已经有足够的词语表示房产等产业，因此，“物业”一词在这个义项上并未获得充分使用，尤其是单独指房地产的机会很少，义项❶的用例逐渐限于“物业管理”（意为“房地产管理”）这一类搭配。随后“物业”在普通话中产生义项❷，演变的机制是，人们首先用“物

业管理"这一行为来转指物业管理部门，而"物业管理"这个固定搭配作为一个整体，其中的"物业"信息量比"管理"大，"管理"常常省略，于是"物业"就"感染"了物业管理的全部意义，以"管理"为核心语义了。这一过程大约发生在 20 至 21 世纪之交的那几年。近几年，义项❷经过转喻，又发展出"物业管理人员"义，即义项❸。

五、余论

本文参照各种语文词典对"物业"一词的收录和义项处理情况，结合古今汉语实例，追溯普通话中"物业"一词的来源及意义演变的动因和机制，认为"物业"一词在汉语里古已有之，在普通话中沉寂数十年后，受香港地区语言的影响而"复活"，该词在转喻、感染等机制的作用下，先后产生出新的义项。

实际上，"物业"一词刚引进普通话之初，其使用具有明显的语域限制，一般多出现于跟房地产等产业有关的新闻中，而且逐渐主要出现在涉及物业管理的场合（而非涉及开发、购买和拥有房地产的场合），随后广泛出现于新闻、一般文学作品以及人们的日常生活中，这一语域的变化连同意义变化一起，深刻反映了物业、物业管理在内地城市社会生活中地位的迅速变化，带上深刻的时代烙印。

"物业"一词在当代虽然只是在香港和内地之间流动，但是还是反映了借词现象的一般规律。语言总是优先借入自身词库所缺的义项，而不一定借入某词的全部义项。例如英语 stick 有很多义项，其中最基本的是树枝义，由此派生出很多相关义项，其中之一是手杖义。树枝在汉语中早有词语表达，无须另借英语；手杖虽然也有本族词，但是不适合专指以前没有的西式手杖，于是，英语 stick 借入汉语中就只指 20 世纪上半叶曾风靡一时的西式手杖，写作"司的克"，也出现在很多文学作品中。同样，内地已经有常用的"房产"等词指香港人说的"物业"，"物业"无法在这个义项上与"房产"等竞争，义项❶引入内地不久就开始衰微，但是“物业管理”作为普遍性的行业却是香港先有、内地很晚才有的，因此，随着“物业管理”的搭配越来越多，“物业”很快沾染了“管理”之意，为“管理”的脱落创造了条件，“物业”由此派生出“物业管理”的新生义项。

此外，“物业”一词在香港和内地两地默认解读的差异还体现在“物业税、物业费”等构词层面。香港地区默认解读为房地产等产业，由此自然产生新词“物业税”。而内地默认解读为物业管理，由此自然产生新词“物业费”；内地“物业税”的说法则是新近的事情了。

参考文献

黄丽丽、周澍民、钱莲琴（编著） 1990 《港台词语词典》，合肥：黄山书社。
李宇明（主编） 2010 《全球华语词典》，北京：商务印书馆。
李宇明（主编） 2016 《全球华语大词典》，北京：商务印书馆。
商务印书馆辞书研究中心（编） 2010 《现代汉语学习词典》，北京：商务印书馆。
中国社会科学院语言研究所词典编辑室（编） 2005，2012，2016 《现代汉语词典》（第5，6，7版），北京：商务印书馆。
朱广祁（编著） 1994 《当代港台用语辞典》，上海：上海辞书出版社。

（原载《辞书研究》，2019年第2期，与张定合作）

当代汉语词典的词与非词问题

传统汉语语词辞书向以字为基本立目单位。随着文言文本身复音词的增多，以文言为主要记录对象的旧《辞源》《辞海》开始大量收入双音节和多音节词，但这些词目仍然在字目的统辖下。这种格局成为后来的大、中型汉语辞书，包括现代汉语语词辞书的共同模式。

语言研究所在着手编写《现代汉语词典》时，曾想使这部词典成为第一部以现代汉语词为收录对象的中型语词词典。具体地说，成为“一部记载‘现代的’汉语词的词典，是以语言观点出发，以词为对象的词典，是使用汉字记载汉语的词，同时又为汉语拼音文字作准备的一部词典”，“所选收的，当然以词为主，但同时也兼收构词能力很强的词素”，“所收词素用[　]号括起来，表示它跟‘词’不同”，“构词能力非常薄弱的词素不必另列为条目”[①]。然而，由于种种原因，这一意图并未实现。在收目方面，大量现代不单用的文言词和语素成为单独的条目，在释义方面，词义和语素义被不加分别地并列在一起。整部词典没能突出区别于字典的根本特性。其他中、小型语词词典大致与此相同。

由于《现代汉语词典》（1978年版，以下简称《现汉》）等并未彻底解决当代汉语词汇中词与非词的问题，因此本文想就此做些探讨。

---

① 郑奠等《中型现代汉语词典编纂法（初稿）》，见胡裕树主编的《现代汉语参考资料》中册。

一、词应当成为立目的基本单位

传统上把语言系统分为语音、词汇和语法三大部分。词典的任务正是以某一语言的词汇系统为记录对象，所收的条目应该是语言里的词及作用相当于词的固定词组等。描写兼规范性的词典更应以此为目标。国外的许多词典都是这样做的。如果把没有词的资格的语素和语素义也全部照收，并且跟词和词义不加区分，这就使词典有名不副实之嫌。

从描写的角度看，词典的条目应当反映出语言里哪些是词，是词汇系统的成员。《现汉》目前的做法还没有达到这个要求。如：

处 chǔ（1）〈书〉居住：穴居野～。（2）跟别人一起生活；交往：～得来｜～不来｜他的脾气好，容易～。（3）存；居：～心积虑｜设身～地｜我们国家正～在一个伟大的社会主义建设时期。（4）处置；办理：～理。（5）处罚：～以徒刑。

在这五个义项中，现代能作为词单用的，只有（2）（3）两项。（1）标明了〈书〉，其实即使在现代书面语中，这一义项也只出现在“穴居野处”之类固定词组中，并不能当作词用，只在文言中能做词。（4）是语素义，也只在文言中能用作词。（5）只在“处以……”这一固定格式里才可看作词，而且这是一种书面格式，《现汉》并没有标注〈书〉。

还有些条目完全没有词的用法。如：

款[1] （1）诚恳：……。（2）招待：……。

佻　轻佻：～薄。

可见，单凭词典的条目，人们无法在现代汉语中划出词与非词的界限。

以规范的角度看，词典也应以词为基本立目单位。所谓规范，就是要告诉人们怎样运用语言；规范词典就是要告诉读者哪些是可以自由运用的单位，即词。把古词、古义和语素义也立为独立的条目和义项，读者就可能把这些单位误作词来运用，从而造出不符合现代汉语的句子来。特别要考虑的是，词典的读者不仅是说本族语的。如果一个外国人看了上述“处”的释义，那么，他很可能根据义项（4）造出“由我来处（处理）这件事”这种不合格的句子来。义项（1）虽然标了〈书〉，但即使在书面语中，“此人从小处于（或处在）成都”也是不合格的句子。如果根据“款”“佻”，造出“这个人态度很款”“这个女孩太佻”的句子，更叫人听了不知所云。《现汉》在前言中明确告诉人们“该词典以确定词汇规范为目的”。至少在词与非词这个重要的规范项目上，《现汉》目前还没有达到这个目标。

即使从释义的科学性和准确性出发，词典也宜将词作为基本立目单位。

为了表明某词或某义项的文体色彩，《现汉》除了通用词和义项外，还设了☒（现代不常用的字）、〈书〉、〈口〉、〈方〉以及用于指明古代用法的〈古〉等标注。但是，这里的标准很不清楚。请看“将 jiāng”的几个义项：

（1）〈书〉搀扶；领；带：出郭相扶～。（2）保养：～养｜～息。（3）〈方〉（牲畜）繁殖；生：～羔。（4）做（事）：慎重～事。

（2）（4）作为独立的词，也只能出现在文言中，但《现汉》并没有标出〈书〉，这大概因为（2）作为语素义，在现代词“将息”“将养”中还能用，（4）则能用在“慎重将事”这一类固定组合中。

再来看“将 jiàng”的一个义项：

（2）〈书〉带（兵）：韩信～兵，多多益善。

作为词，“将 jiàng（2）”确实只用在文言或书面语中，但“韩信将兵，多多益善”这个固定组合也是活在现代汉语中的。这里加〈书〉，明显与上面的处理相矛盾。如果作为语素义在现代能用的就不加〈书〉，那么“惋，〈书〉叹惜”“峦，〈书〉山（多指连绵的）：……重～叠嶂”“诣，〈书〉（学业、技术）所达到的程度：造诣”这些释义中的〈书〉就不必加，因为“惋惜”“山峦”“造诣”这类词还活在现代语中。如果只在文言中才能用作词的就要加〈书〉，那么，“履，（1）鞋：……（2）踩；走：……（3）脚步：……”“谩，轻慢，没有礼貌”“逸，（2）逃跑：逃～”这类释义就应加〈书〉。但只要词义和语素义混在一起，这一类矛盾就难以克服。

词和语素不加区分，还会使义项的分合遇到困难。词义的分合虽然也有不很确定的时候，但词毕竟是活在活的语言运用中的。语言使用者的语感、具体运用的环境，都能帮助我们确定义项的分合。而语素义只是语言中的潜在意义，即使出现在词中，人们首先感到的仍然是词义的整体，分析语素义难免受词义的影响，难以定出明确的界限。比如，在《现汉》的“立”中，因为有“立柜、立轴”等词，“立”便有了“直立的”这一义项，因为有“自立、独立”，“立”又设了“存在；生存”这一义项，“立”的义项于是达到八个。但“立”作为语素，还可以用在“立体、立方、立誓、立夏”等词中，人们仍然看不出这些“立”可以归入八个义项中的哪个。为所有这些语素用法一一定出义项，既无必要，也难做到。由于构词时还常有习惯性搭配和缩略等现象，词内的语素义就更难确定了。《现汉》在“拉”下立了“〈方〉闲谈”这一义项，这纯粹是为“拉呱儿”“拉话”“拉家常”这些搭配而设的。可是，“拉倒、拉杂、拉练、拉账、拉亏空、拉拉队”这些搭配中的“拉”又该怎样释义呢？在“拉”的许多义项中也找不到它们合适的位置。再如“工调”指“工资调整”，“工”是否要立“工资”一义？“共运”指“共产主义运动”，“共”和“运”下是否要分别增立“共产主义”和“运动”的义项？所有这些问题，只要以词为基本立目单位，就都不存在了。

二、以词为立目单位的困难

《现汉》的原意是以词为立目的基本单位，而最终改变了做法。这也并不是没有原因的。应当看到，对于使用汉字的现代汉语来说，这样做确实存在着不少困难。以下就这些困难试做些分析。

首先是现代汉语中词与非词界限难以划分的情况比较突出。关于这一点，吕叔湘先生的分析[①]很有说服力。许多单位从一个角度看只是个

① 吕叔湘《说“自由”和“粘着”》，见胡裕树主编《现代汉语参考资料》下册。

不单用的语素，换一个角度又不妨看作词，如“棋、时、院、耳”。这种情况给词这一级单位的确定带来了很大困难。

其次是古今汉语的交叉。现代汉语是从古汉语发展来的。而在很长的时间里（直到几十年前），汉语一直以文言这种与口语脱节的古代语言作为标准的书面语言。这种情况一直影响到了今天的写作。许多古代的词，在现代口语和通行的书面语中从不单用，至多充当语素，但在有些人的笔下，特别是书信、公文、题跋、碑文、贺词这类文体中，仍被当作词来使用；广义的，包括了口语和书面语的“现代汉语”，似乎难以把这些文言词排除在外。比如“察”“观”，一般只作为语素用在“察觉、观察、观看”等词中，但在书面语中也有“察其言、观其行”（固定组合）、“察其近日所为”（临时组合）、“以观后效”（固定组合）、“观其文，知其心地如何”（临时组合）等用法。这种情况占了单音节语素中不小的一部分，再如“渐、搏、咏、屡”等。这种情况使人在划分词与非词时颇难下手。

还有一个情况编词典时也不能不考虑。汉语中占优势的构词方法是词根复合法。有些词根相当能产，而词义和词根义有密切关系。为了理解这些复合词，也为了运用这些词根不断地构成所需要的新词，词典似乎应该对这些词根做出释义，尽管有不少词根在现代已不能成词，如“政、民、目、首、痕、技、莽、谦、扰、奢、述”。

另外，对于学习运用汉语书面语的人来说，“字”的重要性是深深根植于头脑中的。系统地学习语文都从识字开始。教汉字的时候不能不联系字义，而字义在许多情况下只是语素义而不是词义，词典也的确不能完全不顾这些字义。词典的条目以字目统辖，查检时也有很大方便，取消这种排列法，读者也会感到不习惯。

最后，在具体编写工作中，如果只以词为立目单位，也会碰到一些困难。比如，有的字本身能单用，有词义；但用来构词时还可能用到它另外的语素义，如果只收词义，人们对另一些词中该字的意义就难以理解。像“唱：口中发出乐音；依照乐律发出声音”是它的词义，但“唱名、唱票、唱喏”等用的是“唱”的另一个不单用的语素义“大声叫”，这个义项词典似乎是不能不收的。

三、处理办法的探讨

困难无法回避，但目标依然要追求。否则，描写和规范的作用实现不了，而且由于不以词为立目单位而带来的许多问题也无法消除。笔者觉得，如果能针对困难制订相应的处理办法，问题还是能解决的。下面是笔者的设想，就教于方家。

词典的基本立目单位应当是现代汉语的词。最典型的是在口语和书面语中都通行的能自由运用的最小语言单位，如“人、红、看、的、在、刚才、啊呀、自行车”等。关于如何确定词这一级单位，可以参考学者们已经阐述过的各种做法。[①]

用这些方法得到的是比较严格意义上的词。为了照顾各种语体文体、各种语域（registers），我们还需要适当放宽词的标准。在口语里一般不单用，但在通行的书面语里可以比较自由地作为词用的，也应收入，如“鸭、袜、售、植、恐、赠、伴、确、若、故”等。释义时应通过主次关系体现出口语中更通行的是哪个形式，如“鸭，指鸭子”“售，指出售”“若，指如果”，而在“鸭子”“出售”“如果”的条目下做较详细的释义。这里不包括只在文言气息很浓的说法中才能做词用的字，如“冠、劳、诲、泣、设（假如）、辄”等。

当然，为了发挥一部中型词典在阅读时的参考作用，也需要收录上面所举的这类文言词，甚至还可以收录一部分在古代汉语中曾经常用以至留在名篇佳句中的词。另外，在现代通用语言中不能用作词，而在专业文献中可做词的常用单位，也可以收录，如生理学和医学上的“股（大腿）、腹、颈、脉”，生物学上的“茎、松、鲫”，物理学上的“波、赫（频率单位）”，化学上的“氧”等。

① 如卞觉非《略论语素、词、短语的分辨及其区分方法》（《语文研究》1983年第1期），文章系统地提出了二十条具体办法，可以作为重要参考。

在把上述这些单位收作词目时，都应该在词典中说明其适用的文体和领域。《现汉》虽然已有⊠、〈书〉、〈方〉、〈口〉等标注，但现在的运用面远远小于应该用的范围，而且有些标注不很合理。问题之一，是由于词和语素不分，而产生很多矛盾，这在第一节中已经分析过。问题之二，是在处理单音词和复音词时，标准极不统一。在单音词前加〈书〉的，有许多是在现代书面语甚至近现代文言中都极少用作词的，如“䫏，〈书〉丑陋”“骭，〈书〉（1）小腿。（2）肋骨”“釭，〈书〉油灯”。这类字其实即使要收，标注也都应由〈书〉换成〈古〉。《现汉》在复音词前加〈书〉的，大都是在现代汉语书面语中仍能作为词来用的，有些甚至开始进入部分人的口语，如“攻讦、孤高、崛起、年事、涉足、金额”等，有些可以加〈书〉，有些如“崛起、涉足、金额”之类，连〈书〉都不需要加了。

在处理词与非词的问题时，儿化也是个需要专门考虑的问题。有许多字，在普通话口语中一定要儿化，否则就不能成词（除非另取合成词形式），如“芽儿、嗓儿、脖儿、伴儿”，有的在某一词性或某一义项上要儿化才成词，如“钉儿、信儿（消息）、胆儿（胆量）、今儿（今天）、哪儿”。收录时，是以“芽儿、伴儿”等为词目呢？还是以“芽、伴”等为词目？笔者认为，要处理好这个问题，应该使考察的范围超出北京话。如果许多方言中这个字本身（或在这一词性，这一意义上）都能成词，则可以拿这个字做词目，另外说明口语中常儿化或另立儿化的词目，并注明〈口〉，如“芽、嗓、伴、钉、信、胆”，如果各方言中或以儿化形式出现，或以合成词形式出现，那么，应以儿化形式作为词目，如：“嗓儿、脖儿、今儿、哪儿”。这样，既符合以词为立目单位的原则，又照顾到了方言区人学普通话的方便。

离合词也是在处理词与非词时需要考虑的一个问题。《现汉》收了相当多的离合词，如“上课、签名、报恩、理发、开窍、升格”等。这类单位在合用时像《现汉》那样作为一个词来收录，大家都会赞同。拆开用时，是否每个字都要作为词来收录？这要区别对待。这里仍然要贯彻以词为立目单位的原则。如果那个字在这个意义上确实是现代汉语中能单用的词，那么应予收录，如以下带点的字：上课、签名、报恩。如果那个字离开这种固定搭配关系就不能单用，那么不宜作为独立的词收录，如下面带点的字：理发、开窍、升格。即使要收，也应指明其适用范围，如“发，指头发，只用作‘理、美’等的宾语”。否则，就有可能造出“他的发太长”“梳一下发”这类不合格的句子。

还有一些单位，在文言中是词，在现代汉语中却只用在个别固定组合中，这种单位可以收作词，同时指明其适用范围。例如，做交界处讲的“交”、做区别讲的“别”，只能用在“之”后，如“春夏之交、苏鲁皖之交”“天壤之别、男女之别”；“取信”只能用在“于”前，如“取信于群众”，在收“交、别”的上述义项和“取信”这种词时，都应指出其适用范围。《现汉》中收的不少双音词现在只能用在成语或固定组合中，如“蜚语（流言蜚语）、立地（放下屠刀、立地成佛）、料峭（春寒料峭）、恢恢（天网恢恢）”等。这些单位在现代汉语中不是典型的词。如果只用在成语中，词典应收录成语，而无须再单独收作词目，如“蜚语、恢恢”；如果那种固定组合还不能算作成语，词典可不收，那么词典在收其中非自由的单位时应指明其适用范围，如“料峭”，只用于“春寒料峭”和“料峭的春寒”中。

为了实现以词为基本立目单位的目标，编者应该充分发挥语体说明的作用。语体说明可以立出这么几类：〈古〉，表示只在文言中才能成词的，如“冠、履、劬劳、戎首”等，《现汉》中大量〈书〉应改成〈古〉；〈书〉，表示口语中一般不做词，在现代汉语书面语、近代白话文、某些特殊文体（书信、题跋、碑文等）、各类专业文献中可做词用的，如“察、观、赫、氧、愤懑、鱼雁、迷津、匮乏”等；〈口〉、〈方〉的范围仍可采用《现汉》所定的。其余是口语和书面语通用的。同一意义在不同语体中有不同的词的，应尽量选择在口语和书面语中通用的形式作为主条。如“鲫”，《现汉》只收“鲫”，释为“鲫鱼”，没有立“鲫鱼”条。笔者认为应改为“鲫，〈书〉指鲫鱼”，另立“鲫鱼”一条，详加注释。

上述处理办法，使得收入的条目大体上都以词的资格出现。剩下的是怎样对待现代汉语的语素，特别是常用语素的问题。语素义不必分析得很细，难以归到词的义项中去的语素义不必一一列出义项，如“猪苗、鱼苗”的“苗”(《现汉》“某些初生的饲养的动物”)、“代笔”的“笔”(《现汉》“用笔写出”)等。有些为了查检或识字教学的方便，仍可以把所收单字全部收作条目。如果该字只用于复音单纯词或只是不能产的语素，可以注明“见……”或“用于合成词”。即使是语素，有的也无须释义，如“茸，用于合成词：鹿茸”“葵，用于合成词：葵花”。有些意义明确的可释义，如“蝶，指蝴蝶，用于合成词：蝶泳”。如果该字另有词义，不明确的语素义便不必收，如“茭，〈古〉喂牲口的草”，另立“茭白”，其中的“茭”不释义。涉及同一字有不同的繁体字或异体字，应分立几项，释义办法同上。

经过上述方式的处理以后，形式上仍可以字目统辖词目，实际上已大大提高了词这一级单位在词典中的地位，大体上实现了以词为基本立目单位的目标。当然，本文的设想只是原则性的，具体工作还要建立在大量占有材料的基础上。这需要依靠集体力量加上一些现代化工具才能达到。

(原载《辞书研究》，1987年第5期)

汉语宏观研究的五大课题

汉语研究有着悠久的历史和传统，近一百年来，在引进西方近现代语言学以后，更是成果累累，并且出现许多造诣精深、著述丰繁的语言学家。另一方面，毋庸讳言，在世界语言学讲坛上，中国语言学的声音还相当微弱，与第一位的人口、五千年的文化、几十种语言和无数种方言的资源都不匹配，还远没有出现可与索绪尔、萨丕尔、布龙菲尔德、乔姆斯基等并提的语言学大师。原因之一，或许就是非常缺少对汉语的宏观研究。不管是描写性的，还是解释性的，绝大部分都属微观性质，这就限制了自己的视野，难有理论建树，尤其难对中国以外的语言学界产生索绪尔式或乔姆斯基式的影响。

这里想呼吁的，并不是“纯理论”的探讨（如当年的语言与言语的讨论），而是对汉语加强宏观研究。我也同意，研究力量主要应投在微观上，但即使是微观，有没有宏观的眼光，成果是大不一样的。现在的汉语研究，或借鉴西学、或继承国学、或独辟蹊径，但由于缺少具体课题之间的横向联系和宏观把握，较难评价研究的结论合理与否，不同的观点孰是孰非，也难以把各种成果组织成对汉语的系统认识，而知识经验是否成系统是科学与前科学的根本分野。大家都注意到，汉语是很不同于印欧语及其他许多语系的一种语言；而我们所借鉴的普通语言学理论却是在印欧语等非汉藏语的语言中孕育出来的，要闯出符合汉语实际的研究路子，每个人都只停留在自己“搞”的小课题内是不够的，即使走出新路也禁不起系统化这一考验。反过来，若是适当做一点宏观研究，不但能帮助我们从本质上把握汉语这一整体，而且能向现存的理论提出重大挑战。我们的目标之一是为建立真正适合于人类语言的普通语言学而做出中国人应有的贡献。

可喜的是，国内已开始有人注意到这一方面，不少中青年学者的意见更是提供了许多直接启发。本文试图提出汉语宏观研究的五个课题，建议对此多集中些力量研究。这些课题的进展将会大大加深对汉语的本质认识，并能对普通语言学理论做出重要贡献。当然，这些课题不能指望在一朝一夕获得解决，而是要经过许多人的长期努力，并且须建立在大量微观研究的基础上，但这些微观研究应该是有宏观眼光的微观研究，如社会化大生产中的一个分工部门，而不是自足自给的小农经济。

一、语法独立性、语义相关性和汉语的人文性

结构主义语言学和转换语法的共同特点是使语法描写尽可能形式化，整理出成系统的规则。结构主义描写语法学尽可能抛开语义，乔姆斯基早期也坚持“语法独立性”，后来虽然在转换机制中引进了语义部分，并且有人提出了“语义（对语法的）相关性”，但语法仍有很大的相对独立性。受这些思潮的影响，汉语语法研究也在形式化描写上做了大量工作，比起以前的语文学式研究来无疑是一大进步。另一方面，不难发现，汉语的这类研究困难特别大。往往一个小问题，就要用许多条大小规则来对付，还要处处加上“通常、一般、多数”及“很少、不常、不太”这一类模糊修饰词，即便如此，商榷者还是可以不很费事地找到许多“例外”。翻开讲汉语病句的书，大多数是逻辑、事理、修辞、选词等方面的例子，能归入纯语法性病句的微乎其微。许多汉语语法论文中举不合规则的例句也是问号句多于星号句。假如每种语言的语法都是一个相对自足的系统，那么一个方面的不严格理应导致其他方面的严格，汉语形态不发达，按理词序和虚词该是严格的。可是，正如朱德熙先生尖锐地指出的，汉语的词序并不比英语之类严格，汉语的虚词甚至比印欧语还不严格。汉语语法的特点朱先生概括是两条：“一是汉语词类跟句法成分（就是通常说的句子成分）之间不存在简单的一一对应关系；二是汉语句子的构造原则跟词组的构造原则基本上是一致的。”实际上，第一条反映

了汉语词类规则不严格，第二条反映汉语各级语法单位的界限不严格。而且汉语形态的根本特点其实也不是不丰富，而是不严格。决定汉语句子能否成立的，很大程度上是意义的联系，许多时候还受音节的制约，而语法的约束力反而不大。一句话，汉语的语法独立性很弱，而语义相关性极强，甚至还要加上语音相关性和语用相关性。如果抛开成见，那么有些早期外国汉学家称汉语语法贫乏，虽然有偏颇之处，但也不见得毫无是处。其实语法的“贫乏”给汉语带来了灵活、简洁、“不搞形式主义”（吕叔湘先生语）等许多优点。最近不少人对此有精当论述，申小龙还提出了“汉语的人文性”这一概念，指出汉语主要靠“意合”来造句。

在这一宏观的然而又是初步的认识下，我们的语法研究就面临许多新的问题：（1）形式化的描写肯定在某种程度上适合于汉语语法，但这“某种程度”究竟是多大程度？怎样来补救形式化描写无力完成的任务，也就是以什么方式把语义、语用、语音等结合到语法中来？（2）汉语的语言工程基本上建立在转换生成语言学及相近理论（如扩充式网络理论）等基础上，而至今处理的还是各语体中与印欧语较接近的科技体语料等，在这些理论基础上能否进而适用于公文体、叙事体甚至文艺体、口语体？（3）乔姆斯基的号称“普遍语法”的语法理论在汉语这样的语言面前，将最终被证明是很不具有普遍性的呢，还是经过补充仍能适用的呢？此外，研究对外汉语教学的规律，汉语文体之间的差异等，都应考虑到这一宏观的方面。

二、汉语与相邻语言的关系

中国境内有几十种语言，其中许多语言存在着或可能存在与汉语的亲属关系或交融关系。汉藏语的比较研究起步较晚，近三十年来才开始蓬勃起来，并初步构建起汉藏语的谱系关系。近来，这种构建遇到了国外汉藏语学者的严重挑战。白保罗、马提索夫等人对东南亚地区的语言谱系提出了全新的看法，认为壮侗、苗瑶两语族与汉语相同的成分是借用、扩散等的结果，它们不属于汉藏语系，这一看法在国际学术界影响颇大。面对这一挑战，我国语言学界还没有做出赞同、反对或修正的正面反应。不少文章挖掘出许多汉壮侗或汉苗瑶的共同成分，试图证明其同源，但这些微观研究还是没能从方法论的高度令人信服地区别出同源成分、借用成分和扩散成分。桥本万太郎则从另一个角度提出了理论性更强的新观点：印欧语是“牧畜民型语言”，“印欧语自远古以来各自独立发展，而分布到了广大地区”，因而容易根据同源成分构拟出祖始语，而汉语及壮侗等是“农耕民型语言”，其特点是“缓慢同化周围语言而发展”。由于同源或不同源的语言处在不断接触中，因此给区分同源、借用和扩散成分带来很大困难。实际上，在融进大量外来要素（包括语音模式、语法模式、基本词汇这些根本性成分）后，现有语言与祖始语的关系远不会有一种现有印欧语与祖始印欧语的关系那么纯了。传统的历史比较语言学方法在这里遇到了极大的困难，而这种状况恰恰可能为建立一种崭新的语言发展模式提供宝贵的材料。桥本万太郎不考虑同源关系而只考察语言类型的横向推移和纵向演变及二者的关系，就是一个这样的尝试。中国的语言学应在现有成果基础上做一些大胆的理论探索，我们希望看到为解决这些问题做出最大贡献的是以汉藏语为母语的中国学者。除少数民族语言的专业研究人员这支还不够大的队伍外，广大汉语研究者也应在可能条件下为此做点贡献，特别是方言工作者和汉语史研究者。有些汉语方言同某些邻近语言的关系特别密切，古代汉语则代表了汉语更早期的形式，与亲属语言的关系也更近一些；反过来，联系邻近语言考察有时还能解决方言和汉语史上的一些不解之谜。

三、《切韵》音系的性质和汉语方言的性质

《切韵》是汉语史上最重要的语音材料，目前对其音系已基本了解清楚，但音系的性质到底是一时一地的活方言，还是南北古今大拼盘，至今仍难有定论。如果是一种活方言，那汉语语音史成了两头极小中间特大的枣核，实在难以置信，如果一个音系能兼顾南北古今，那也得搞清用什

么方式杂凑起来的，为什么凑得起来，至少在今天是绝难用一个音系将南北各方言音系凑合起来的，更不要说兼顾古今。《切韵》音系的性质是关系到汉语及其方言的发展过程的大问题，不能永远悬而未决。与此有关的是汉语方言的性质问题。通行的观点把各方言看作古代汉语分化发展的产物，调查方言的也是将各方言音系纳入《切韵》的轨道。而近来一些人的研究表明，许多汉语方言中都存在不同于共同语和古汉语却与邻近语言相同的成分；这些方言看来不是古汉语直线式发展的产物，多少带有融合的性质，也难以设想，分布极广差异很大的汉语各方言会来自一个很纯的共同祖先。“农耕民型”的特点既会影响到同系语言的发展形式，也会影响到同一语言内各方言的发展形式。汉语或许也可以发展出与传统方言学很不相同的方言学理论和研究模式来。这方面，汉语史研究和方言研究要紧密结合，也需要文化学、人类学、地理学等方面的配合，并且要宏观探讨与微观挖掘同步展开。游汝杰、周振鹤的研究已经对此做了有益的尝试，希望在这方面有更多的人关心、参与，做出新成绩。

四、汉语的音位模式

音位学引进汉语已有数十年，经过许多人的研究，现在不少文章甚至教材中都有普通话音位系统的描写说明。已经提出的大部分音位体系都坚持“最小的语音单位”这一原则，可是这种音位观实际上在汉语中是寸步难行的。游汝杰、钱乃荣、高钲夏的论文和本文作者都谈过这一原则的弱点，对这一原则的责难还可以提出更多，限于篇幅，这里只举出一些明显而又奇怪的事实请大家注意：音位是音系的基本单位，应该能用来描写、分析、教学任何语言、方言的音系，汉语的辅音、元音音位系统已提出多年并屡经“完善”，可是还存在以下问题。(1)没有一本教材、一位教师用这种辅音、元音系统去教普通话，事实上也很难做到。(2)没有一份方言调查报告和一篇方音研究论文是用这种辅音元音系统而不是用声母韵母系统来描写的，汉藏语系其他语言的情况也基本如此。（3）在数百上千篇方言与普通话对应规律的论文中，清一色的是韵母与韵母对应，没有谈元音与元音对应的，事实上这比用这种音位系统教普通话语音还要困难，苏州话的 [E] 对应于普通话的 [ei]、[ai]、[an]，可是它对应于普通话的什么元音呢？有些方言甚至根本不能整理出一个元音（最小单位）音位系统来，如福州方言。（4）《切韵》音系是公认的基本搞清的音系，但从来没有人提出过《切韵》有几个元音音位的问题，恐怕也很难有人来回答这个问题。（5）不少人说明过普通话每个韵母的历史来源，但从没有说明过普通话每个元音音位的来历，比如据称存在于 [bọ、tuọ、tɤ、tə̣u、tə̣n] 等中的元音音位 /ɤ/，来源于古汉语的什么音位呢？音位在西方的语音学（包括音系学）中无处不在，在汉语的语音学中竟无处存在，这种种怪现象充分表明作为“最小单位”的“音位”在汉语中几乎没有实践的和理论的价值，纯粹是一个没法汉语化的装饰性舶来品。遗憾的是近年来还不断有人遵循这一原则发表对普通话元音音位研究的论文甚至系列论文。但音位学的基本原理无疑是现代语言学的一大科学贡献，是适合于一切语言、方言的。事实上接触汉语语音实际的研究者并非没有音位观，但存在于心目中没有挑明的音位绝不是那种“最小单位”。要使汉语的语音研究与音位真正结合起来，根本的出路就是走出“普通话音位”这个小圈子，通过宏观考察选择适合汉语的音位尺寸（size），而不拘泥于“最小单位”这一非本质的原则。同时，轻声、儿化、声调（连续变调）的音位处理，新的音位尺寸与区别性特征的关系等也要一并考虑。前景可能是非常动人的，我们有可能在汉语中形成一种新的音位观念，大大补充和修正“最小单位音位学理论”。游汝杰、钱乃荣、高钲夏的论文本来已对此做了探索，可惜当时没能展开讨论，“最小单位音位观”又占了上风。我们希望在建立汉语的音位模式方面有根本性的突破和深入的发展。

五、汉字与汉语的关系

国家的语文工作暂时不提以拼音化为目标了，但这一问题依然存在，并且争论相当尖锐。以前的争论集中围绕可行性。赞成拼音化的，认为拼音文字比汉字有多得多的实用价值：易学、易读、易写、易查检、易编码、易国际交流等，反对拼音化的，则提出方言复杂难以通行，文献浩瀚难以继承，同音字多难以分辨等。但双方隐含的共同前提是拼音文字对普通话本身而言比汉字更优越。现在，有人从文字类型与语言类型的关系上来考察这一问题。不赞成拼音化的，并不单看可行性，而是进一步认为，对汉语这种音节清晰、语音结构简单、语素单音节化、形态不丰富的语言，汉字比拼音文字更加适合（可参见钱乃荣《论汉字与现代汉语相适应》，日本 *Computational Analyses of Asian & African Languages*，1986 年总 26 期）。从理论上说，文字类型与语言类型的关系是更有意义的问题。争论双方不妨首先来解决这一问题，并且不能限于举例说明，还应辅之以众多的研究手段，如调查、统计、心理学实验、教学试点等。不管最终得出什么结论，都能在解决实际问题的同时为语言学理论做出有益的贡献。或者汉语是能够用拼音文字的，考虑到汉字历史之悠久、使用人口之多、国际影响之大、方言之复杂，这一改革将是世界上最伟大的文字改革；或者汉字的确比拼音文字更适合汉语，这就彻底否定了通行的文字系统演进模式。

要解决好汉语宏观研究的课题，不但需要搞微观研究的同志建立一些宏观视点，使微观研究为宏观研究服务，也需要语言理论工作者多研究一些汉语的实际问题，不能以把外语例子换成汉语例子为满足。比较起来，国内汉语学者人数众多，占有材料直接而丰富，理应担负起这些科学使命。国外也有重点研究汉语的人，如果国内学者只限于微观研究，就可能会形成国内大队人马搞材料、国外少数学者出成果的不正常局面。从目前势头看，这种担忧或许并不完全多余。

（原载《汉语学习》，1989 年第 2 期）

“他、她、它”三分法的弊端、根源与对策

一

汉语第三人称代词“他、她、它”的三分法，是五四新文化运动以来在西方语言影响下由通性代词“他”分化而来的。这一区分被看作人为干预语言（其实限于书面语）的成功范例，它所带来的众多好处是毋庸置疑的。但是，几十年来，三分法的规范问题远未完全解决，涉及三分法的语病或使用不当现象有增无减，对此提出批评分析的文章也时有所见。不过，多数批评者把这类语病归因于没有吃透规范，而本文认为这里有着更为深刻的根源，许多语病可能是三分法与生俱来的弊端必然引起的。希望本文的看法能引来讨论、批评，让更多的人来关心、解决这个重要问题。

先从三分法的运用实际谈起。涉及三分法的应用问题，常见的有以下几种类型。

1.“他（她）们”的充斥。这种写法相当普遍，但对于表达毫无益处，而且在口语中难念难听，别扭累赘，因此向为规范所排斥。在三分法的故乡西方语言中，并不存在这个问题，因为复数代词只有一个通性的形式，如英语 they，俄语 они。汉语的情况却不这么简单，汉语的第三人称复数是由男性的“他”加“们”组成，那么在全是女性的场合，显然“她们”的形式要更加合理。现在规范已经认可“她们”，那么“他（她）们”也就呼之欲出了。因为，复数第三人称细分起来有 4 种情况：

① 全部是男性：他们

② 全部是女性：她们

③ 有男有女：他们（规范）；他（她）们？

④ 情况不明，①②③ 都可能：他们（规范）；他（她）们？

从历史（“他”本指通性）、语言（口语）等因素综合考虑，“他们”作为规范无疑比“他（她）们”合理；但仅从逻辑考虑，③④ 两种情况用“他（她）们”比用“他们”更加合理，这跟单数“他”和“她”的对立、复数 ①② 两种情况下“他们”和“她们”的对立情况完全一致。而用“他们”指 ③④，要么理解为男性词兼指通性（为什么不用女性词兼指？），要么理解为“他”本指通性（为什么单数“他”不能指女性？），逻辑上总存在问题。当然规范不能光顾逻辑，完全可以硬性规定取“他们”不取“他（她）们”。但是有关三分法的语法规则都毫无自然语言习得的基础，全靠学校语言教学来人为灌输，那么就无法保证人人都熟练地遵守“不合逻辑”的规则而避免采用“合逻辑”的不规范形式。我们只能悲观地估计，难听别扭的“他（她）们”将长期伴随着三分法而存在甚至兴旺发达。

2.“他（她）”的充斥。“他（她）”的写法在口语中特别是在所指对象性别不明时很常见。这也是个合逻辑的不规范形式，现有规范要求性别不明时只有“他”，但只能用男性词指可能的女性而不能用女性词指可能的女性并无逻辑依据。在性别不明但女性的可能性较大时用“他”尤不合理，如“我想采访一位幼儿园老师，请他谈谈对幼儿教育的看法”。因此“他（她）”的形式也将与三分法长期共存。

3. 同一句中“他”“她”的滥用。如“他爱她，她爱他，他不愿意先说破，她在等着他先告诉她。”这种句子念出来根本听不懂，但在当代书报中非常普遍（本文的标题也无可奈何地成为此类）。曾见过一篇哲理散文《他和她》，通篇都是这类句子，写得很优美，可惜永远不会成为朗读材料。只要“他”“她”之分存在，这类情况就会大量存在。规范语法无法预计在哪些情况下应避免“他”“她”同现，也就无法做出明确规定，要作者自己掌握更是困难。

4. 阴差阳错的误用。在引述、评论不明性别的现实个人时常有这种情况。例如对一位女作者的话评论为“他说得很有道理”等。这不但给人很滑稽的感觉，而且会被不知情的读者误认为事实。在西方语言中，男女有着不同的人名系统，不大会发生这种笑话，而汉语中男女人名并没有明确界限，谨慎的作者也只有请出难听别扭的“他（她）们”才能避免莽撞。

5.“其他”和“其它”。“他”和“她”的上述纠葛在较小的程度上也发生在“他”和“它”之间。此外，“它”还导致了“其它”这个不规范词形的存在。虽然从语言史上可以证明该用“其他”，但不可能人人是汉语史专家，从“他”和“它”的对立推出“其他”和“其它”的对立也是符合逻辑的。规范的力量由于缺少自然语言习得的基础，无法阻止“其它”的存在。

除了以上常见现象外，还有较少出现的“她（他）们、她（他）、其她”等形式，从逻辑上讲也是可能的，它们不常见的根本原因是男性优势的文化心理。

二

上面在列举三分法语病的现象时，已经分析了造成这些现象的具体原因。下面我们再分析一下这些原因背后的与三分法有关的更深层的根源。

1. 三分法不符合同音词的一般规律。三分法的实质是把语言中的同一个词 tā 人为地分解为几个书面同音词。同音词在一定限度内存在并不影响交际，条件是同音词在语法、语义分布上不同或至少经常不同，从而避免歧义。而代词 tā 的三种写法，尤其是“他”和“她”的分布非常接近，完全违背同音词的语言规律。因此，“他爱她、她爱他”之类造成的交际障碍是不可避免的。又因为几个同音词分布一致，意义原本也合一（通性的“他”），所以语言中本来常用的通性的“他”和“他们”的意义也被迫在书面上用拼合形式“他（她）、他（她）们”来区别于分化后的男性“他”及“他们”。在纯粹的口语中，由于汉语只存在一个通性的“他”，因此在语言心理上会自觉排斥“他爱她、她管他”之类表达，更不会说出“他（她）”这种怪话。

2. 三分法即使在书面上也有意义不合理的情况，现有的规范实际上存在着内在的缺陷。一方面“他”和“她”分别表示男女，同时又让“他”兼通性，“他”的双重性是逻辑混乱的根源。这种划分的真正背景是“他”本为通性，字从人而不从男，但给人的感觉是只有男性能代表人类而女性不能，这正是很多人坚持用更合逻辑的“他（她）、他（她）们”的心理基础。复数第三人称的实际意义有前述的四种，而“他们”和“她们”各占三种和一种，这种意义划分也是明显不合理的，并且有男性中心的嫌疑。西方单数三分而复数只用通性有语言（口语）基础，而汉语单数三分纯粹是书面上的，因此没法阻止人们在复数时也硬加书面区分，于是种种怪形式便很合逻辑地存在了。

3.“他、她、它”三分法至今没有心理基础。语言中的一般同音词，在人们的语言心理中是被区别开来的，不会把“著名”和“注明”看作同一个词。但“他、她、它”的区分在存在了大半个世纪后，至今仍没有心理基础，人们心目中仍只有一个通性的“他”。这方面的证据有许多。（1）英语中 he 和 she 的区分与“他”和“她”的区分很对应，但在中国人说英语时，he 和 she 的混淆用错成为很难克服的母语干扰型语病，以至英美的对外英语教学专家把中国学生、匈牙利学生等列为需要强化训练 he、she 的对象。可见“他、她”之分在语言心理中连同音词的资格也没有取得，只有一个通性的 tā。（2）口语中用到同音词时，说者有造词意识，会创造条件避免误解，听者有辨词意识，如不确定会要求说者说明。但在用代词 tā 时，不管指男指女或性别不明，在说听双方心目中都只是一个通性的“他”，没有造词和辨词意识。（3）在书面语中，“他”和“她”的混用笔误很常见，反映了心理深处不加区分的状况。（4）学校教学经过多年训练，仍不能消除三分法方面的不规范，可见这种规范缺乏心理基础，难以奏效和巩固。（5）代词分男女性的语言，往往在其他词类和句法上有成系列的阴阳性对立，而汉语的三分是孤立的、局限于书面的，而且是同音的，难以在语言心理中扎下根来。以上几点也证明，汉字的区分对语言的真正影响还是很有限的。近年来有些人强调汉语和汉字如何密不可分融为一体，至少在代词三分法上，这种结论是值得怀疑的。

从以上分析可以看出，要想发挥三分法的积极作用，同时又成功地避免种种不规范现象，实在是极其困难的。

三

在讨论对策之前，不妨先介绍一个国内许多人并不熟悉的有趣情况。正当中国在努力引进普及代词三分法的时候，西方却有许多人越来越不满西方语言中的代词系统并着手改造，同时高度赞美汉语、匈牙利等代词不分性别的语言。随着妇女地位的提高，西方语言缺少通性代词，而用男性的 he 等兼表通性的状况不再适应变化了的社会情况（与之相关的还有 man 兼表男人和人类，而汉语则先有通性的“人”，再有“男人、女人”）。从莎士比亚时代起，英语中就有用复数的 they 兼表单数通性的用法。20 世纪，美国英语用 that one（那一个）造出通性代词 thon，曾收进韦氏词典第二版，但没能站住脚，如同汉语“伊”的失败。在当代美国，有语言基础的通性形式 he or she（他或她）已成为规范形式，同时用 person（个人）、human being（人类）代替 man 表通性，用 he、man 兼表通性的用法已逐渐淘汰。汉语“他”本是通性的，一千多年来服务得很好，却偏偏去硬搬西方的系统，还惹出比西方更多的麻烦。得耶失耶，值得重新推敲。

面对三分法带来的难以根治的弊端，汉语没法仿效西方用“他或她”之类解决办法，因为“他、她”同音。对此，笔者也想不出两全其美的对策。下面提出几种方案，仅供参考。

1. 取消三分，恢复“他”的通性。“他”从人不从男，“他、她”对立在字形上也是歧视女性的。取消是根治之法，按汉语口语的本来用法用“他”不会造成混乱。当然会有人，尤其是翻译家出来反对。其实外译汉时不能直译的意义对立何止代词性别，汉译外时也有许多不能直译的意义对立；其他问题可用非直译方法解决，代词性别问题也当可以。

2. 在书面上保留区分，但应另造一个字专指男性，让从人的“他”专指通性。假如嫌“㑴”太繁，不利于常用，也可从男字的省笔造“毑”或“㐌”，形旁或声旁省笔合六书古例。这种解决办法能消除“他（她）们、他（她）”等，但对“他爱她，她爱他”之类无能为力。

3. 不区分“他”和“她”，形成“他”和“它”的对立，这二者的分布有较大差异，不会严重影响书面语向口语的转换。这种办法不能消除“其他”和“其它”的并存及“他（它）们”的用法。

4. 再尝试一次像“伊”、“佗”（tuo）那样的语音上的分化，同时解决男性和通性的分化，运用各种现代化手段，通过传播媒介和教育，从书面到口语大力推行，试它若干年。如能成功，也是根治之法，不过结果很难预测。

假如以上方案均不可行，又找不到别的改进办法，那么我们恐怕只能宽容地正视难念、难听、难懂的“他（她）”“他（她）们”“他爱她、她爱他”和引起笑话的“冰心他、刘白羽她”之类现象的存在了。

参考文献

Key, M. R. 1975. *Male/Female Language*. Metuchen: The Scarecrow Press.
Smith, P. M. 1985. *Language, the Sexes and Society*. New York: Basil Blackwell Inc.

（原载《语文建设》，1993 年第 4 期）

专名翻译规范化的两大课题

——统一与保真度

一

专有名词的翻译是翻译工作一个重要组成部分。译者和读者都不难注意到，在目的语为汉语的翻译（即外译中）方面，专名的翻译存在着不少混乱现象，有的已到了严重影响读者对译文理解的程度。如有一本书中出现“坎特”一名，谁会想到他就是大名鼎鼎的德国哲学家康德。许多读者误以为亚美尼亚和阿尔明尼亚是两个不同的民族。大谈“奥的巴斯情结”的心理学专家，未必知道文学家所说“俄底浦斯王”是什么人。从小熟读《格林童话》的人，也不会马上意识到谈语音演变的“格里木定律”就是由格林兄弟之一确立的。

从译者方面看，译名混乱的原因有两个。一是译者知识面狭窄，不知道某些已通行的译名，上述译“康德”为“坎特”的书（1985 年出版），又把“弗洛伊德”译为“弗赖德”，看来都是出于这个原因。二是对译名心不在焉甚至固执己见，我们不妨看看几个著名外国语言家的译名在几本 80 年代出的语言学著作中的情况（译者都是有名的语言学家）：施莱赫尔～施莱歇尔～施莱歇（A. Schleicher）、葆朴～博普（F. Bopp，此二译法还被用于同一本书）、保尔～保罗（H. Paul）、古尔特内～库尔特讷（Baudouin de Courtenay）。

显然，专名翻译急需规范，而规范的目标是治理混乱，以求统一。在我国实行对外开放，翻译文献日益增多的情况下，这一任务显得尤为迫切。但是，统一译名的呼声响了好几十年，却收效甚微，原因似乎不应只从译者身上去找。统一译名的前提是统一译法，而之所以迟迟统一不了，另有其深刻的原因。根本原因是汉字作为非拼音的语素文字的特点和汉语本身的特点这双重因素，使专名的外译中带上许多特殊性，这些特殊性尚未得到充分的理论探讨。本文正是想就此做一些讨论。

在追求专名翻译统一的同时，必须重视规范化的另一个方面——保真度，即译名与原名的接近程度，具体地说是语音上的接近程度，因为专名一般用音译。一方面，尽可能高的保真度是任何翻译的基本要求之一，即所谓“信”，另一方面，保真度与译名的统一又是密切相关的。诸多歧异的译名朝什么方向统一？一般总应该朝保真度高的方向统一，规范的统一的译法如果建立在较高保真度的基础上，不同的译者就便于向它靠拢，不必固执己见，而且即使心不在焉也不至于相差太远。（已经通行的译名，则不必再因保真度低而改换，如：John ～约翰。）还应该看到，汉语和汉字的特点使得专名译的保真度先天不足，留给译者很大的“创造”余地，这是汉语译名混乱的最重要原因。因此，研究专名翻译的规范化，必须把统一与保真度这两个课题紧密地结合起来，本文正是围绕这两点而展开的。

二

专名翻译一般情况下是音译，而我们用来音译的汉字不是拼音文字，而是本身不表音的语素文字，汉语在语音类型上不同于世界上多数主要语言，在汉字的特点和汉语的特点双重影响下，专名翻译存在许多特殊之处，译名的混乱又与它们有密切关系。归纳起来，有以下十方面。

（一）汉字限制了可用音节的种类，降低了保真度

专名翻译一般限于利用目标语言所具有的音位。在拼音文字中，偶

尔有一些例外，如英语中的 Bach[ba:x] ～巴赫（德国作曲家），其中 [x] 这个音位是英语音系所没有的。使用拼音文字时，音位的组合都没有限制，可以出现本语言并不存在的音位组合，当然一般不应超出本族音位种类的限制。例如，英语中音节开头不能有 nd、ndj、mb 这种复辅音，但在译名中都可以有，如：N' Djamena ～恩贾梅纳（乍得首都）、Mbabane ～姆巴巴内（斯威士兰首都）。此外，文字形式可以照搬而另用一套读法：Czech[tʃek]；或模仿原音：Chauvinism[ʃouvinizm]。因此，可采用的音节种类相当多，保真度也就比较高。语素文字不仅绝无例外地限于使用固有的音位，而且限于本语言固有的现成音节（即有字可写的音节），例如：汉语有 n、m 这两个音位，但不能与另一个辅音合在一起做声母，因而只能用固有音节“恩 ēn”“姆 mǔ”来代替，自然降低了保真度，语素文字的这一大限制给汉语的专名翻译造成了严重影响。

汉语语音的特点还雪上加霜，又加重了这一影响。普通话音位数目本来就较少，其中六对辅音（b-p，d-t 等）的区别是送气与否，在翻译许多语言时都不能起大作用，音节结构又特别简单，换句话说，音位组合方式严格，种类单调，总共只有 400 多个音节，大大少于许多重要语言的音节数（日语除外），而声调特征在翻译中也起不了什么作用。这样，外语中的大量音位，包括能找到对应音位的，在汉语中往往只能用保真度很低的音节来翻译。如英语的 [ɔ]，在汉语 [p p‘m f] 后尚可用较接近的 [o] 对音，如 Bobby ～博比，在其他情况下就只能用 [uo]、[au] 这些相去较远的音位来译了，如 Lock ～洛克、Dodge ～道奇，因为普通话没有 [lɔ]、[dɔ] 这些音位组合。以少对多，汉语用同一音去译外语中许多不同的音，这自然是不可避免了。而实际情况是，我们还把外语中同样的音译成许多不同的汉语音（这里当然还有方言的影响），这就太不珍惜这仅有的 400 来个音节了。于是，保真度进一步降低，译名混乱则增加了。例如：汉语的 e[ɤ] 可以用来译英语的 [e]（Ted ～特德）、[ə:]（Hurst ～赫斯特）、[i]（Beker ～贝克）、[əu]（Cole ～科尔）、[ɔ:]（Gorton ～戈登）、[ɔ]（Cotton ～科顿）、[ʌ]（Hutt ～赫特）。

音节种类的限制是专名汉译的最大特点，其他特点也与此有关。

（二）同音字多造成译名异体多

作为语素文字，汉字中同音字特别多，同一个音节只要构成不同的音义结合体（语素），就可能用不同的汉字表示。翻译专名时，取的只是汉字的音，有些译者选用同音字很随便，不考虑通用性（虽然有通行的专门用于译音的字表，但真正照着做的并不多），因而即使译音完全相同，也可能有好几种异体，更不用说译音还有差异的了。如Pierre～比埃尔/彼埃尔（还有“皮埃尔”，但音不同）。在一本由民族学院教师编著的《语言学概论》中，有“阿尔太、土尔其”，又有通用的“阿尔泰、土耳其”，写法不同。一个双音节的译名，每个音节各有两个字可写，就可能有四种异体，由此推算，更长的译名，异体就会更多了。

（三）增删音位的现象普遍存在

这也是由于普通话音位组合类太少而引起的。因为汉语没有复辅音，元音后接辅音也只有n、ng两个。最常见的做法是用一个辅音加元音的音节来译一个辅音，从而增衍出元音和音节来。如Swift～斯威夫特，一个音节译成四个音节。又如：法语France～法兰西、俄语Хмелъ～赫梅里、德语Schmidt～施密特，原文都是一个音节。汉族专名一般限于2至3个音节，译名音节过多，不符合经济原则，更不合汉语习惯，因此有时又会删除一些音位使其不至于过长，但各个译者对是否删、删什么，做法并不一致。如西班牙语的常用人名Ferdinand，有“费迪南、费南德、费尔迪南、费迪南德、费尔迪南德”等多种形式（这里不计用字的差异）。Spartacus有“司巴达克，司巴达克斯”等形式。早期译名更是如此，如Egypt～埃及、Brazil～巴西、Budapest～布达佩斯、Edward～爱德华。有一种简缩法是取译名第一字再加个通名，这里也有混乱，同是美国的state，加利福尼亚简称加州，而马萨诸塞却简称麻省，费城则从不用全称。无论增、删还是简，都不同程度地降低了保真度。

（四）双音化倾向影响保真度

现代汉语中单音节专名一般是黏着语素，很少单用。于是，外语中本可译为单音节的专名往往译为双音节，这也是一种音位和音节的增衍，如 Bonn ～波恩、Sam ～山姆（或萨姆）、Kay ～凯伊、Jane[dʒein] ～珍妮。从保真度的角度看，Kay[kei] 译成“凯”kǎi 当然比译成“凯伊”kǎiyī 要好，但中国人不习惯这种单音节人名。仍用单音节来译的也有，但实际使用时往往连名带姓一起称，如简·爱、杰弗里·豪。旧时甚至有按汉语姓名的顺序重新排列的：Bernard Shaw ～萧伯纳。

（五）鼻辅音的译法多种多样

从具体译法看，同类音位组合有多种不同译法，这是非常普遍的，也是造成译名混乱的一个重要原因。这里无法一一分析，只想举出鼻辅音的译法这个最突出的例子。在普通话语音中，鼻辅音 [n]、[ng] 是仅有的能出现在音节末尾的辅音，另一个鼻辅音 [m] 就不能。鼻辅音靠前还是靠后，汉人的语感截然不同，“翻译 fānyì ”和“发腻 fā nì ”绝不相混，汉字的写法又巩固了这种区别。鼻辅音的译法，有多种多样的情况。

1. 鼻辅音在词尾或辅音前，有三种不同的译法

A. 译成韵尾。如：King ～马丁·路德·金（台湾译为“金恩”），以 n 代 ng；Ramber ～兰博（《第一滴血》男主人公），以 n 代 m；Bloomfield ～布龙菲尔德，以 ng 代 m。

B. 用 en（恩）、mu（姆、木）之类的音节来译鼻辅音 n、m，鼻辅音前或后增衍出一个元音。如 Man ～马恩（英国岛名，又译“曼岛”，加上了通名）、Kuhn ～库恩（德国生物化学家）、Grimm ～格里木（又译“格里姆”），Bloomfield 又译“布卢姆菲尔德”，也是这一类。这种同样的音位组合分别用 A、B 两种译法的例子比比皆是，如 Adam（亚当）～Abraham（亚伯拉罕）～ Assam（阿萨姆，印度邦名），同是 am，译法不同。

C. 鼻辅音同时出现在前后两个音节中，增衍出一个鼻辅音。如

Tom ～汤姆、Lamb ～兰姆。两个辅音字母重叠而实际只发一个音的，更是常用这种译法，如 Anne ～安妮、Lynn ～林恩。有些译名的异体就是由用 B 还是用 C 造成的，如 Hamlet ～哈姆莱特（B）/ 汉姆莱特（C）。

2. 鼻辅音在两个元音之间，有两种译法

A. 鼻辅音通常译为后一音节的声母，如 Geneva ～日内瓦、Pamela ～帕梅拉。

B. 鼻辅音同时译为前一元音的韵尾和后一元音的声母，增衍了一个辅音，如 Daniel ～丹尼尔、Hamilton ～汉密尔顿。

随便采用 A、B 两种译法的例子也不胜枚举。同是以 ia 或 ya 收尾的国名、地名，用 A 式的如：Azania ～阿扎尼亚、Tasmania ～塔斯马尼亚（澳大利亚大岛），用 B 式的如 Tanzania ～坦桑尼亚（后五个字母与“阿扎尼亚”完全相同）、Kenya ～肯尼亚。意大利姓氏 Vanini，按 A 译是“法尼尼”（小说《法尼奥 · 法尼尼》），按 B 译是“范尼尼”。达 · 芬奇的名画 Mona Lisa 有“莫娜里莎”（A）和“蒙娜丽莎”（B）二译。Анна Каренина ～安娜 · 卡列尼娜，“安”用 B，“尼”用 A，其实，如果“尼”用 B 译成“卡列宁娜”，反而更能显示与丈夫的姓“卡列宁”（阳性形式）的关系。

3. 复元音或长元音用在鼻辅音前就更加复杂。不考虑鼻辅音与后面音位的关系，仅鼻辅音与前面的复（长）元音的结合就大致有三种译法：

A. 复（长）元音和鼻辅音合译为一个韵母，如 Brown ～布朗、Mountbatten ～蒙巴顿、Queensland ～昆士兰。

B. 复（长）元音分译在两个音节中，鼻辅音只与后一个元音相接，组成一个零声母音节。如 Quinn ～奎因、Indian ～印第安、Kenyon ～凯尼恩、Lyon ～里昂。Stein 单独做专名，一般用 B（斯泰因），做专名一部分则用 A（斯坦），如 Wittgenstein ～维特根斯坦、Steinbeck ～斯坦倍克。Einstein ～爱因斯坦，两个 ei 前一个用 B，后一个用 A，如二者统一，应译为“安斯坦”（A）或“爱因斯泰因”（B）。著名作家 Hawthorne 有“霍桑”（A）、“霍索恩”（B）两译。Durkheim ～涂尔干，又有译为“迪尔克姆”的。

C. 复（长）元音和鼻辅音合译为一个韵母，复（长）元音的后半部分和鼻辅音再另成一个音节，这个音节完全是增衍出来的，如 Stein ～斯坦因、Toynbee ～汤因比。

以上具体分析了鼻辅音译法的多样性，其共同点是都用某个鼻辅音来对译外语中的鼻辅音。此外，早期的译名还有凭空添上鼻辅音的，如 Wilde ～王尔德、Dante ～但丁、俄语 Таня ～丹娘。

（六）音译、意译、形译带来的问题

专名一般用纯音译，地名中的通名部分则可以用意译，这样成了音译加意译，如 Mexico City ～墨西哥城。也有纯用意译的，如“牛津”、“好望角”、“向风群岛”（Windward Islands）。但什么成分用音译，什么成分用意译，并没有一定之规，从而带来一些问题。

Белоруссия 是一个词，译为“白俄罗斯”，前一半意译，后一半音译，Yugoslavia（南斯拉夫）也属此类。Greenland 意为“绿地”，却全音译为“格陵兰”。“新大陆”带“New”（新）的地名中，New York 用纯音译“纽约”，New Jersey、New Orleans 用意译加音译为“新泽西、新奥尔良”。Yorkshire ～约克郡，shire 用意译，Lancashire ～兰开夏郡，shire 意、音同时译出。Ivory Coast 意译为“象牙海岸”，今按法文 Côte d' Ivoire 全音译作“科特迪瓦”。这些专名已经定型，虽然保真度各不相同，但还不至于引起混乱。可这里体现的几个翻译原则是矛盾的，依照这些不同的原则去译同一个专名，难免会导致分歧。如英国的 Westminster，有“威斯敏斯特、威斯特敏斯特、西敏斯特、西敏寺”等好几个译名，异体之多，令人迷惑。

译名用字增加了问题的复杂性。由于同一汉字既可用来意译，又可用来音译，有时根本无法区分。“新西兰”的“新”是意译，“新加坡”的“新”是音译。“西萨摩亚、西印度群岛”的“西”是意译，“西班牙、西西里、西伯利亚”的“西”是音译。“西撒哈拉”似乎音、意皆通（兼指西班牙属和西部）。

日本专名译成中文时采用“形译”，即照搬日文所用的汉字。而其他语言译日本专名仍用音译，其读音与中文读音或相去颇远，或毫不相干。当中国读者接触其他外语时，无法知道其中提到的日本专名指的是哪一个。《国外语言学》为避免译名混淆，人名常常只用原文标写，外文中提到的日本人名也用罗马字写出，这种做法效果全无甚至适得其反，中国读者看到 Ota Tatsuo，怎么知道就是日本汉语学家太田辰夫呢？

（七）字义选择、伪意译与汉字对译名认记的影响

译名中的汉字只是语音符号，与字义无关。但同一音节往往有好多字可以选用，而汉人对汉字的感知根深蒂固地与字义联系在一起，因此在选择译名时，对字义仍有讲究。早期的翻译有中国化倾向，喜欢选用中文专名常用字，并尽量使之像中国专名，其中人名首字爱用中国姓氏。如：“史太林、张伯伦、王尔德、李嘉图”，国名用字求雅求美，如“美利坚、英吉利、意大利”，有的地名似乎有某种意义，如“好莱坞、百老汇”，还努力体现男女性别，如“爱丽丝、珍妮、伊凡诺娃”是女性，“罗宾汉、鲁道夫”是男性。傅东华译的《飘》是这方面的一个极端。现在大陆通行的译名原则是保留“异国情调”，各字之间尽可能没有意义上的联系，使读者一望即知是外国专名，但用字仍倾向于雅或中性而避俗免丑。如 S 可译为“斯、司、思、施、史”等，但绝不用“死、屎”。“史汀生”（Stimson）改译为“斯廷森”，“李嘉图”（Ricardo）改译为“里卡多”，字无美丑，但显出了外国人名特色。国名“莫三鼻给”“塞拉勒窝内”改译为“莫桑比克”“塞拉利昂”，也许与“鼻、窝”较“俗”有关。台港地区的译名“中国化”的倾向一直很重，不但表现于单个字的选择，而且还力图使整个译名带上某种意义，这些意义一般是外语原文根本不具备的，是一种“伪意译”。这种倾向遍及各种译名，尤以商标名、公司名为盛，因为这种似是而非的褒美之意有利于商业竞争，大受实业家的鼓励，如“Cannon ～佳能（电器）、Marlboro ～万宝路（香烟）、Mild Seven ～万事发（香烟）”。伪意译为

了拼凑意义，常以牺牲语音保真度为代价，因而与严格音译的专名大相径庭。伪意译给专名翻译带来的混乱更是明显，甚至让熟谙外语的人，也难以想象原名是怎么样的。

译名对用字的讲究，显示了字义、字形在翻译中的作用，这种作用对译名的认记非常重要。虽然译名用字的选择倾向在一定程度上抑制了异体的数量，但是从总体上看，这种抑制作用是微不足道的。这有四个原因：（1）同一个音节仍常有许多字可供选用，加上一个专名常有好几个音节，异体数量还是很大。（2）汉人认记专名时，形和义仍起不小的作用，即使是同音字，也难以感觉其同一性，如看到“太哥耳”，未必能立即想起“泰戈尔”。汉字在书面语中的作用尤其重要，“中奥（地利）”和“中澳（大利亚）”就只能靠字形区别。（3）中文译名的声调常常是一种冗余成分。译者对声调选用很随便，i 可以译成“伊、以、意”等，使汉字选用范围大增。而汉人是把音节的声韵调作为一个整体来认记的，声调一变，同一性就难以保证，把“意大利”改译成“伊达里”，不管是听是看，都很难想到它们是同一个专名。（4）在普通话中同音的字，方言中未必同音，而方言区的许多人正是用方音来记忆专名的。Thoreau 有“索罗”和“梭洛”二译，用普通话念只是声调有异，上海话却分别念作 [soʔlu] 和 [suloʔ]，实在很难使人感到是同一个人名。由此可见，语素文字的性质决定了用字的混乱，绝不仅仅是一个规范形式的问题，统一译名用字的重要性不亚于统一译名用音的重要性。

（八）方言影响专名翻译和译名认记

汉字作为语素文字具有跨方言的性质，通常的情况是各方言区的人各依自己的方音念汉字。以汉语方言之复杂，一个汉字在各方言中可以有极不相同的念法，而在专名翻译中，汉字恰恰只起语音符号的作用。这又使专名翻译和译名认记增加了特殊性。

要统一译名，首先应按普通话的读音来使用汉字。实际上，许多译者不遵循这一原则，而是按方音用汉字，使有的译名按普通话念保真度很低，如 Holmes ～福尔摩斯，sofa ～沙发，而且与按普通话译出的专名极不协调。有些用方音译专名的情况是由历史、社会等原因造成的。比如，历史上，我国东南沿海粤闽地区的人大量前往东南亚地区，由他们译成汉语并用汉字固定下来的译名，按普通话念与原名往往相去甚远，如 Brunei ～文莱、Sarawak ～沙捞越、Bandung ～万隆、Bangkok ～曼谷。上海在变成十里洋场后，曾是中国接受外来事物的第一窗口，许多译名是上海人首先用汉字记下来的。如 Park ～派克（普通话当译为“帕克”，“派克”应用来译 Pike）、Mary ～曼丽，这些译名带上了吴语特征。在香港及澳门，粤方言的影响超过普通话，译名往往按粤音记，近年来这些译名大量流入，用普通话念，保真度极低。如 National（日本松下公司的牌子），在香港、广东一带译为“乐声”，按普通话读，保真度很低，n、l 不分；又如一种咖啡商标 Jacob，大陆通译为“雅各布”或“雅克”，香港译为“积及”，读音达到毫不相干的地步。

在译名的认记方面，大陆各地虽通行普通话译名，却往往按这些字的方音来念，与原名读音相去颇远，甚至面目全非。苏州人把比利时的“瓦隆”（Wallonie）念成 [ŋo loŋ]，把“夏普”（Sharp）念成 [ɦo p‘u]，把“汉堡”念成 [høpæ]，叫“谢尔曼”的人如听到苏州人叫他 [ziɑ əl mᴇ]，是绝不敢答应的，因为保真度太低了。

（九）专名来源不同影响翻译

汉语译名中用得最多的是来自印欧语的，特别是欧美的专名。由于共同的文化历史背景，尤其是宗教的影响，欧美各语言有很多共有的人名。由于这些语言经历了各自独立的发展演变，同一专名在不同语言中的读音有变异。比如英、法语中都有 Robert，英、德、法语都有 Eugene（相当于俄语的 Евгений）。但是依靠反映较早期形成的拼写法和已经固定下来的对音、转写原则，这些专名在不同语言中一般被看作同一个专名。即使是不同来源的专名，靠着固定的对音、转写原则，翻译时也不必多费斟酌。

汉语在处理这类印欧语的译名时，出现了两种不同的做法。第一种是重同一，不管专名在不同语言中有怎样的变异，都用同一汉语译名来译。如英语的 Peter 和俄语的 Пётр 发音差异不小，都译为“彼得”，德语的 Wilhelm 和英语的 William 都用“威廉”来译。第二种是重变异，按专名在不同语言中的实际读音分别译出。例如：Robert，英语是“罗伯特”，法语是“罗贝尔”；Eugene，英语是“尤金”，德语是“欧根”，法语是“欧仁”，俄语是“叶甫盖尼”。

这两种对立的译法并没有明确可分的适用范围。德语的 Johann 和英语的 John 读音相去甚远，仍用同一个“约翰”来译，而这个名字在法语中的对应形式 Jean 却又译成了“让”。Alexander 在许多语言中的变异形式都被译为“亚历山大”，但其西班牙语形式却常译作“亚历杭德罗”。原则不明就难免出现混乱，普希金的名著《叶甫盖尼·奥涅金》就又有人译为《欧根·奥涅金》。

译名来源的影响还有另一种表现。在翻译某种外语的文献时，由于译者对其他外语不甚了解，加上不负责任，因而把其中的其他语言的专名一律按该语言的读音和拼法译出。这是最不应该出现的情况。如一本俄文著作的中译本里，把德语人名 Frezer（弗雷泽）按俄语译成“弗列捷”，把通常译为“琼斯”（Jones）的英国语言学家译为“焦温兹”。另一本从日文翻译来的语言学概论中，译者按日文的外来语译音，把 Burling 译为“巴林古”，把“孟加拉、僧伽罗”译为“弁加利、新哈利”。这样的翻译使专名变得面目全非，大大降低了保真度，并使读者迷惑不解。极而言之，这样的翻译也就失去了意义。

（十）重读音和重拼写

对文字历史较长的语言来说，读音和拼写的矛盾是普遍存在的。一般说来，读音是当代口语的实际发音，主要是语音结构的表层实现，常常因方言、重音等情况而生变化，不同语言间的差异也比较大；拼写法则反映较早时期的历史语音形式，并且常常代表语音的深层结构，稳固性强，与其他语言，特别是亲属语言的对应关系也比较固定。

英语是读音与拼写法矛盾较大的语言，其重音对元音的影响尤其明显。拼写法所表示的一切不同的元音及某些复元音，在非重读位置上大多读 [ə]，同一个深层元音成分则因分处在重音与非重音的位置而有不同的读音，这就给音译带来了问题。如 Ann[æn] 的昵称是 Annet[ə' net]，二者分别译为“安”和“安妮特”，这是重拼写，确认 Ann（安）在两种词形中的同一性。重读音的译法，后者应为“厄内特”或“恩内特”。在英语专名翻译中，重读音与重拼写两种对立的做法都很常见。Alan（艾伦）是重读音，Nolan（诺兰）是重拼写，两处 lan 原来都念 [lən]，Truman（杜鲁门）是重读音，Pitman（皮特曼）是重拼写。再举些与重音无关的例子，如 Watterson（沃特森）、Wallis（沃利斯）是重读音，Watt（瓦特）、Wallace（华莱士）是重拼写，四个专名中的 wa 都念 [wɔ]，有趣的是，Wallis 和 Wallace 读音完全相同。又如索绪尔的学生（又是《普通语言学教程》的整理者）Pally 在该教程的中译本上被译作“巴利”，这是重拼写，其中的 ll 实际上不发音；也有人译为“巴意”，则是重读音。同书中又把 Gillieron 译为“席业隆”（61 页），则又是重读音，自乱其例了。

重读音和重拼写，一定程度上分别与上文（九）所述的重变异和重同一两相对应。重读音的译法，表层保真度高而深层保真度低，往往使同源专名因直接来源不同而有不同的汉译名，而重拼写译法的保真度则正好相反，较易获得跟其他语言的同源专名相近的中文译名。这两种对立译法的并存也是许多译名混乱的重要原因。

三

以上分析的十点，大多跟汉字的特点、汉语的特点有关（这里且不论专名的形态变化和汉语语音的历史演变对译名的影响等），其中每一点都可能影响到译名的统一和保真度。许多情况下，好多方面同时起作用，这时对统一和保真度的影响比单纯某一方面的作用要大得多，由此可见统一汉语译名的复杂性和艰难性。显然，这项目标不是由几个人制订出一张译名表（尽管这是很必要的）所能实现的。这需要广大的语言学者，尤其是翻译工作者的共同努力。以下只是力图就追求译名的统一和较高保真度提出一些解决的设想。

如果能根据同一个原则行事的话，即使译音不同，保真度高的译名，其形式也应该相当接近。问题是如何确定这个共同的原则，这是统一译名的前提。

重要的是应该从语言学的理论高度出发，进行中外语音的对比研究。对比时，要考虑音位和音节结构（即音位的组合方式）这两个方面。

音位的比较，要考虑到不同语音系统之间的差异。如汉语普通话的辅音系统中以清辅音为主，塞音、塞擦音的区分在于送气与否，如 [p-p‘] 和 [ts-ts‘]。而很多语言（如英、俄、法、日语）里，辅音主要靠清浊来区分意义，送气与否是无关紧要的。这种情况下一般是用汉语的不送气清音译外语的浊辅音，用送气清音译清辅音。汉族北方人在学说外语时往往就是这样做的。如英语 Congo（刚果），他们说成 [k‘aŋ kou]，日语“大学” [daigaku]，他们说成 [taikak‘u]。这肯定不是学习外语的好办法，但是在音译外国专名时却是可以借鉴的方法，而且可以说是一个重要原则。因为这不仅符合不同音系之间近似音转换的规律，还暗示了说某个语言（或方言）的人对外语音系的直觉，这是很重要的。还有更为复杂的情况，如南亚的一些语言（如印地语），清浊和送气与否都是区别意义的要素。对于汉语普通话来说，要设法跟这样的音系对应似乎是捉襟见肘了。但是处理的原则是一样的，虽然稍微复杂一点。以双唇音为例：

		汉语	清不送气音	清送气音
印地语	清	送气音 ph	—	ph
	清	不送气音 p	p	—
	浊	送气音 bh	—	ph
	浊	不送气音 b	p	—

在制订译音表时，首先可按照这个方法确定一个该语言和汉语的音

位对音表。如依据新华社的译音表所表现的原则，德语的音位和汉语的几个音位的对应，可罗列如下：

德语		汉语
a aa ah	→	a
i ie ih	→	i
f v ph pf w	→	f

由此可见，在汉语的译音中，德语元音的长短不分了，辅音的清浊也混为一谈了。拼写法的异同更不在考虑范围之中了。

如果遇到复合元音等复杂的情况，也应遵照同样的原则办事。

音节结构的问题更复杂。因为汉语的音节结构规则严格，形式严整，音素出现的位置有定，不允许不合规则的组合出现（这时是无字可写的）。上一节所谈到的很多方面，就是跟音节结构有关的。归纳起来，在译音时产生的现象主要有以下几种：

增音，主要是增加元音。汉语不允许几个辅音连续出现，在译复辅音时，就必须在每个辅音后增加一个元音。增音规则和汉语拼音声母的称读规则基本相同，即：唇音后加 o，舌尖中音、舌根音加 e，舌面音加 i，舌尖前音、舌尖后音分别加舌尖元音 [ɿ][ʅ]。例外是 m、n、ng、l 之类的鼻边音，往往用“姆、恩、尔”来翻译。出现在词末的单独的辅音也仿此。这是最普遍的现象。又如 diu 不译为“丢”，而用“蒂尤”，其中 i 重复了，实际上也增加了元音。增加辅音的例子较少，主要是鼻音，上文已有分析，此处不赘。

合并音类。汉语固有的音素不敷使用，就只能把外语的不同类归并成汉语中的相近的一个音。关于这一点，上节已经举了许多例子。

分拆音节。如法语的 oi（oy）[wa] 可译为“瓦、娃”，但是前后加上辅音，其中一部分音节是汉语所无的，就无法用一个音节来音译了。只有把音节分解拆开，才能比较近似地反映原音，如 boi 得译成“布瓦”。又如德语：

德语	beu	peu	deu	feu	seu	sseu	leu	jeu
汉译音	博伊	波伊	多伊	福伊	佐伊	索伊	罗伊	约伊

同理，英语 fi[fai] 译为“法伊”。

针对以上的情况，并联系上一节谈到的一些问题，可确定几个原则：

1. 第一原则是，专名翻译应当以普通话语音为根本依据，排斥任何方言的音译。如不使用类似“华沙”（吴语音，原文 Warsaw［英］，Warszawa［波兰］）、“沙司”（吴语音 sauce）、“的士”（粤语音 taxi）的方言音译。

2. 适当考虑方音。这和第一点并不矛盾。因为考虑了北京音跟方音（在某种程度上是古音）的对应关系，避免使用北方方言区以外的人不易接受的译音，使用的译音字为广大说方言的地区的人所接受，才能真正地实用化。例如：piu、chi，新华社的译音表用“皮尤、奇”译，但在吴语地区，“皮”和“奇”都是浊声母字，说吴语的人就不容易接受这样的字音。如果改为“丕（匹）、企（契）”，可能更有普遍性。

3. 照顾到原文的音和形。汉字虽然不能很逼真地反映原文的发音和拼写法，但是，我们在制订译音的对音表时，可以尽量地追求逼近原文。在制订译音表时，可以利用不同的汉字来区别原语中的不同音位和不同拼写法。如：英语的 f、v，s、th[θ] 可规定分别用“夫（富）”“符（伏）”和“斯（司）”“思（丝）”表示它的原音，同时反映其原有的拼写形式。

4. 考虑音节的长度，尽可能不多增加音节。如法语的 oin 类音节：

法　语	boin	coin (koin, quoin)	doin	goin	moin	loin	roin
汉译音	布安	库安	杜安	古安	穆安	卢安	鲁安

原则上来说，这样的译法是允许的。但是考虑到汉人对词长度感知的心理状态，应该尽量减少音译专名的字数，所以上面的“库安、杜安、古安、卢安（鲁安）”完全可改译为“宽、端、关、栾”。如果近似音中没有合适的字（部分音节字少，或容易引起误解，或因为字义不美），不适宜用于译音，例如 shai 筛酾晒、miu 谬缪，那么只好改用两个音节（即两个汉字）来译。另外如上举的“宽、端、关、栾”之类的字，有时可能会有误解，这时可采用通行的做法解决：在容易产生误解的地方用别的字替代，如译地名时，词首和词末用“栋楠锡”，在其他

地方使用规定字表中的字（“东南西”）。因此，译音字表应该同时规定可选用的字。

5. 现有的旧译，如果已广泛使用，并为公众所接受的，不轻易改动。如“约翰”和“莫斯科”等。有必要改动的，可以采取措施，逐步解决。

6. 在充分讨论后，用法的形式公布一份供外汉翻译使用的译音字表，要求译者在翻译时遵照执行。如日本对外语的专名音译，由专门的委员会讨论，采用何种片假名，都由这个委员会决定，并作为政府的法律公布，要求公众执行。同时还公布实际用例，告诉大家应该怎么写，并通告哪些人名、地名的拼写法已经有了变动。这种做法是值得借鉴的。如果有了一定的规定，并且翻译者都能遵照执行，那么译名的保真度就能得到提高，要追求其统一也就不是无法办到的事了。

以上所提出的原则，有的在新华社的译音字表中已经有所体现，有的未必成熟，需要求得各界的承认，希望我们的建议能对译名的统一起一点作用。

参考文献

江建名（编著） 1988 《著编译审校指南》，北京：中国科学技术大学出版社。
卡特福德 1991 《翻译的语言学理论》，北京：旅游教育出版社。
张启之、周祖达（主编） 1990 《译名论集》，西安：西北大学出版社。

（原载《语言文字应用》，1993 年第 4 期，与石汝杰合作）

虚岁、实岁的优劣与选择

一、引言

现代汉语的年龄计算与表达法，是一个在日常语言生活中时时遇到但尚未解决好的实际问题。大概人人都遇到过因年龄表达法的混乱而说不清或听不明的情形。在有些人观念或印象中，这个问题是由于“现代的”“精确的”实岁和“传统的”“粗略的”虚岁并用而导致的，假如人人做到避“虚”就“实”，问题也就迎刃而解了。笔者也常因年龄表达问题感到困惑，但不敢妄下定论，试着从能想到的方方面面对年龄计算表达问题做一点探讨。得到的初步结论是，虚岁是一种在总体上大大优于实岁的年龄系统。假如人人避“实”就“虚”，庶几可望消除混乱；反之，则年龄混乱必将长期存在下去。下面把这一探讨的具体结果做一说明，请专家和读者指教。

二、虚岁·周岁·实岁

为了比较虚岁和实岁的优劣，必须首先区分周岁和实岁这两个近似而不等同的概念。

虚岁是中国主要的传统计岁法。其特点是按出生所在的年份来计算，出生当年为一岁，过年后就成两岁，以后每过一年加一岁。

周岁也是中国传统计岁法的一部分。其特点是，出生后的次年生日为一岁，以后每逢生日加一岁。这是虚岁计岁法的补充。两者在表达上有分工。虚岁具有无标记的（因而也是更基本的）地位，单说“× 岁”就表示虚岁；实岁则采用有标记的（也即地位较次要的）形式，须说明“× 周岁”“× 足岁”，在吴语中还有个专用方言词叫“期（jī）岁”。可见周岁不是外来的，只是它的作用不如虚岁重要。它主要用在生日时计算出生后的实际时间长度，而不用来平时表达年龄。“周”“期”这些词本身就指逢生日时的计算（用于其他事物时也指某事物在一年或若干年后的同一个日期，如“周年、期年、三周年”等）。平时的年龄表达多用虚岁。中国人在过年时普长一岁，这便是虚岁；中国人的生肖也反映虚岁。假如平时（非生日）用到周岁，通常用“到、满、差”等词加一些补充限定，如“过了五十周岁了”“还有两个月就满十八周岁了”“三周岁还差二十天”，等等。

实岁是西方人的传统计岁法，而且是唯一的计岁法。它的计算方式跟中国的周岁相同，但在表达上有一个重要差别。由于它是唯一的计岁法，因此平时交际当然也用它，而无须加补充限定。正是这点差别，成了实岁不实的致命伤，具体分析如下。

20 世纪以来，实岁随着大量西方文化被引入中国而取得了支配地位，单说“× 岁”就可表示实岁。实岁也被视为一种更加科学、更加精确的年龄表达法，“虚”和“实”的名称本身就隐含前者粗略后者精确的意思。因此在正式文体和“有文化”的人群中谈论年龄常采用西式表达法。

其实，所谓虚岁实岁是很有误导性的名称，虚岁表达法的精确性实际上并不比实岁表达法差；同时，在很多方面，虚岁比实岁更能满足交际中的信息确定性的需求。这里，先请注意一个极能说明问题而至今未引起重视的事实。

20 世纪 80 年代以来，在实岁表达比较通行的语域，如城市中、青年中、知识分子中，越来越多的人喜欢用“哪年生的”这个问题来代替“多大”（多少岁数）的问题，用“× 年生的”回答来代替“× 岁”的回答，尤其是在介绍恋爱对象、谈论分房条件等很要求精确的场合。这是否为了避免实岁虚岁的相混？不是，只要把“× 岁”换成“× 周岁”，就能获得实岁的信息，不必用这种啰唆的说法。细想一下就能明白，“哪年生的”其实就是问多少虚岁。比如，在 1995 年 6 月说“小张是 70 年生的”，这就意味着他是 26 虚岁，但他的实岁却不得而知，可能是 24，也可能是 25，视生日而定。那为什么不干脆问“× 虚岁”呢？因为虚岁不精确的错误印象已经太“深入人心”，人们以为年份比实岁虚岁都精确，殊不知年份正是虚岁信息。一方面是想避“实”就“虚”，一方面是“虚岁不精确”观念在作怪，于是出现现成的虚岁不谈而来绕着弯子求虚岁的怪事。这实际上是对实岁的“统治”地位的一种有力反弹。而在较“保守”的农村、小镇等语域，虚岁仍占优势，因此无须像“城里人”那样用啰唆的问答来获得虚岁的信息。

下面，我们就从多个方面对这两种表达法进行比较，讨论两者的系统差异及其优劣，进而探讨应做的取舍。涉及西方语言时以英语为代表。

三、虚岁和实岁的优劣

（一）年龄系统的本位和单位

虚岁是以年份为本位，以年（岁）为基本单位，兼顾长度的计岁法。首先，它提供出生年份的精确信息。例如，35 岁表明此人出生于从本年往回算起的第 35 个年份。其次，它赋予年（岁）以特别重要的地位。“年龄、岁数”这些词本身即表明对年这级单位的重视，“岁”并且成为年龄的专用量词，而月、日便没有相应的专用量词（“朝”指日限于一个月内的婴儿，如“三朝”）。年份本位使得虚岁没有比一岁更小的年龄，也没有小于一岁的零头可计。同时，虚岁也提供了人出生以来的时间长度（≈虚岁 –1），加上生日信息还能得到周岁及其零头的确切长度，如七月份时说“我今年 23（虚）岁，5 月份生的”就表明说话人是 22 周岁多两个月。对婴幼儿则主要采用精确到月甚至日的年龄计算法，如“75 天”“8 个月”和“15 个月”等。逢 10 的大寿等都只按虚岁计算。如 50 大寿在出生起的第 50 个年份过，即 49 周岁所在年份。

西式的实岁年龄系统则纯以长度为本位，年月日并举而以年为常。首先，它提供出生以来已有多长时间的信息，但不提供年份信息。例如英语 thirty five years old 表示此人出生已有 35 年或超过 35 年而不到 36 年的时间，但并不清楚他是在哪年出生的。其次，年龄长度中的年月日采用同样的表达方式，年并没有取得比月日特殊的地位。如 eight months old（8 个月大）、two months and twelve days old（两个月又 12 天大）、thirty five years old（35 岁），格式相同，其中的年龄量词都是普通时间量词，age（年龄）本身也没有年的意思。而以上各式中的 old（大、老）则是长度本位的标记，对年月日都适用。在日常交际中，对非婴幼儿通常以年为单位，虽为"实岁"，其实也不计零数。

（二）年龄的精确性与确定性

许多人以为实岁比虚岁精确，误差小，这完全是误解。两者实际上不存在精确性的差别。

虚岁的误差率最高值是一年缺一天。比如 1995 年时同为 26 岁的小张和小王，假如小张生在 1970 年的 1 月 1 日，小王生在 12 月 31 日（公历农历的问题见后），则两人实际出生后的时间长度相差一年缺一天。

实岁如果精确到日，或者只在生日时用，那的确可以精确到日，误差比虚岁小得多。中国传统的周岁正是为此而设的。但西式实岁却不同。它不限于在生日使用，平时也并不精确到日（处处精确到日既无必要也不可能），而以年为单位。这样一来，所谓实岁的误差率最高值也是一年差一天，精确性和虚岁没有差别。比如，1995 年 6 月 15 日同为 25 岁的小李和小陈，假如小李是 1969 年 6 月 16 日出生的，小陈是 1970 年 6 月 15 日出生的，则两人实际出生后的时间长度也相差一年缺一天。下面这个译自西方语言的小幽默《我今天 39 岁》（《读友精华本①》，中国藏学出版社，1994）表明，在生日前一天，仍可按上一个生日计岁，误差达一年差一天：

巴吉夫人到“王子”糕点铺买了一块大蛋糕。朋友问她:“买这么漂亮的蛋糕，有喜事吗?”巴吉夫人:“是啊，我今天39岁!”朋友:“是过生日?”巴吉夫人:“不，我的生日是明天，该40岁了。而今天，我还是39岁!”

再如，1994年12月25日中央电视台的节目上，著名电影演员赵子岳回答年龄问题时说“我再过21天就是86岁了”，也就是说，在生日前21天，他仍是85岁。当然，巴吉夫人和赵老先生由于表达时补充了生日信息，实际上消除了误差，但平时交际并不都加生日信息，误差是不可避免的；而虚岁表达假如加进生日信息，一样能消除误差，与实岁不存在精确性的差别。

当然，上例巴吉夫人离生日只差一天，赵老先生离生日只差21天，因此在西式实岁中也可以提前进位“算”下一个生日时的实岁。中国人算实岁时通常不管生日，用虚岁减一岁来计，或生日在下半年者减两岁，在上半年者减一岁，这里都容许了很大的弹性。这种弹性并未增加什么精确性，对于彼此生日相差一年缺一天的两个人来说，哪种算法都有一年缺一天的误差。但这种弹性同时带来了一个虚岁所没有的大问题——严重的不确定性，从而构成虚岁大大优于西式实岁的主要因素之一。既然实岁的弹性没有也难以有确切的限度（到底离生日一天、两个月还是半年可以“算”下一实岁？），那么这种弹性的存在等于认可年龄可以有不确定性，如上述小李既可以“算”25岁，也可以“算”26岁，赵老先生在说话时也是既可“算”85岁，又可以“算”86岁。而虚岁的年龄是绝对确定的，每逢过年人人长一岁，如春联所云“天增岁月人增寿”。

由此可见，虚岁和实岁在精确性上是相等的，但只有虚岁有确定性，实岁缺少确定性。

（三）年龄关系的同一性

年龄关系指人与人的相对年龄差。

虚岁能保持年龄关系的永久同一性。假如两个人虚岁相同，则他们永远是同年的人，因为，两人都是逢过年添岁的，上述小张和小王便是这种关系。假如两个人相差 8 岁，那么也永远相差 8 岁。

实岁是逢生日添岁的，因此不能维持年龄关系的同一性。比如上述小李和小陈，分别生于 1969 年 6 月 16 日和 1970 年 6 月 15 日，另有个小赵，是 1970 年 1 月 15 日生的，三人之间年龄关系的情况十分复杂，请看：

1995 年 1 月 15 日—6 月 14 日　小李 25 岁 = 小赵 25 岁 ≠ 小陈 24 岁

1995 年 6 月 15 日　小李 25 岁 = 小赵 25 岁 = 小陈 25 岁

1995 年 6 月 16 日—1996 年 1 月 14 日　小李 26 岁 ≠ 小赵 25 岁 = 小陈 25 岁

以上还是严格按生日计算的，若允许提前加岁，则根本说不清三人的年龄关系。随着比较人数的增加，年龄关系还会变得更加复杂。由此可见，在实岁表达中，要了解两个人是否同岁就必须了解有关人的生日，而今天同岁的人可能在明天就不同岁。

按虚岁计算的年龄关系的同一性在中国文化中是十分被看重的。在某些地区，同岁的人有专门的称谓。如南京话中有“同年哥、同年弟、同年姐、同年妹”，或干脆简称“同哥、同妹”等；湖南娄底方言中有“同年爷、同年娘”等。一对夫妻假如生于同一年，女略长数月，人们会说这对夫妻是同年的；假如女长数天，但跨了年份，人们会说这对夫妻女大男小。这都是年份本位系统的文化背景，也是今天人们用“哪年生的”代替多少实岁的深层原因之一。无法确定年龄同一性的西式实岁在这点上是根本不能适应中国人的需要的。

（四）获得和记忆年龄信息的便捷性

按虚岁计岁法，要知道一个人的年龄相当简单，只要知道他的出生年份也就知道了他的准确岁数。记忆年龄也很容易，因为人人在过年时添岁。记者或作家只要记得某个写作对象在某一年有多少岁，就能在写作时知道该人在所有年份的岁数。最方便的记忆策略是记住他人和自己或某个熟人的年龄差（同年更好记），这样，即使相隔许多年也能随时记忆如初。比如，一个班级与自己同年的是哪些、大一岁和小一岁的各是哪些，往往不特意去记也不会忘记。若干年后同学相聚，照样能一一报出对方的年龄。

按实岁计算，获得年龄要困难一些，而记忆年龄信息更是困难。不含误差的实岁必须依靠生日才能了解。在某一时刻，你也可以通过新闻等间接途径了解某人的实岁（可能含误差），但那只是他在那一天的年龄，他将在几天后还是大半年后添一岁，却不得而知。一个记者即使在电脑里储存这种西式实岁也无法肯定下次写他时该说他多少岁。我们常常见到西方记者在报道一个人的年龄时有一岁的误差，这一位说他现年57岁，另一位则在同一天说他现年58岁。这在实岁表达中是无法避免的，也是被允许的（所以上文说即使统一避“虚”就“实”，年龄混乱仍将存在），但在中国读者眼中却是不能接受的差错。随着西式实岁的传入，这样的差错也开始出现在中国记者的笔下。又如，要想在若干年后记住同班同学的实岁，就要记住每个人的生日，这几乎是办不到的。

（五）年龄系统的实用性

制定大大小小的政策或规定，常要加入年龄指标。在这方面的实用性，大概是评判年龄系统优劣时最被看重的尺度。可能有许多人想当然地认为实岁优越，其实这是禁不起推敲的。评判两者优劣的标准主要是公平性和可操作性，下面就用这两条标准来分析几种代表性的情形。

情形一：退休年龄的规定

假如规定年满61虚岁者退休，那么年初出生者实际上将比年末出生者多近一年的在岗工作时间，这可称为它的不公平率。然而请注意，这里实际上假设了退休手续是在一年的同一时候办理的。假如都在生日办理，则上述两者该分别在满61虚岁那年的年初和年底离岗，即都在60周岁时办理，就不存在不公平了。

假如规定年满60实岁者退休，则对每个人都是公平的。然而这实际上假设了退休手续是每天都可以办理的，满年龄则退。假如一年只集中办理一次手续，比如每年的6月30日，则实际在岗时间也可相差近一年，不公平率跟虚岁相同。如上年7月1日满60者是和今年6月30日满60者同一天退休的。假如半年加一次，则不公平率减为近半年。这对虚岁也适用。

可见，公平的关键不是虚岁还是实岁，而是办理手续的次数即频率。

情形二：结婚用房分配权的年龄界线

按中国公房分配的常规，不可能一年中每天分房，也不可能一天内完成分房。下面的比较假定一年分配一次，分房过程为三个月，4月15日接受申请，7月15日公布结果。

假如规定年满26虚岁者可以申请，那么同为26岁的人实际可相差近一岁。另一方面，这一规定以现成时间界线（过年）为年龄条件的界线，不带有引发争议的人为因素，也不需要制订其他年龄细则，可操作性是很强的。

假如规定年满25实岁者可以申请，那么去年分房时差一天满25岁的人和今年刚满25岁者都是第一次够格，同样有近一年的不公平率。另一方面，这一规定必须另定细则，规定哪一天为计算年龄日，否则，在三个月的过程中，每天都可能面临此日刚达25岁的申请者，使分房难以进行。假如定在4月15日，那就意味着在4月16日至分房结束的7月15日这一阶段刚达到25实岁的人没有分房资格，虽然在公布结果时他们确已满25实岁了。假如定在7月15日，则有些人在申请时实际上还不满25实岁。不管怎么定，均带有人为规定的性质，从而引起生日不凑巧的人不满，觉得存在人为不公平性。常见的做法是号称实岁而实际上以出生的年度为界，即某年1月1日以后出生者可以申请，这其实已改用年度本位的虚岁了。许多貌似实岁的规定都以年份划界，其实都是以实岁之名行虚岁之实，下面还有这样的例子。

由此可见，在这一情形中，虚岁实岁实际上不存在公平性的差异，但前者的可操作性要强得多，而且给人的感觉是更加公平。另外，在通行虚岁的环境中，单位中每个人的年龄都为很多人所了解，便于群众监督，无法作弊。而实岁标准则必须查看每个人的确切生日，工作量大，而且通过改生日即可作弊。

情形三：运动会年龄分组

这种分组的公平性取决于分组的年龄跨度，而与年龄计算系统无关。分组越多则每组的年龄跨度越小，也就越显公平。对虚岁实岁而言，差别只在操作性。按虚岁算，则年龄段以自然年份为界，界线分明，操作性强。以实岁算，则像情形二那样必须制订细则，规定以报名日、开幕日或闭幕日为计算年龄日。由于这一规定带有人为性质，不同的参赛方因队员年龄构成不同而会对此有不同意见，操作性显然不如按虚岁算。许多运动会都是以实岁之名分虚岁之组的，即表面上说多少年龄为什么组，实际上以年份来确定年龄组。

情形四：法律适用对象的年龄范围

某些法律条文的量刑标准涉及作案人和被害人的年龄因素，比如何岁以下可免判死刑、被奸者何岁以下为幼女等。请注意，这一情形实际上涉及了两个时间因素。1. 年龄界线，这是由法律规定的，而且是一个年龄范围（界线一边的所有年龄）而不是一个具体的实岁，界线本身是需要精确到生日的。这种法律涉及的是年满多少周岁，这实际上是中式周岁而不是容许误差的西式实岁。2. 计算周岁的日子，这是事件或案件发生时的日子，是客观存在无法人为规定的，可能发生在一年中的任何一天。在这样的条件下，用周岁规定可以精确到日，能保证法律的公平性。虚岁以年份划界，有近一年的误差，不宜采用。但假如引入生日因素，一样能精确到日。"年满 18 周岁"和"19（虚）岁的生日起"，"不足 14 周岁"和"未达 15（虚）岁的生日"，在语义上是完全等价的。

综上所述，在制订年龄政策时，对于一天内能办完的事务（如退休、结婚登记），或每天都可能发生的无法控制的行为（如犯罪），按长度计算的周岁较精确、较公平，但这不等于可含误差的普通西式实岁；年份本位的虚岁计算存在较大误差，不太公平。但假如在虚岁中加入生日因素，则效果和周岁相同。而周岁计算本来也必须加入生日因素，因此加入了生日因素的虚岁计算并不比实岁计算困难，并且同样公平。对于每年或数年进行一次的事务，如分房、评奖、分组等，虚岁和实岁或周岁的公平性实际上相同，但虚岁的可操作性要强得多。而且，由于虚岁按自然年份划界，实岁按人为制订的日期划界，实岁反而“显得”不太公平。比较起来，虚岁在制订年龄政策时具有明显的优越性。实岁优越是一个虚构的神话。

（六）年龄系统对文化的适应性

中国人逢过年长一岁，这是按虚岁计算的。中国人逢 10 岁（10 岁、20 岁、50 岁等）的生日过得特别隆重，这是按虚岁计算的。中国人的生肖是按虚岁确定的。中国人很看重的同年关系是按虚岁（也只能按虚岁）确定的。凡此种种都显示，只有虚岁符合中国的文化需求。

（七）年龄系统对历法的适用性

年龄表达系统和历法选择是两个不同的问题。实岁按生日计岁，不受历法选择的影响。虚岁逢过年添岁，过去当然是逢春节添岁，但现在也可以在元旦时添岁，如有些家长在元旦时对小孩说“今天你又大一岁了”。由此造成了虚岁计算的一些混乱。一是公历年初而农历尚未过年的个把月里，人们不知道该说自己多少虚岁；二是出生于这一段时间的人不知道自己该算多少虚岁。这种混乱不是虚岁本身造成的，而是两种历法并行造成的。就虚岁表达本身而言，它可以依附于任何一种历法。

四、虚岁实岁的选择与规范

虚岁在当代中国仍是一个现实的存在。在有些语域，它仍以显性形式存在着，如广大农村、市镇居民及部分城市居民的口语交际仍习惯用虚岁，所有说汉语的人都在过元旦或春节时认为自己又大了一岁，这也只能指虚岁。在有些语域，它以隐性形式存在着。比如，人们用“哪年生的”谈论年龄时就是在谈论虚岁。还有一种隐性虚岁在年龄政策的许多领域被使用着，只是人们没有意识到它就是虚岁。一切以某年份、某年底或某年初划界的年龄政策或规定，实际上都是在按纯粹的虚岁计算。如1994年11月，笔者在长沙电视台看到一则小学（包括学前班）的招生广告规定：“凡是1989年12月31日以后出生的儿童均可前来报名”，这实际上就是规定1994年时6虚岁以上的儿童即可报名，但该广告并不含实岁的规定。再以1995年为例，假如规定1940年（底）以前出生的人需去体检，实际上就是规定56虚岁以上的人需去体检；假如规定1955年1月1日以后出生的人需通过外语统考，就是41虚岁以下的人需考。如果社会通行虚岁，这些规定都可以直接用虚岁表达而无须如现在这般麻烦，效果完全相同。无论是精确性、确定性，还是实用性，以及对中国文化的适应性，虚岁都是无法被实岁取代的。

实岁的应用范围其实是很受限制的。在日常交际中它不为中国人所乐意采纳。许多政策是有实岁规定的，但往往有××年月以前或以后出生等细则，使实岁规定实际上成为多余。真正以精确的实岁为界的大概只有结婚、入伍、入党、入团、当选国家主席等方面的规定。这些规定其实是中国早已存在的精确到日的周岁，而不完全等同于平时交际中允许误差的西式实岁。而且上面说过，只要在虚岁中加上生日因素，也就具有完全相等的效应。

汉语年龄系统的选择与规范，必须面对以上现实情况，才能产生良好的社会效应。下面，我们提出几点初步设想，供大家讨论。

第一，让社会重新通行虚岁。将“岁”的无标记意义恢复为虚岁，即单说“岁”时就是指虚岁，不再称它为虚岁。这样，在日常交际中就可免去“××年生的”这类表达；在政策规定中就可免去“××年以前（或以后）出生”这类规定。

第二，有条件地使用周岁，但须采用有标记形式，即称“周岁”，而不用有误导性的“实岁”。周岁不简称为“岁”，以免与虚岁相混。周岁使用限于以下两种情况。一是逢生日时计算出生以来的实际时间长度。这是中国传统计岁法的固有部分。西式实岁的特点是非生日时也用，这是造成误差、不确定和混乱的主要原因，应作为规范对象重点废止。非生日时计算周岁应说“满 × 周岁”，这样可以避免误差和不确定。二是在上述结婚、入党等无须细则的规定中保留周岁，仍用现在的“年满 × 周岁”这类表达，无须改变。这也是中国传统计岁法固有的。上面说过，虚岁加生日规定有等价的效应，但表达不如周岁简洁，所以我们还是倾向在这时用周岁来表达。

第三，虚岁计算以公历为准。这样可以避免目前由历法并行造成的混乱。选公历而非农历是因为考虑到我国目前实际上已经以公历为正式历法和日常生活的基本历法，而农历仅保留为传统民俗历法。这从公历农历在中国日历牌上的地位可以看出。年龄在社会生活的许多方面都发挥着重要作用，应该与社会的基本历法保持一致。同时需要指出，即使两种历法并行，在一年的大部分时间里，对大部分人来说，也不影响到虚岁的一致性。顺便说一下，“农历”的说法是有误导性的。因为农时主要根据节气，而节气其实跟阳历一致而跟阴历不一致。同一节气的阳历日期只有一天的误差，而阴历日期有近一个月的误差，种田不能按阴历进行。节气就是为了补阴历之不足而产生的，实际上就是中国自有的跟阳历相近的补充“历法”。农历的说法不如阴历准确。可见，从农业角度讲，公历的价值也比阴历高。

以上三点建议，第一、二两点其实只是恢复传统，去除西式实岁造成的混乱与不便。只有第三点是新拟的规范，其实这也只是历法选择问题而不是真正的年龄表达问题。当然，在西方惯例常常被等同为“国际惯例”和强调“接轨”的今天，这些想法即使合理，要实行也会困难。同样的例子有信封的写法。邮局寄送信件都必从大地名看到小地名，收信人姓名则先忽略不计，最后在邮递员手上到找到门口时才可以（而不是必须）看一下，到收信人拿到时才会真正注意收信姓名。至于寄信人的地址姓名，邮局只有在比例很小的无法投寄需要退信的情况下才看。中国等东方国家的信封写法最符合邮寄的便利，但在“接轨”类型的信封中，却要改成不合理的西式写法，从邮局不会看的寄信人姓名地址写起，然后按收信人姓名、小地址和大地址的顺序写，邮局只能倒着阅读信封，从最后一行读起。合理者要向不合理者的靠拢，这大概是会让人感到苦涩的事情吧。

（原载《中国语文通讯》，1997 年第 1 期）

深度和广度：21世纪中国语言学的追求

现代意义上的中国语言学，以1898年商务印书馆出版的马建忠著《马氏文通》为开端，紧紧伴随着19世纪末以来仁人志士放眼世界探求救国之路的历史进程。整个20世纪，中国的语言学完成了从草创、发展到繁荣的建设过程，学术成就遍及语言学的各个领域，其中有些成就对世界语言学具有难以替代的贡献。下面就先从中国语言学的特有贡献这一角度略举数端，然后再说到21世纪中国语言学应有的追求。

面对汉语这样的非形态语言，20世纪初的西方语言学没有给我们提供理想的语法学框架。如何在这样的语言中发掘语法规律、建立并完善语法学体系，构成了对中国语言学的重大挑战。马建忠以来的几代语法学者，从模仿、到借鉴、再到创新，结合了传统语法和结构主义语法及当代语言学的观念，逐步建立起越来越贴近汉语事实的语法学体系，并在此体系下揭示出汉语语法的大量事实、规律和特点。

汉语是世界上母语使用人口最多的语言，同时汉语存在着其他语言难以相比的大面积、多层次、历史悠久、关系复杂的众多方言。围绕汉语方言分区，学者们展开了大量的调查，建立了初具规模、比以往分区更加合理的方言区划，而围绕分区标准及其运用而展开并至今仍在继续的热烈讨论，不但有力地促进了方言分区的工作，而且大大深化了我们对汉语方言的认识。

汉语有数千年有文字记载的历史，但记录汉语的是非标音性质的汉字。语音是语言的物质载体，也是滋生词汇、表达语法范畴的重要手段。不了解当时的语音系统，就说不上真正了解了当时的汉语。但是，如何在非标音文字条件下探讨数千年的汉语音韵史，重构汉语语音系统的历史演变过程，是一项没有先例的挑战。汉语历史音韵学较好地结合了基于文献的传统音韵学和高本汉等西方学者带来的基于活语言（方言）比较的历史比较法，基本上成功地重建了汉语的中古音系及中古—近代—现代的音系发展过程，对上古音系的认识也在不断深化之中。

中国境内及周边国家存在着许多与汉语有密切关系的语言。其中很多语言不像孕育历史比较语言学的土壤——印欧语系那样富有形态变化。不同的语言在有无文字、文字体系的性质和使用时间长短方面也存在极大的差异。很大程度上借重形态系统比较及早期语言拼音记录（如梵语、古希腊语）的历史比较法及相关的谱系分类，无法简单地照搬到东亚地区的语言关系研究中。中国的汉语及民族语言研究者将文献研究与大量的民族语言调查及分析比较结合起来，初步建立起包括汉藏语言在内的中国五大语系的谱系关系，在此过程中逐步发展出适合东亚地区语言实际的历史比较新方法。虽然其中壮侗、苗瑶两个语族的谱系关系尚有争议，但有关的探讨已经为历史比较语言学提供了许多新的思路。

中国有历史悠久的文字学、音韵学和训诂学等传统小学，留下了丰硕成果。这些成果包含了大量语言文字学信息，但是同现代语言学的系统观念也有相当的距离，还存在一些科学前的（pre-scientific）要素。中国的学者在20世纪经过不懈努力对有关的传统成果进行了初步的现代解读与创造性传承，例如从韵书和韵图中整理出音位系统，从传统训释中发现有效的释义方法和有关词源词族的信息，使传统成果能够在现代科学时代同样放出光彩。

汉字是世间少有的从上古使用至今的非标音文字系统，但是汉字的字形也经历了巨大的变化，甲骨文等古文字对现代人来说如同天书。古文字遗存中蕴藏着丰富的古汉语和古汉字信息，也是了解上古历史文化的最重要途径。经过20世纪几代学者的潜心努力，已经有大量的古文字获得了解读，为上古的汉语汉字乃至社会文化的研究进一步开辟了道路，也为整个世界文明史的研究做出了重要贡献。

面对现代社会教育文化普及的需要，汉字在一定意义上被人看作进入文化科学殿堂的“高门槛”。我国在学术研究的基础上以政府行为对数亿人使用的大量汉字成功地进行了简化和规范，推行了汉语拼音方案，降低了学习中文的门槛，加快了扫盲的进程，方便了国人和来自外国的汉语学习者的读写，这也是世界文字改革史上的突出成就。

20 世纪后期，插上计算机和网络双翼的信息时代逐步到来，汉语的自动化处理成为科学和社会发展的紧迫课题。作为形式标记比较少的非形态语言，汉语的计算机理解和生成遇到了比西方屈折型语言及日语等黏着型语言更大的困难。中国的计算语言学家们一方面借鉴发达国家有关的理论和实践成果，一方面又密切关注并亲身参与针对汉语特点及书面中文特点（如书写不分词，专名不大写）的语法研究，不但在自然语言处理方面取得实质性进展，而且在让非形态语言的语法规则化、形式化方面做出了具有普通语言学价值的宝贵探索。

我们有充分的理由为这短短一百年间的进步和成就，特别是中国语言学的发展速度自豪。

20 世纪中国语言学全方位实现了学科体系的初具规模。与此同时，我们也要清醒地认识到，比照当今世界语言学飞速发展及语言学在很多方面对其他社会学科所起的引领作用，中国语言学在 21 世纪面临的任务或者说压力仍是不可低估的。我们的紧迫任务，是努力加强中国语言学的研究深度和广度，使中国语言学保持和加快发展速度，在世界语言学界获得与我们国家日益提高的经济实力和综合国力相称的学术地位，为人类对自身语言的深入理解和更好应用做出文明古国和文化大国应有的贡献。

如何提高语言研究的深度，国外语言学的有些理论目标可以参考。下面我们以居于当代语言学的“核心部门”语法学为例来谈一点感想。

乔姆斯基提出了语言研究的三个充分性：观察的充分性、描写的充分性和解释的充分性。这可以作为我们衡量语言研究特别是语法研究水准的重要参考标准。

关于观察和描写的充分性，在国内语言学界有时会听到一种议论，似乎不用管什么理论背景，只要大量充分地占有实际语料就是观察的充分性，只要（按传统语法或结构主义式的描写语法方法）描写得尽可能详尽细致就具有了描写的充分性。实际上，观察、描写都需要在一定的理论框架下借助一定的科学方法来进行。语言学中的理论不一定是研究的目标，却肯定是研究的工具［关于理论是工具的观点，可参阅冯胜利（2000：10—12）的精彩论述］，是观察语言事实的望远镜和显微镜，好的理论能帮助我们看到其他理论所看不到的语言事实。为什么受过语言学训练的人能在例句中概括出一些规律？为什么未受训练者即使是非常熟练的汉语使用者，乃至著名作家之类的语言运用大师，也无法面对语料总结出规律，一张口就是“外行话”？就是因为他们缺少必要的望远镜和显微镜。既然理论是望远镜和显微镜，那么望远镜和显微镜自然有好坏之分、优劣之异。结构主义式的描写为我们了解汉语事实立下了巨大功劳，它比起传统语法来说已有很多进步。但从当代语言学的标准看，还是有很多涉及语言规律的现象是在结构主义的框架中难以观察和描写得充分的，结构主义框架的理论和方法局限开始显现出来。下面试举一例。

对于表示全量的句子，汉语的一个特点是常常需要主语位置中的“所有、一切、每个”一类全量限制词和“都”一类全量副词配合用。“所有人都睡了大床”和“每个人都睡了大床”不能省略“都”，说成“所有人睡了大床”和“每个人睡了大床”。但是，“每个人都买了一张大床”却可以省略“都”，说成“每个人买了一张大床”，而“所有人都买了一张大床”却仍然不能省略“都”而说成“所有人买了一张大床”。还有“每两个人睡一张大床”，则反过来不能加“都”，“每两个人都睡一张大床”是不合语法的。这里的“都”到底是必要的、可选的，还是不能用的，这是个事关“汉语事实”的问题，也有规律隐藏在事实之后。对于这样的事实和规律，擅长考察词性、语类、分布、直接成分的结构主义描写显得有点无能为力，很难做出很好的说明，即使是观察再多的实际语料也难以总结出有概括力的规律。而当代的生成语法和形式语义学确实有一些分析角度能较好地探讨其中的问题，如通过全量算子的辖域（广域与窄域之别等）、光杆名词短语 NP 和带指示词的名词性短语 DP 的关系、数目短语 NumP 与名词性短语 DP 的区别、全量算子的集合解读（collective reading）与分配解读（distributional reading）的区别等思路，较好地揭示其中的规律。这就是一种研究深度和进展。

结构主义和现代生成学派在方法上存在的一大差别是，前者主要观察实际出现的句子，而后者特别注重内省测试，注重哪些是能说（而不一定实际出现）的句子，尤其还注意哪些是不能说的句子，从而划出语法上合格与不合格的界限，以此总结出有关的规则。在分析时，多采用只涉及相关成分的自造例句，尽量不出现与探讨的问题无关的枝枝叶叶，以便像实验室研究一样观察到真正决定合语法性的因素是什么，而不像有些传统描写那样牵扯进实际例句中的很多枝叶，可能反而模糊了合语法性的界限。假如像典型的结构主义描写那样只告诉人们哪种句子能说，而不能告诉人们到底什么样的句子不能说，那么实际上也就没有找到合语法与不合语法的分界线，这样必然还有大量语法上允许说的句子没有被观察到，最终也还是没能充分说明到底哪些句子能说。换个角度说，结构主义式的描写只能覆盖有关范畴下有限的句子（在语料中实际出现的句子），而形式语法的规律则要覆盖有关范畴下无限多的句子（按同样规则生成的所有句子）。从这些意义上来说，形式语法所追求的理论目标是更高的，其取得的研究成果也是比结构主义描写语言学更有深度的。

再看解释的充分性。生成语法主要追求语言内的规则和解释，尽可能用有限的若干“普遍语法的规则”（如移位、X 标杆、经济性等）来解释纷纭复杂的语言现象。而当代功能学派相信语言结构之所以如此，是因为它要满足其作为交际工具和认知工具的功能，因此他们注重从语言外部来解释语言结构现象。对应于乔姆斯基的观察、描写和解释三个充分性，荷兰功能语言学家 Dik 也提出了三个充分性：交际的充分性、心理的充分性和类型的充分性。这是从另一些方面在拓展语言研究，也可以作为我们衡量中国语言学研究深度的另一方面的重要参考标准。

所谓交际的充分性，就是要充分观察和解释语言单位在话语中的表现和功能。主流的功能语言学关注真实语篇，结合语境研究语言，通过统计分析和一系列功能范畴来揭示语法和语用规律。这种研究经常能获得结构主义和形式语法所难以观察和解释的现象。比如，本人在上海话真实对话语料的一项统计（刘丹青2002）中发现，虽然在静态的句子中形容词和不及物动词的否定式做定语是很平常的事，如“不去的人”“不好看的书”等，但是，做定语的否定式在实际语篇中惊人地罕见，我们的语料中有95例形容词和不及物动词的否定式，竟然全部在谓语位置，无一例在定语位置。这种现象不通过语篇统计根本不可能被注意到，而假如我们不用话语功能的观念，也很难解释这一类完全合格（符合形式学派所讲究的内省语感）却又罕见的现象。同文的统计又显示，及物动词的否定式省略宾语的比出现宾语的还多。这也是非语篇分析所不能发现的。而我们对此的解释也离不开功能语用动因。肯定句不一定有预设而否定句通常有预设，如“我买虾”可以整个是新信息，而“我不买虾”通常是针对有人认为“我买虾”的预设，因而“虾”这类否定句宾语常常作为已知信息而省略。

所谓心理的充分性，就是追求语言研究的心理现实性和认知基础，要求总结出来的语言规律符合说者听者在语言编码和解码时的真实心理过程，反映人类普遍的认知能力和方法，比如认知图式、隐喻、转喻等。依据这一认识，心理语言学和认知语言学不再被看作语言学的边缘学科，而被看作语言本体研究的一部分。这是另一种我们需要加强的研究深度。陆丙甫的系列论文（1983，1986等）在由层次分析法的局限进一步探讨造句机制和所受的限制时，就指出人的造句过程受到短时记忆的制约，因此每个句子的实际板块数是有限的，不能是生成语法所设想的无限递归。这就是对语言规则的心理现实性的探讨。当然这类研究若能与一定的心理学实验结合起来，将具有更强的科学解释力，也就更加具有深度。

所谓类型的充分性，已经不仅是一个研究深度的问题，而涉及本文强调的另一个方面，即研究的广度，就是要求语言学家总结的语言规律能禁得起不同类型众多语言的验证，这样的规律才真正反映人类语言的普遍性。语言类型学就是专门从事这方面调查和研究的语言学派。比如，“送他一本书”“送一本书给他”“买给他一本书”都是汉语表示给予行为的双及物句式，单一语言和方言的研究不一定看得清哪种句式是更基本的。假如通过跨方言和跨语言的比较，便能清楚发现“送一本书给他”是比“送他一本书”分布更广、受限制更少的句式，而“买给他一本书”是最受限制和排斥的有标记句式，违背的语言规律最多（详见刘丹青 2001）。这个例子也说明，广度和深度是密切相关的，有些深度只有在广度的基础上才能获得，正像建造高塔，没有一定面积的基座是无法造成的，塔造得越高，需要的基座也越大。

就中国语言学的现状而言，追求深度的研究已经有良好的势头，形式语言学的一些精华开始被吸收到汉语研究中来，而基于真实语篇或认知基础的功能语言学更是方兴未艾。当然，这方面还要付出很大的努力，才能取得更多的成效，并进一步缩短与世界语言学先进水平的差距。如果我们进一步敞开胸怀、吸收语言学方面的一切人类文明成果，扎实开展中国境内语言和方言的调查研究，可以期待 21 世纪的中国语言学将能在这些领域结出无愧于时代的丰硕成果。相比之下，目前追求广度的研究显得更加不足。这一现状的重要原因之一，是 20 世纪 50 年代以来形成的语种本位而非学科本位的语言研究格局，即不是首先以语法学、语义学、音系学等来划分学科，而是以汉语、外语、民族语言等来划分，在语言内部再以现代、古代、中古、近代、方言等来划分，这种大格局使得语言学从研究生到教学研究人员都难以形成跨方言、跨语言、跨时代，以人类语言为终极关注对象的宏观视野。人才成长从一开始就是“语言专家导向”的，即努力成为现代汉语（多限于普通话）专家，或方言学专家，乃至更细的粤方言专家之类，或近代汉语专家乃至某些近代专书语言的专家，等等，而缺少“语言学专家导向”的意识、发展动力或学术环境。不同语种领域的专家也缺少相互沟通的动力。广度的局限最终将会严重限制语言研究的深度，甚至限制汉语本身的研究深度。目前，学科体系的改造已经开始在高等教育机构和研究机构展开，原属不同语种领域的学者之间的学术交流也在增加。我们期待这种学科改造和学术交流能促进中国语言学的重新整合，我们期待来自不同语种背景的语法学者或其他学科学者能有更多的机会打破隔阂，紧密合作，在更加广阔的基座上共同建造 21 世纪中国语言学的摩天大厦。

参考文献

冯胜利 2000 《汉语韵律句法学》，上海：上海教育出版社。
刘丹青 2001 汉语双及物结构的类型学考察，《中国语文》第5期。
刘丹青 2002 上海方言否定词与否定式的文本统计分析，《语言学论丛》第二十六辑，北京：商务印书馆。
陆丙甫 1983 人脑短时记忆机制和人类语言结构的关系，《世界科学》第9期。
陆丙甫 1986 语句理解的同步组块过程及其数量描述，《中国语文》第2期。

（原载《21世纪的中国语言学》（一），商务印书馆，2004年）

理论语法与语言教学在何处相会？

一、引言

探讨理论语法和语言教学的关系，最重要的问题，是理论语法研究的成果中有哪些对语言教学有用，语言教学家应该如何将这些成果转化为可直接用于教学的教学语法。这就是两者在何处相会的问题。本文想强调的是，语言教学针对不同的对象，有不同的目标和任务。因此，我们要寻找的，不是理论语法和一种语言教学之间的那一个交会点，而是理论语法和语言教学的不同类型之间在复数意义上的交会点。

语言教学的总体目标是使学生很好地掌握某一语言（如汉语）的使用能力。由于语言教学存在很多类型，而理论语法与不同类型的互动方式各不相同，因此首先需要对语言教学的类型做一个较为清楚的区分，了解不同类型语言教学的性质和特点，这样才能有针对性地分析理论语法与不同类型语言教学的不同关系。下面我们就汉语的情况来讨论一下语言教学的不同类型。

二、语言教学的不同类型

跟语法教学有关的语言教学分类，最重要的划分标准是目标语言与学习者母语的关系。根据这个标准，汉语教学可分成下列几个大类。（一）对基础方言区学生的语文教学。（二）对非基础方言区学生的语文教学。（三）作为第二语言的汉语教学，即对外国人或少数民族语言使用者的汉语教学。（四）对当代汉语使用者的古汉语教学。（五）专业汉语教学中的语言教学，例如大学中文系学生必修的“现代汉语”一类课程中的语言训练内容。此外，学习者的年龄层次、学习时限的长短、是全日学习还是业余学习等因素也会影响对理论语法的依赖程度。下面先对语言教学的五大类型做点进一步的分析。

（一）对基础方言区学生的语文教学

汉语的基础方言区是官话区。这些地区的学生在到达学龄时已经基本完成母语习得，是汉语口语的熟练使用者。其中北京地区和东北地区的官话大体上可视为普通话，其他官话方言则多少还有一些不同于普通话的特征，如声调特征等。由于普通话的推广和传媒的影响，不同官话方言区的学生事实上都掌握相当程度甚至很标准的普通话。因此，对这些学生所进行的语文教学，是以书面语为主导的语文教学，以建立书面读写能力和提高语文修养包括文学修养为目标，属锦上添花式教学。

（二）对非基础方言区学生的语言教学

汉语的非官话方言与普通话有相当的距离。假如纯以语言要素论，则有些方言与普通话的距离不小于欧洲某些亲属语言之间的距离，如挪威语与瑞典语之别。在这个意义上，这些方言区的语文教学部分地包含了第二语言教学的任务，但汉族地区的语文教学大纲和内容似基本不考虑方言区的差别。笔者曾就读苏南市镇小学，当时不少同学在写作文时因缺乏普通话语感而只能以吴语入文，如一位同桌在作文中写“老师问我阿人可曾。“人”白读同“宁”，是“曾”的变读出去白相玩，我说勿人不曾，没有”，可见其对普通话之生疏。

20 世纪 80 年代以来，中国的情形发生了很大的变化。经济的开放、人员的流动和传媒的发展对普通话推广的无心插柳之效似乎超过了之前有意栽花式的“推普”。对于方言区，特别是城镇地区的学生来说，普通话已开始取得类似母语方言的地位。因此对这些学生进行的语文教学，性质上接近第一类即对基础方言区的语文教学。但是对于很多偏远的农村地区特别是南方山区来说，方言仍是人们占支配地位的母语，仍有不少人包括年轻学生说不好普通话，只是通过广播电视等媒介对普通话多少获得一些语感。

非基础方言区的语言教学也有处在另一个极端的情况，即更接近第二语言教学。这主要是港澳地区的情况。由于中国香港、澳门地区刚刚结束长期的殖民统治，政治、经济、文化等方面都与汉语母体隔离已久，因此普通话的影响很小，中文书面语包括新闻出版等使用以普通话为基础同时混有港味洋味文言味的现代白话文，口语交际和各种中文有声传媒则基本上是粤方言一统天下。由于粤方言和普通话的差距不小于某些亲属语言之间的差距，而港澳地区的学生又对普通话缺少感性接触，因此港澳地区的汉语教学实际上包含了较大比重的第二语言教学式的任务。中国台湾地区和新加坡，虽然语言状况也很复杂，而且其优势方言是离普通话更远的闽语，但由于长期推行被称为“国语”或“华语”的普通话，中国台湾和新加坡的中文语文教学性质上反而比中国香港、澳门更接近中国大陆（内地）方言区的语文教学。

（三）作为第二语言的汉语教学

这一类汉语教学的对象包括国内以少数民族语言为母语的学生和海外以非汉语为母语的学生。对他们来说，汉语就是一种“外语”，需要用外语教学的方式来进行汉语教学。细分起来，这里还有多种情况。就对外汉语教学来说，学习者是否为华人后代、是否在中国学习、是否由来自中国的老师教学，等等，都会影响教学的条件。而对少数民族学生来说，虽然可能不会使用汉语，但同在一国的环境给了他们较多接触汉语的机会。许多少数民族生活在汉语和民族语言的双语区，从小同时使用汉语或其方言；也有很多少数民族是大散居小聚居，同村或者同乡范围都说本族语，但一出村或乡就需要与其他民族包括汉族交往，他们接触、使用汉语作为交际语的机会也比较多。对这些少数民族成员的汉语教学实际上介于第一、二类和第三类之间。

（四）对当代汉语使用者的古汉语教学

目前的语言教学研究中很少关注古代汉语的教学。实际上，中国人写的第一部语法学专著《马氏文通》就是为口说白话的中国人学习古代汉语而用的，由此可见汉语语法学与古代汉语教学的密切关系。虽然现代中国的学生不需要像清代的学子那样学这么多古文，但古代语文的学习仍然在整个基础教学的语文课中占不容忽视的比重。

对当代中国人来说，古代汉语是母语的前身。它不但是普通话之源，也是各种方言之源。古文教学应当还在母语语文教学的范围之内，不同于第二语言教学。不过，由于古代汉语离今天已有一两千年以上的时间距离，汉语在这期间经历了相当大的演变，以至于一个以普通话为母语的人必须经过专门的教学或至少是自学才能理解古文，这与母语的自然习得过程有很大的不同。因此对当代汉语使用者的古汉语教学也部分带有第二语言教学的特点，而且教学的结果也至多是通过古代汉语的词汇语法知识理解乃至写出书面上的文言文，无法要求学生用古音说出古汉语口语或听懂事实上借用现代汉语语音读出来的古文。而且现代的古汉语教学往往只求输入（读，还不包括听）、不求输出（说和写）。这实际上是比第二语言教学低得多的教学目标，也不同于西方教堂拉丁文之类的教学，后者仍是一种语音、词汇、语法俱全的完整的语言系统的教学。

（五）专业汉语教学中的语言教学

高中毕业以后，仍有不少高校文科专业开设汉语课程，除了中文专业的现代汉语、古代汉语课外，文秘、新闻、广告、公关、法律、图书馆、档案、历史、外语等专业也都有自己的现代汉语和 / 或古代汉语课程。这些课程是什么性质？

试看中文专业的现代汉语课。毫无疑问，它不是一门单纯的语言教学课程。高等院校的大部分专业是不开这门课的，这意味着高层次人才的汉语能力普遍不必经过这门课的训练，就是以语言能力为最重要专业素养的作家也不必修过此课。理论上一个高中毕业生就应该具备使用祖国语文的足够能力。所以一种观点认为，该课程对中文专业的高校学生来说，不应是一门语言教学或训练课程，而应作为知识性和理论性课程的现代汉语来学，其目标不是提高学生的汉语应用能力，而是提高对祖国语言的系统理性认识。钱乃荣主编（1990）的《现代汉语》就部分体现了这样的精神。不过更多的高校的现代汉语教材仍想集知识、理论和语言能力训练为一体，课程中安排有很多普通话训练、词语选择训练和病句修改练习等内容。这表明这类课程通常仍有部分的语言教学的性质。而中文专业以外的汉语课程更是以语言训练为主要内容，因为这些专业的学生无须在理论上系统了解现代或古代汉语。专业汉语课程中出于能力培养需求的语法教学，大致可以归到母语语文教学中去，因为高等教育阶段的汉语教学基本上可以不考虑方言因素。至于旨在训练语言能力的语法教学和旨在教授系统知识理论的语法学教学是合还是分，应当由现代汉语课程方面的研究来关心，本文对这类教学不予专门讨论。

（六）母语教学对第二语言教学

以上的五大类汉语教学，大致可以分成两组。第一类和第五类都可看作纯母语教学，中间的三类都多多少少带有第二语言教学的性质。母语和第二语言之别是语言教学最重要的分野。第一语言是在儿童成长过程中通过人际互动自然习得的，而第二语言则通过教学或有意识的学习来获得。原则上说，系统的语法知识对第二语言习得才是必要的。以量词的使用为例，以普通话为母语的学生，不但会在数词和名词之间加进量词，而且早就在不自觉中掌握了什么名词选什么量词的规则。讲解量词使用的句法条件和搭配规律对他们的语言使用来说是多余的。而对于说粤方言的学生，量名搭配与普通话不一样，如果不学习有关的规则，就会说出“一条村庄、一间小学”之类的搭配。量词的句法规则也与普通话不同，假如不学习其间的差异，就可能造出“你买本书你买的那本书很好看”“手表很好，我也想买块”等不合格句子。而一个西方人，假如不学量词的句法规则和搭配规律，就不了解说汉语时在数词和名词之间一定需要用一个量词，即使了解了，也不是处处清楚该用什么量词。由此可见，探讨理论语法和不同类型的语言教学的关系，母语和第二语言之间是最重要的分界线。

三、理论语法与语言教学诸类型的关系

（一）理论语法与第二语言教学

既然第二语言教学是最需要理论语法介入的，就让我们从典型的第二语言教学说起。

赵金铭（1994）的一段论述大概是第二汉语教学界较有代表性的看法。赵先生以朱德熙《语法讲义》和刘月华等《实用现代汉语语法》分别作为理论语法和对外汉语教学语法的代表，通过比较二书对“这么/那么”的讲解，分析两者的差异。他说：“作为理论语法的《语法讲义》，指出语法形式‘这/那么’和‘这/那（么）样’是何种语法单位，即是谓词性代词。指出在句子中可以做哪种句法成分，不能做哪种句法成分。作为以明理为主的理论语法，这已经足够了。但在对外汉语教学的课堂上，这样讲显然是不够的。……作为教学语法的《实用现代汉语语法》是通过语法现象和语法规则的具体描写，来指导学生正确地使用汉语。”赵先生又举例说：“比如，我们可说‘这位同学’，但不能说‘这位人’。可以说‘老大不高兴’，但不能说‘老大高兴’。可以说‘漂亮姑娘’，但不说‘美丽姑娘’，而要说‘美丽的姑娘’。又如，我们说‘新同学到校了’，其中的‘新同学’是复数，却不一定要用‘们’。又如，外国学生说‘请你稍微等’，我们听着别扭，毛病出在使

用‘稍微’常表示数量不多或程度不深，所以后面应该是‘请你稍微等一等 / 等一下 / 等一会儿’，诸如此类，理论语法也许不屑一顾，教学语法是不能不解决的。”赵先生总结道：“对外国人在学习汉语过程中进行的语法教学，不是语法体系方面的教学，不是理论的教学，而是用法的教学，也即所教的应该是教学语法。”

赵先生正确地指出了语言教学目的不在教语法体系和语法理论，而是教会学生具体的用法，这正是根本差异所在。但赵先生对理论语法和教学语法差异的认识却不尽合理。赵先生认为理论语法可粗（“这已经足够”“也许不屑一顾”）、教学语法要细（“具体描写”“不能不解决”），这种看法不够全面。《语法讲义》这类著作，不能代表理论语法研究的细度和深度。它们属概论性著作，只是对语法体系的简要勾勒。《语法讲义》讲“这么 / 那么”讲得比较粗，不等于理论语法只需要讲到这样的细度。更能反映理论语法深度和细度的，应该是像朱先生的《现代汉语形容词研究》《说“的”》《“的”字结构与判断句》（均载朱德熙 1980）这类研究论文。这些论文所体现的深度和细度，超过了一般教学语法，而其揭示的语法规则，又很值得教学语法参考。再比如赵先生所举的那些“具体用法”问题，也未必是理论语法可以“不屑一顾”的，事实上这些用例所反映的问题，都有更重要的语法规则在起作用，只是理论语法可能一时还无法全部顾及，它们完全是理论语法需要探讨的。比如，海外一些生成语法学者对汉语复数和“们”的用法进行了相当深入细致的探讨，其细致程度超过一般教学语法的关注，其中揭示的规则对汉语教学也有参考价值。另一方面，真要解决上举用例所反映的那些“用法”问题，也未必是仅在教学语法层面就可行的，而很需要理论语法的指导，用理论语法的思路和方法去探求小例子背后的大规则。例如，从理论语法的角度看，“稍微、略”等可以归入数量算子，其句法上虽然修饰整个 VP，但语义上却是指向动词后的数量成分。这样我们就可以建立“数量算子”这个副词类。属于这个类的还有修饰普通动词时的“很”，于是可以理解为什么能说“他很看过一些书”而不能说“他很看过书”。数量算子、语义指向等都是来自理论语法的概念，单在教学语法层面，难以获得这样的认识。针对一个例子所做的解释，也许会在另一个同类例子前遇到麻烦，而理论语法的研究成果可以总结出管一大批现象的规则，也许能为语言教师解决更多的问题。要让教学语法著作总结的规律更具有普遍指导意义，让更多的随文释义式的解释变成能举一反三的规则，我们需要更多地用理论语法的方法对汉语事实进行研究。例如，要让外国学生更准确地掌握汉语“把”字句的规律，我们需要对“把”字句做更多的深入研究，其中有对“把”字句与VO句变换规律的形式化描写，如沈阳（1997），对“把”字句适合语境和篇章功能的分析，如张旺熹（1991），对“把”字句整体句式意义的认知语法和句式语法（Construction Grammar）探讨，如张伯江（2000），这些都对“把”字句的教学有重要参考价值，都是用理论语法方法所做的深入细致的研究。教学语法的任务是如何把其中揭示的规律用学生能够接受的形式教给学生。

理论语法和用于第二语言教学的教学语法除了目标不同之外，还有什么差异呢？赵先生的上述论文还提出了理论语法和对外汉语教学语法的其他一系列差别，如对外汉语教学语法“是教外国人的语法，而不是教本族人的语法”“是从意义到形式，而不是从形式到意义”“不仅是分析的语法，更是组装的语法”“不仅是描写的语法，更是讲条件的语法”。若将对外教学语法与概论式的语法著作相比较，赵先生的阐述有一定道理。但从更大范围来看，他说的差异还有可商之处。例如，理论语法中的类型学就认为，在我们不知道哪些意义范畴在某语言中是用何种语法手段来表示时，跨语言的类型比较较适宜从意义到形式（Croft 1990：11），这说明理论语法并不都是从形式到意义的。像吕叔湘《中国文法要略》的“表达论”、当代的蒙塔古语法、配价语法等理论也都是从意义到形式的。再如，当代重要的语法流派都追求对语法结构出现条件的描写和解释，其中形式语法注意对句法内部条件的制约，功能语法较注意外部功能条件的制约，不宜认为理论语法就是只描写不讲条件的。

我们认为，理论语法与对外汉语教学语法的差异，主要表现在以下三个方面：研究课题的优先程度，普遍语法还是个别语法，语法规则的表述方式。除此之外，两者实际上有很多的交叉之处，可以相互促进。

理论语法有不同的学派。每个学派有自己一整套理论假设、概念系统和操作方法。可以说，语法理论有一种自私性，它不可能均衡地关心每个语法问题，而是首先把事关其理论假设核心的语法现象列为优先对象，以巩固自己的理论假设，然后再将这些观念和方法扩展至其他课题。在结构主义时代，语素问题和直接成分是当时理论上的两大核心问题，所以有关语素的研究特别细致，分出很多种类，从国外的自由语素与黏着语素、剩余语素等到国内的虚语素与实语素、成词语素与不成词语素、定位语素与不定位语素，等等。有关怎么切分句法结构的探讨也特别详尽，例如前状后宾的 VP 怎么切分，双宾语怎么切分，等等。这些探讨都显示理论语法可以达到非常细致的程度，探讨过程中发现的许多规律对语言教学也是有帮助的，但是，从语言教学角度看，这些发现并不都是教学中急需处理或经常碰到的问题。朱德熙先生提倡短语本位，结果汉语语法研究中关于短语类别的研究一度特别详尽，方位短语、数量短语、指量短语、比况短语甚至“助词短语”等新名称大量出现，它们对语言教学也有帮助。如方位短语的突出地位可以提醒外国学生，“在、到、从”等介词不能像英语介词那样直接带普通名词，而必须接 NP 加方位词构成的“方位短语”。但是，短语本位的思想也使得对整个句式的结构和表达作用的研究相对薄弱，如被动句和被动表达法、“把”字句的运用、话题结构的使用规律等，这些句式的教学就较难从短语本位学派的理论研究中得到帮助。当代生成语法的基本理论框架是管辖与约束，这个理论是从“自己”一类反身代词的回指对象中获得启发的。应用“管约论”研究汉语的学者对汉语“自己”的回指问题也做了极其细致的研究，其深度和细度远远超过教学语法的需要。如果不是从这个理论出发，不可能有那么多人力会集中于这个课题的研究。另一方面，还有很多教学中面临的语法问题可能在生成语法中没有引起足够的重视，例如汉语的句末和句中语气词是语法的重要内容，但是生成语法理论核心中没有它的位置，所以至今还很少有这方面的研究。当然，随着理论语法的发展，越来越多的课题会引起重视，比如量词短语问题、语法中的节律制约问题等原来生成语法关注不够的问题，现在也有相当深入的研究了。不过“议事日程”的差异总会使理论语法难以跟语言教学的需求完全同步和合拍。

关于普遍语法和个别语法，我们先从一个现象谈起。既然教学用的语法规则要求很具体、很细，那包含这些“用法规则”的理想的汉语语法应该是一本巨大的著作，应当远大于刘月华等的《实用现代汉语语法》这类著作，但事实上对外汉语教学中讲授语法所占的比例并不很大，汉语学习很成功的学生也未必个个都花了很多时间去研读包括详尽“用法规则”的汉语教学语法。其中原因何在？关键因素是人类语言的语法尽管表层差异很多，但在深层次上确实存在很多共性，不管你用生成语法称它为“普遍语法”（Universal Grammar），还是用类型学术语称之为“语言共性”（Language Universals）。第二语言学习中实际上包含了学习者尝试将潜在的普遍语法的规则转化为汉语句子的种种自发努力，即推导或类推。这种努力一旦成功，人们就可以说该学生无师自通，“悟”到了汉语的规律。当然，各人由普遍语法推导汉语表达时有一定偶然性，何时成功何时失利因人而异，而学生只会在推导或转换失败（表现为病句）时才求助于教师或语法书，希望找到失败的原因和通向成功的道路。因此，作为教师的备用知识或可随时查阅的教学语法“库存”必须详尽，是不同学生所有可能问题的公倍数，以备不同学生推导失败时咨询，但这些规则并不是个个学生都需要，因此不必都在课上详讲。以语言教师个人之力，是无法完成这一任务的，必须有很多汉语教师和语法学家的长期研究才能逐步达到这一点。有一些问题是很多人都会遇到的，这是那些比较能体现汉语特点的规则。比如现代汉语句子动词后通常只能容纳一个板块，可以说“贴在橱窗里”和“贴这张照片”，据此，很多留学生都可能说出“贴这张照片在橱窗里”这类病句，而正确的表达是“把这张照片贴在橱窗里”或“在橱窗里贴这张照片”。这类跟汉语特点有关的规则正是教学语法中需要给所有学生讲解的内容，也正是对外汉语教学语法需要优先解决的课题。

以上所述已涉及了理论语法区别于教学语法的第二大特点：理论语

法追求对人类语言本质的理解，越是反映人类语言能力乃至相关的认知能力和信息处理能力的现象，理论语法越关心。越是带有这种特点的内容越容易成为各语言的共性，是第二语言学生多半可以“无师自通”的。比如表示给予的动词可以带施事、受事和与事三个论元。这是双宾语研究的基本发现。任何有双宾语的语言都会允许这类动词带两个宾语，即使不教学生也会知道，没有留学生会试图让“游泳、难受”这类词去带双宾语。再如，相互性动词必须带复数论元或两个相关论元，否则不合语法，如“他俩见面了”“小张跟小李见面了”，但不能说“小张见面了”。其实这样的病句也不太会出现在留学生口中，因为没有语义基础（英语也不说 John met）。所以，理论语法中出现的星号句，在留学生的病句中倒不常看到，因为它们往往是普遍语法所排斥的或没有语义基础的。简言之，理论语法关心人类语言共性而第二语言教学关心特定语言的个性。这种差异使理论语法的某些成果对语言教学确实用处不大。不过，这里仍有相会之处。因为共性和个性是相辅相成的。只有了解了什么是人类语言的共性，才会知道哪些现象是汉语的个性，才能够在教学和研究中加以特别的关注。而且理论语法在力图界定普遍语法的范围时，也会将属于个别语言特性即所谓“参数变量”的部分揭示出来，这对教学语法也是很有参考价值的，比如上面说的汉语动词对板块数目的限制，就与一系列现象如“把”字句、“得”字句（打得小张浑身是伤）等有关。因此理论语法仍是教学语法研究者需要了解的。反过来，教学语法对语法特点的发现和研究，也会大大促进理论语法的研究。理论语法研究得很细而教学中不同背景的学生都“无师自通”的语法规则，通常就是真正的普遍语法所在。至于教学中揭示出来的汉语语法特点，有些经过理论语法的研究也许被证明是更深层的普遍语法的不同表现形式，另一些可能真正会动摇人们原先对普遍语法的一些看法（如相信每个句子都有主语和谓语）。外族学生的病句，特别是学了有关的语法规则后仍然出现的病句，是最能促进汉语语法和理论语法研究的材料。这种病句提醒语言学家，现在描述的汉语语法规则还没有讲透症结所在，还不足以避免病句。本族人由于早已习得有关的规则，不会出现类似的病句。假如病句是很多外族学生共有的，则更说明汉语在这点上较为特殊，也反映学生造出病句所依据的推导过程并不符合普遍语法，而是他自己母语的个性。

最后，理论语法跟教学语法比较，其语法规则的表述方式很不相同。理论语法依附于一定的假设框架、研究方法和术语系统，所以都用技术性较强的专门术语和形式化手段（如公式等）表示。而语法规则要有效地用于语言教学，必须转化为教师和学生能够接受的较少技术化和形式化的内容。这样的工作必须由既熟悉理论语法又了解教学需求的专家来完成。这种工作也是理论语法和教学语法的一大相会之处。

（二）理论语法和母语语文教学

下面探讨另一个极端——母语教学。进小学的儿童，已经基本完成对母语包括其语法系统和规则的习得。那是否还有必要对他们进行语法教学？语法教学应该教些什么？理论语法能为母语教学贡献些什么？

首先要问，语文教学对中小学生究竟有无语言教学方面的作用？答案是肯定的。母语学生虽然已经掌握了母语的基本语法规则和大量词汇，但是在说话特别是作文时仍会出现很多人们公认的病句，包括语法方面的病句，而语文教学确实能帮助学生减少这类病句。可见，对母语使用者而言，语文教学确实有类似对外汉语教学的作用。

必须看到，母语学生及成人的病句的具体情况是跟外族的汉语学生的病句很不相同的。虽然两方面都能找出诸如搭配不当、成分残缺、成分多余、虚词遗漏或多余这些典型的语法病句，但是实际上两类人的病句存在一些本质差异。外国学生的病句常是对语法规则的直接违背，即使是很简短的结构也会因为未掌握汉语规律而出现病句。如“从前我每星期都看了一个电影”“我看电影跟阿里”等，而汉族人即使是学龄前儿童也不会出现这类病句。本族人的语法病句通常只发生在生疏化和复杂化两种条件下。词语生疏化，就是使用口语中不常用的词语，如“差异、睡眠”是名词，但有人误作谓词，于是有“他们岁数不同、秉性差异”和“大量矿产如今都在睡眠着”这样的病句，但这种病句不会发生在口语常用抽象名词如“脾气、胃口”上，说成“他今天下午脾气了”和“我干了一天活，现在正胃口着”。结构生疏化主要就是使用书面特有的句式，结构复杂化就是使用较长的比一般口语句式复杂的句式。例如，“满城里洋溢着节日的气氛和欢乐的彩旗”，“洋溢”本就不是口语词，这种句子也不是口语句式，而宾语部分又是一个并列结构，不相配的部分是“洋溢”和隔得较远的“欢乐的彩旗”。假如此句不用并列结构，或把“欢乐的彩旗”放在前面，就不大会出现“满城洋溢着欢乐的彩旗（和节日的气氛）”这种错误的搭配。本族人和外族人在病句方面还有一个重要差异。假若说写者对自己的病句多听几遍或多读几遍，就可能发现句病之所在，因为他可以诉诸自己对母语语法的语感（language intuition）。例如布什总统在欢迎布莱尔首相时说 I am looking forward to having private dinner with *he* and Mrs. Blair Friday night。这并不是布什不知道 with 后应用宾格 him 的规则，而完全是一时的疏忽，他自己若再听一遍录音就会知道错在何处。所以，母语使用者的病句常常不是真正的语法错误，而是词语生疏、结构复杂或一时匆忙等造成的“语法疏忽”。外族学生对自己的病句即使反复研读也未必能找到毛病所在，因为他头脑里缺少这一部内在语法。

母语使用者的语法错误或疏忽，大多可以用“两种代码”理论来解释。虽然从索绪尔到乔姆斯基等学者都相信每个母语使用者都是该语言语法的理想说话人，个人语言和群体语言是 1+1+1 ……+n=1 的公式，但社会语言学研究显示同一语言还是存在“有限语码”（restricted code）和“精细语码”（elaborate code）之相对差异。前者词汇量少得多，使用的语句较简短，表达抽象复杂意义的能力较弱，后者词汇量大，语句可以相当复杂，可以表达非常抽象复杂的意义。以年龄论，儿童语言是有限语码而成人语言是精细语码。以教育论，则受教育程度低的人较可能使用有限语码而受教育程度高的人多使用精细语码。所谓讲话能力或“文字功夫”其实主要就是指驾驭复杂语码的能力。实际上，有限语码中已经包含了该语言所有重要的语法规则，只是使用该语码时运用递归性原理扩展句子结构的机会较少。当习惯使用该语码的人试图用精细语码时，容易产生递归或句法扩展造成的“语法疏忽”，但不大可能产生真正因不掌握句法规则而造成错误。当然，汉语口语和属于精细语码的书面语在语法规则上确实存在一些细节差异。比如，口语中动词后介词短语的使用很受限制，只有“躺在……、走向……、开往……、运到……”等句式，而书面语却允许很多文言性的动介组合，如“置……于……、起源于……、取材于……、送于……、植根于……、来自……、取自……、教之以……、待之以……、奖励他以……”。这里不仅涉及可用介词的多少，还涉及两项规则的差异。第一，口语中动词后宾语和前置词短语只能取其一，而文言中两者可以并存；第二，口语处所前置词有后置方位词的要求，而文言没有，比较“睡在小床*（上）”和“卧于小床（上）”。为学生提供这类语法知识可以提高其精细语码的效率。

至此，可以讨论理论语法和母语语文教学的相会之处。给母语学生教语法，主要是向学生传授其语感中有但不能清楚表述的规则（还未必如学生真正掌握的规则那么准确，因为语法学的认识未必是真理），是一种锦上添花。其作用，不是帮助学生掌握这些规则，而是帮助其意识到自己说话的规则。对已掌握精细语码的人来说，这种教学难免有多此一举之嫌。如有作家说学语法对写作没帮助，那完全可能是真话，语言学家或教学家不必奋起争辩。但是这样的教学并非对每个人都没有帮助。对于母语能力属有限语码的人来说，理性地了解自己说话通常遵循哪些规则，可以在他扩充自己的语码、增强表达能力时帮助其避免那些容易产生的语法疏忽，也有利于学生更好地掌握书面特有的语法手段。比如，他有了“动宾搭配”的理性概念，就比没有这样的概念更容易发现“满城里洋溢着节日的气氛和欢乐的彩旗”这类句子的语病所在。这种语法教学，不仅对基础教育有用，而且对成人教育也有用，因为他们中也有人只掌握有限语码。对文秘、新闻、出版、档案、法律这类专业人员的语法训练尤其必要，因为这些人需要应用很精细的语码，特别是书面语码。母语教学最需要两类语法知识。一是语法的基本框架，以《语法讲义》为代表的那种概论性“理论语法”这时就有用武之地了。

不过这类著作中很多细节可能已超出通常的需要，比如，本族人很少会犯体助词方面的语病，这些著作中关于“了、着、过”用途的介绍就本族人实用的目的而言大体上是多余的。二是书面化表达涉及的语法知识，这对接触书面语还比较少的学生而言比较有用。不过在基础教育中何时开始教语法常识，需要考虑学生年龄和抽象概念接受能力的关系，不宜过早过多讲授语法学概论性知识。那些对汉语语法规则深入描写的理论语法论文，并非中国人语文教学所急需，因为本族人基本上已掌握了其中描写的规则。在使用精细语码时由生疏词语、书面句式等造成的语病，是否需要语法细则介绍来帮助学生克服？在时间充足的情况下，多学习些具体语法知识当然有益无害，但从效率看，更好的解决办法是多做读写训练，以此加强语感会比死记枯燥的语法条文要有效。当然那些最常出现“语法疏忽”的地方和书面常用的特有语法规则，还是值得在概论以外做一点介绍，比如出一些类似北大中文系在20世纪70年代编的《语法修辞》那样的读本。至于母语语文教学对理论语法的促进，我们也不必太过指望，因为母语使用者很少会造出真正违背语法规则的病句，其病句和口误即“语法疏忽”对理论语法的研究用处不大，但对研究言语的心理机制和篇章对言语的影响等倒具有参考价值。

（三）理论语法和方言区的语文教学

对于大致以普通话为母语的学生来说，上台讲演可以跟平时说话一样，“写话”也可以是一种作文。而对于大量方言区的学生来说，这些语文活动都涉及语码转换过程。方言区的语文教学实际上就承担着培养和提高这种语码转换能力的任务，是一种共同语作为第二方言的教学。

理论语法在方言区的语文教学中有多少用武之地，取决于两个方面。一是语言学的：有关方言和普通话在语法上有多大差异？二是社会语言学的：方言区的学生对普通话有多熟悉，有多少语感？在语言学方面，中国东南部有很多方言在语法上与普通话或正规中文有不小的距离。近二十年来汉语方言语法研究的成果也部分反映了这一点。重要的句法差别就有：

量词的句法功能，动宾句、“把”字句、受事话题句三类句式的相对地盘，双宾句及相关句式，某些副词状语的位置，比较句、是非疑问式的构成手段等。在名词小称和动词重叠等形态类型、具体实词的词性和用法、虚词的词项和用途等方面差别更多，这里不详述。方言和普通话的语法差异并不与整体差异完全成正比。比如在语音上徽—普差距至少不小于吴—普差距，北方人极难听懂徽语，但语法上徽—普差距远小于吴—普差距。在社会语言学方面，如前所述，内地方言区和港澳地区大异其趣。

在内地由于普通话的影响远超过以往，方言语法的特殊点作为语文教学的障碍作用已经减少。刚刚提到的那些方言语法差异，有些在方言区人说普通话的过程中会有所显露，如吴粤式的“给五块钱我”、吴闽式的“你苹果吃一个”、粤闽式的“他昨天有去”、粤语式的“你高过我”“你应该吃多些蔬菜”“你赶快申请回张信用卡”、江淮式的“你给地扫一下”、江淮北吴式的“你还去？”、港台式的“你帮忙我准备一下”等，但对交际效果的影响不大。有些则极少出现，如量词用在句首的“张纸不见了”、吴语的“V 法 V 法”（他在街上走法走法）或福州话动词的反复貌变形重叠（讲 kouŋ → ki kouŋ kouŋ ；写 sia → si sia sia）（参阅陈泽平 1998：116）之类特殊的形态。而在书面写作中，上述语法差异大都很少出现。因此，内地方言区的语文教学因方言区的语法特点而需要加进去的特定语法内容和训练并不很多，较值得训练的内容有量名搭配、某些虚词的选择（如避免用“有”做强调性副词，避免用“给”代替“把”等）。当然，不同方言区的人在说话写作时，确实会在普通话语法许可的范围内体现一些更接近方言的选择，比如：来自吴语区的人会用“我那顶帽子”表达“我的帽子”（源自“我顶帽子”）；江淮、吴等方言区的人通常会用“什么东西”而不大会单用“什么”做名词（源自“什呢搞子”或“啥物事”）；吴、粤方言区的人不大会用“这、那”修饰名词或单独充当名词性成分，而倾向于加进量词，如不说“这不错”“那楼房不错”而会说“这个不错”“那幢楼房不错”；吴语区的人会较多使用“了”表持续，如“房间里摆了两张床”“骑了马找马”（源自“仔”）；粤语区的人较多使用动宾句式，北方人较多使用“把”字句，吴闽方言区的人较多使用受事做话题（尤次话题）的句式（参阅刘丹青 2001)。这些只构成风格差异而不成为语病，所以语法教学不必为此操心，倒是修辞学和风格学可以从中品出些地域特色。

在港澳地区，情况大不相同，方言的语法差异真的成为当地学生和成人学好普通话及正规中文的障碍。刘丹青（2000）从类型学角度分析了粤语和普通话的主要句法差异。这些差异在穗港深澳地区同样存在。它们对广州和深圳的语文教学不构成重大挑战，因为内地粤语区的学生都有相当的普通话语感。据笔者观察，这些方面的粤语特色确实顽强地存在于港澳地区某些水准的普通话或中文文章中。所以，港澳地区的语文老师不得不部分仿照对外汉语教师来对待粤—普之间的语法差异，将语法作为必要的教学内容，虽然这种内容在数量上要少于对外汉语教学所需。反过来，港澳地区学生普通话和中文文章中反映的语法问题，也更具有理论语法的价值，可以帮我们看到哪些可能是汉语语法的共同特点，是粤语区人也不会犯错的，哪些是普通话和粤语之间的深层差异，是研究语法、方言和地理类型学都不可多得的珍贵材料。

(四)理论语法与古代汉语教学

对古汉语教学来说，理论语法就是古代汉语语法和汉语语法史的研究。以先秦汉语为代表的古汉语语法从大局到细节都有许多区别于现代汉语的地方。大局方面，不存在作为一种语法化成分的补语（古代汉语的所谓补语其实是动词后的状语，如英语动词后的状语），不存在强制使用的个体量词，不存在带有使用强制性的虚词性方位词即后置介词，介词短语的主要位置在动词后，某些宾语有条件前置，不存在“把”字句一类句式，不存在形态性的体标记和动词重叠等。细节方面，则涉及许多虚词及特定格式的用法差异。这是理论语法即汉语语法史研究的对象。把反映古今差异的语法研究成果加入古汉语教学，不仅是有益的，而且是必须的，就跟方言区的语文教学一样。

讨论古汉语教学中的语法问题，必须考虑它区别于其他语言教学类型的一个显著特点，即古汉语教学纯粹是输入教学、解码教学，而不是输出教学、编码教学。学习者一般只要求读懂古汉语文献，而不要求写作，更不要求说话。文言写作只是业余爱好和课外余兴。而古今汉语的语法差异，有不少实际上只影响输出和编码，不影响输入和解码。比如，数词和名词之间加不加个体量词也许与文言写作有关，但就文言阅读而言，加不加量词都不影响理解。先秦汉语没有动结式，文言写作时需要仔细斟酌如何表达现代用动结式表达的内容，而对文言阅读来说没有动结式完全不构成一个问题。但是，另一些语法差异则会多少影响到理解。比如，“于”字短语是个高度多义的介词短语，但有些语法规则可以帮助我们辨认其意义。它表示处所时在动词前后都可能出现，表示终点、比较对象、被动句施事等时只在动词后出现，表示参照对象时又只在动词前（富贵于我如浮云～*富贵如浮云于我）。因此，在古汉语教学中，我们应重点挑选可能影响理解的语法点，而把只影响表达的语法点放在次要位置。至于很多细节的问题，则应当联系相关的文言实词或虚词的教学来进行，不必作为专门的语法项目。

当然，对于特殊性质的学生，古汉语语法教学的要求应当有所不同。对于以古汉语为主要专业工具的人，如古文献、古代文学、古代史、考古等专业，系统的古代汉语语法乃至汉语语法史都是需要的。而对于想学古汉语的外国人来说，也需要进行更多的古汉语语法知识的教学，因为这已属于第二语言教学了。而对于普通学生的古汉语教学来说，语法教学可以只以古今对比的语法点的形式出现，不必全面教授语法系统。系统的语法学知识即使需要，也适宜放在现代汉语中讲，因为学生对现代汉语有语感，语法概念的理解要方便得多。

四、小结

探讨理论语法和语言教学的关系，首先要区分语言教学的不同类型。而不同类型中最关键的区分是属于母语教学还是第二语言教学，或两种性质兼有。对于母语教学来说，语法教学只是锦上添花。对于第二语言教学来说，语法教学是雪中送炭。对母语教学来说，语法教学可以帮助学生在实现有限语码向精细语码的发展中避免因词句生疏、结构复杂等而出现的语法错误（语法疏忽）。锦上添花假如过量可能会令锦缎逊色，同样，过量的语法教学还可能降低母语语文教学的效率。方言区的语文教学和对当代汉语使用者的古汉语教学都因为部分带有第二语言教学的性质而需要一定的语法教学。

语言教学所教的语法是教学语法。教学语法的内容常常从理论语法的研究成果中提取出来。理论语法有自身的学术动力，其研究的动机、选择的课题、成果的表述方式等都不同于教学语法。最大分别在于，当代语言学的语法理论更关心人类语言共有的语法规则，而教学语法更关注个别语言的特点。但是语法共性和个性是相对存在的。只有了解共性，才知道什么是个性，反之亦然。所以，语言教学不断提出尚未解决的语法问题。这些问题不但教学语法需要关心，理论语法也必须关心并设法解决。语言教学成为挑战和推动理论语法的强大动力，其中第二语言教学最能发挥这样的作用，因为教学语法说不清规则的地方最容易在教学之后的语病中反映出来，而母语教学中很少出现真正因语法规则错误而导致的语病，因为这些规则已经是学生内部语言知识的一部分。

参考文献

陈泽平 1998 《福州方言研究》，福州：福建人民出版社。
刘丹青 2000 粤语句法的类型学特点，香港《亚太语文教育学报》第 2 期。
刘丹青 2001 汉语方言的语序类型比较，日本《现代中国语研究》第 2 期。
钱乃荣（主编） 1990 《现代汉语》，北京：高等教育出版社。
沈 阳 1997 名词短语的多重移位形式及把字句的构造过程与语义解释，《中国语文》第 6 期。
张伯江 2000 论“把”字句的句式语义，《语言研究》第 1 期。
张旺熹 1991 “把字结构”的语义及其语用分析，《语言教学与研究》第 3 期。
赵金铭 1994 教外国人汉语语法的一些原则问题，《语言教学与研究》第 2 期。
朱德熙 1980 《现代汉语语法研究》，北京：商务印书馆。
Croft, W. 1990. *Typology and Universals*. Cambridge: Cambridge University Press.

（原载《语言理论与语文教学》，香港教育学院，2004 年）

高名凯学术精神的恒久价值与现实意义*

语言学大师高名凯教授不足54周岁便英年早逝。以年寿论，高先生的学术生涯犹如一道璀璨的流星，划过清澈的夜空，发出耀眼美丽的光芒。但是，高名凯先生留下的精神遗产，他的学术精神、学术追求、学术理念和学术实践，远远不止是一颗流星，而是一颗真正的恒星，在中国的学术大地上持久闪耀，随着时间推移而愈显明亮。

虽然无缘得享高先生的耳提面命，但在语言学领域里学习成长的早期，我就被高先生的学术深深吸引。在本科学习阶段，除了在课上学习他主编的《语言学概论》外，我还研读了他的多种专著和论文，在学习他的恢宏大著《语言论》一书时，我记下了约万字的读书笔记。高名凯的学术思想和丰硕著述，对我以后的语言学术之路有着很深的影响。我在香港师从徐烈炯先生攻读博士学位时，得知徐先生是高名凯教授在北京大学西语系授课时的学生，是在同班同学中与高先生个人学术交往很多、常获高先生学术指导的一位，徐老师的语言学之路有高先生早年教育的印记。这一渊源，让我对高名凯先生多了一份亲近之感。下面结合个人的点滴体会，试谈一下高名凯学术精神的恒久学术价值和在我国当前语言学研究中的现实意义。

从高先生的语言学著述中，我体会到一些贯穿其中的基本学术精神，试用四句话来做一个概括：

一根标尺立山巅，信步从容巨匠间。东西风景收眼底，唯理是从质

* 本文初稿曾于“高名凯先生学术思想研讨会——纪念高名凯先生诞辰100周年”大会宣读，蒙《语言学论丛》审稿专家提出修改意见。本文写作获中国社会科学院重点项目“语言库藏类型学”资助。一并致谢。若有不当之处均由笔者负责。

谬言。

易之以学术语言，这四句话可以表述如下：

1. 高标准的科学性和系统性追求：一根标尺立山巅；

2. 与世界语言学发展同步的理论关怀：信步从容巨匠间；

3. 放眼人类语言的学术视角：东西风景收眼底；

4. 善于吸收一切科学进步，勇于质疑任何权威成说：唯理是从质谬言。

这几点，使高名凯先生的学术精神具有了恒久的学术魅力，因为这些高先生身体力行的精神追求，正是学术研究包括语言学研究科学化的精髓，它们使高名凯学术精神在当代中国的语言学界具有特别珍贵的价值，因为推进中国语言研究的科学化和国际化，仍然是中国语言学界面临的重要使命。

一、高名凯学术精神的恒久价值

现代语言学是从人文气息和应用气息浓厚的传统语文学中孕育出来的。历史比较语言学的诞生，尤其是结构主义鼻祖索绪尔的普通语言学理论，开创了语言研究向作为现代化学科的语言学转型的进程。这一进程一百多年来从未停步，还在前行。我们需要在这一背景下来体会高名凯学术精神的价值。

在中国的语言研究科学化方面，高名凯先生在其所处的时代做出了特别显著的贡献。

（一）高标准的科学性和系统性追求

在高先生的学术遗产中，有些是对整个学术界产生重要影响的成果，如许多学人都是通过高名凯、石安石主编的《语言学概论》进入语言学理论大门，了解语言学种种基本概念的；也有一些是留下巨大争议的观点，如汉语实词没有词类的看法。然而，只要结合时代学术背景仔细研读高先生的著作，就不难体会到，对于高先生来说，这些学术遗产背后的学术精神是一以贯之的，那就是对语言研究科学性的高标准追求。

所谓高标准追求，就是时时刻刻用结构的观念、系统的观念，包括语言和言语区别的观念，来考察分析任何语言现象，维护论证的逻辑性和理论一贯性。区别于原子主义地、孤立地、就事论事地研究语言现象的态度。这种结构的观念、系统的观念，在当时，正是语言学术在结构主义推动下逐步走向现代科学的重要动力。

就以引起巨大争议甚至多数学者反对的汉语实词无词类论来说（如高名凯 1953，1954，1963a），虽然汉语有词类区别的观点也许更符合汉语使用者和学者们的直觉，但是汉语词类区分之难、词类论述中的软弱和自相矛盾之处，无法满足高先生对于逻辑一贯性的追求。根据形态划分词类是西方语言学的传统，词类被看成基于形态的语法范畴，而其他取代形态的词类划分标准，特别是针对非形态型语言的词类划分理论，还没有形成严密的理论体系，即使到今天也远未达成基本共识。在这种背景下，高先生从形态决定词类的已有观念出发，以汉语缺少真正的形态、不足以划分词类的事实为依据，提出汉语实词没有词类，至少在逻辑上，是自成一体、难以挑剔的。如果说这一结论尚可质疑，则需要质疑的不是其论证逻辑，而是词类是词在形态上的分类这一前提。但是，在更好的词类划分标准和更合理的词类理论出现之前，这一看法作为观点之一在逻辑上仍是有效的。另一方面，高先生的汉语实词无词类论也有力地促使汉语词类可分说不断地修正改善，以达到更高的科学和逻辑水平。高名凯先生面对众人的质疑和反对而固守这一学术立场，不是出于学术上的固执，而是对自己观点的逻辑力量的信任。时隔 50 年，我国又出现动词、形容词以分层方式属于名词这一个大类的有影响的观点（沈家煊 2007，2009），这本身就说明高先生当年对汉语实词分类质疑的观点确有内在的合理性，也说明词类可分说的理论基础至少尚未完全夯实。高先生独特的词类观以特有的逻辑力量，对于推动汉语词类问题研究的不断深化有着不可代替的作用。

如果说，高名凯的汉语词类观从挑战成说的角度体现了他对科学思维的逻辑一致性的追求，那么，他的系列“位-素学说”，则在语言理论建设方面鲜明地体现了高先生将系统性观念进行到底的强大逻辑力量。音位观念和音位学理论的创立，是现代语言学发展过程中里程碑式的重大进展，也是结构主义时代留下的至今仍然富有生命力的学术遗产。音位与音素的区分在语音研究中确立之后，学者们意识到这一区分的价值肯定不限于语音领域。与此有关的对立和互补等分布研究方法，也逐渐进入语义、形态、句法等领域。甚至由 phonemic（音位的）和 phonetic（语音的，音素的）这对词通过缩减派生出来 emic（位的，区别性的，对立的）和 etic（素的，非区别性的，互补的）这对新词，成为人类学、社会学、行为科学等语言学以外众多学科的现代术语。高名凯先生是国内最早充分认识到音位学观念所蕴含的理论力量的学者，并且用系统性的观念将相关概念的理论威力发挥到极致，集中体现在《语言论》（1963b/1995）一书中（本文的讨论较多围绕这部专著）。他在语音、词汇、语义、语法各章中，都设立了“素”和“位”的对立概念。语音部分是音素和音位一对概念，词汇部分是词位和词素一对概念（词素是词的变体，不是语素的近义词的理解），语义部分是义位和义素的区别（义素是义位的变体，而不是义素分析法概念上的义素），语法部分是法位和法素一对概念。在词位的变体即词素中，再进一步分为词的语音变体、语义变体和语法变体。法位和法素这一对概念则根据是形态成分还是句法位置而细分为形位-形素对和序位-序素对。将音位学原理系统化地贯彻到各种语法单位中，似乎高名凯先生的《语言论》做得最为彻底。他不仅是提出概念，而且用古今中外很多语言方言的例子来一一阐释这些概念及其在语言研究中的作用。这样的理论架构，体现了很强的逻辑性、系统性和理论一致性。更重要的是，这种一以贯之的理论思路，更加符合科学理论的简约性要求。虽然关注的具体问题不同，但在追求的精神上，这种思路实际上与形式语法的 $\bar{X}$理论（或称“X 标杠理论”）这类构想有异曲同工之妙。$\bar{X}$理论就是用同样的结构原则包括同类的树形图，对所有句法结构做统一的处理［参看徐烈炯（2009：§6.1）的介绍］。在功能语法和类型学中，也提出了用同类的分层结构处理名词语和谓语的主张（Rijkhoff 1990），如将名词的指称量化成分称为名词的体等（Rijkhoff 2002：§4.2）。惜乎高先生完成这一理论构建后不久就英年长逝，未及将此系统用于更广泛的语言事实的分析并以此改进和完善这一系统。

（二）与世界语言学发展同步的理论关怀

高名凯先生留学法国获得语言学博士学位，洞悉西方语言学理论的新发展；同时也深入了解当时语言学的另一重要阵营——苏联语言学群体的理论动向。尤其难能可贵的是，在回国多年后，在当时整个社会对西方相对封闭的情况下，高先生仍然保持了对国际语言学发展的关注。在当时中国语言学界，高名凯先生和吕叔湘、朱德熙等先生一起成为为数有限的保持着与世界语言学发展同步的学者。在他的以《语言论》为代表的著作中，充满了对当时语言学前沿问题的关注，而且是站在与国际语言学同样理论高度上的探讨。

在语言本体方面，高先生深入探讨了语言和言语、聚合关系和组合关系（高先生分别称为“结构段”和“类聚”）、音位和音素、共时和历时等问题。他不是简单地介绍引进这些新兴观念，而是结合汉语和其他语言的实际，凭借其清晰的逻辑思路，对这些概念的合理内涵做了透彻的剖析，为在中国语言的研究中合理使用这些概念创造了条件。正是高名凯先生等对这些重要观念的介绍和探讨，包括通过一些教材的进一步普及，使得这些重要的现代语言学概念逐渐成为国内学界的常识，在研究中发挥着重要的作用。重要的是，高先生在结构主义基础上建立的位-素系统，不是为系统而系统，而是切实加深并简化了人们对相关现象的认识。例如，高先生提出词位和词素的概念对，其中词素作为词位的变体又表现在不同的平面上。词位的语音变异造成了词的语音变体，词位的形态变化造成了词的语法变体，词位的不同色彩义构成了词位的语义变体。这样的认识，一方面覆盖了词的多种多样的变化情况，在面对复杂多变状况时维持了词的同一性，另一方面又使词的处理与语音单位、语法单位等的处理相统一，大大简化了相关的理论。此外，高先生的术语系统有着更加严密的理据，emic 类的都用“X 位”，etic 类的都用“X 素”。这样自然更加方便学者理解和学生学习，可惜后来没有全部被学界采纳。比如，morpheme 是语法领域里跟语音领域里音位（phoneme）地位相当的概念，它们都有各自的变体。高先生把 morpheme 叫作形位，与音位对应，而把 morpheme 的变体叫作形素，与音素对应。这是一种完美的命名。而现在实际通行的概念，把属于位系列的 morpheme 叫作“语素”或“词素”，使“语素”或“词素”跟“音位”对应而跟“音素”不对应，这是极易引起混淆的，远不如高先生的术语系统整齐一致。

在语言与外部世界的关系方面，高名凯先生对人类语言的起源、语言的历史演变、语言社团、方言和共同语的关系等诸多问题，都有深入的探讨，并提出了许多在当时堪称前沿的真知灼见。例如，在《语言论》“语言的分化”一章里，高先生发展了当时语言学对语言社会分化的认识，很强调社团方言的概念，并且明确认为有阶级方言的存在，还创造性地提出社团方言有自己的生命力，只要人类社会分化为不同的社团，就会有社团方言发挥作用的空间（452 页）。高先生还提出，社团方言不但包括阶级、行业职业变体，而且包括“男人语”和“女人语”，“老人语”和“青年语”，它们都是社团方言（445 页）。这些由高先生提出来的观点，后来都可以从美国等地社会语言学先驱们所做的城市田野调查和系统研究中得到证实。而我们要知道，高先生的书出版于 1963 年，比当代社会语言学创始人之一拉波夫（Labov）以美国英语的城市社会方言调查研究为基础创立社会语言学的经典著作（Labov 1972a，1972b）早了近十年。在这儿，高先生以他的学术敏锐和深邃思考扮演着学术先知的角色。而拉波夫等学者，则通过大量的实证研究和系统概括将这类观念进一步科学化、系统化。

（三）放眼人类语言的学术视角

高名凯先生的研究向来是立足汉语，放眼世界。他从不满足于只当一个汉语研究者。对他来说，汉语是探讨语言学理论问题时最容易用来说理的材料，但是在需要的时候，高先生随时会利用精通数种外语及熟悉跨语言材料的优势，引进其他语言的材料来进行阐述。这突出表现在高先生对于形态问题的关注。

形态学无论对于西方传统语言学还是国际现代语言学，都是语言学理论体系的重要组成部分。由于汉语形态不如其他很多语言丰富，因此，在仅仅关注汉语情况的语言研究中，对形态的关注相当少，“形态”作为语言学领域的最重要的术语之一，基本上不是汉语语言学的常用词（除了其否定性的用法，即谈论“汉语形态不丰富”的一类场合）。但是，只要关注的是人类语言的一般理论，那么形态就是个不容回避的研究对象。正因为高名凯先生所从事的研究是面向人类语言的一般理论，所以高先生对形态的探讨从不马虎，有些地方的深究程度不亚于欧洲语言的研究者。例如，区别于“词根”的“词干”，在国内语言学界基本上是一个冷僻词，很多汉语学者可能一生都没有用过这个术语。但是，对于形态研究来说，词干却是一个最基本的形态单位。词根是构词法概念。一个合成词去掉词缀之类构词形态后剩下的实语素是词根。词干是构形形态的概念。语句中的一个词去掉构形形态后剩下的主干部分为词干。词干可以由词根构成，也可以由词根加词缀构成。词根和词干在语法中的作用和地位都不相同。

《语言论》311页对词干和词根的关系说得透彻而简明：“作为词汇系统的单位要以词干为准，一个词干代表一个词，即一个词汇系统的单位。词干可能是单词根的，也可能是多词根的；一般的情形，词干是词根加词缀的结构，但也可能是只有词根（不论其为单词根或多词根）的词干。不过，无论词干是由多少词根或由多少词根和多少词缀结合而成的，它都只代表一个词。可见，代表词汇系统的单位是词干不是词根，虽然在单词根语里，词根兼有词干的作用，简洁地代表了词。”

上面这段话主要不是在讨论汉语，而是讨论人类语言最一般意义上的词内结构，但是由于这种概括是基于人类语言的种种不同情况，所以即使对于缺少形态的汉语来说，这段话也完全适用，甚至关于单词根语的表述，还切实照顾到了汉语（尤其是古汉语）一类语言的特殊情况。只有胸中时刻装着人类语言的学者，才会对词根、词干的关系做出如此精准的描述。而同类精神的论述，可以说贯穿在《语言论》等著作的全部篇章中，无论是讨论语音单位的性质和分类，还是讨论语义句法等历史演变，作者都是带着对整个人类语言的观照来讨论的，不同语种的材料频现于字里行间，这不是为了显示作者对跨语言材料的熟悉程度，而是凭借自己的语言和语言学知识随时调取最恰当的材料来说明普遍性的理论。这种眼光和胸怀，将高先生的理论体系提升到许多人难以企及的高度。

即使是在聚焦汉语的著述中，高先生也从不忘记将汉语置于跨语言的背景下来研究，将汉语的问题与人类语言的一般理论问题联系在一起，在推进汉语研究的同时也在推进一般理论的发展。他的《汉语语法论》（1948/1957/2011），是一本初版于20世纪40年代、修订于50年代的汉语语法专著，书中所有章节，在讨论汉语语法时，都会引入跨语言的视角，一方面尽量使用一些普遍性的概念，增强汉语语法现象与其他语言的可比性，便于提取普遍性规则，另一方面注意指出汉语现象在性质和细节上与其他语言相关现象的差异，充分展示汉语的特点。例如此书第三编“造句论”将句法结构（包括复句）高度概括为规定关系、引导关系、并列关系、互注关系、联络关系等几种，每一种关系都用跨语言的观念或事实来论证，同时又指出汉语的相关现象——包括标示这些关系所使用的助词、介词、连词等虚词——与其他语言近似现象的重要内在区别。这种精神不但贯穿于全书，也贯穿于高先生其他讨论汉语的众多著述。这不禁使我们想起类型学家科姆里（Comrie）为他的专著《语言共性和语言类型》中文版（1981/1989）所写序言的结尾语：“衷心希望中国的语言学研究者能得益于这个中文译本，从中意识到世界语言的变异范围，从而能把汉语置于这个变异范围之内来考察。”我们看到，早在此序几十年前，高名凯先生就在践行着相近的原则。虽然直到高名凯先生去世前两年，以Greenberg（1963/1966）为开端的当代语言类型学才刚刚诞生，学术界还远没有今天那么多语言共性和类型的成果，但类型学所追求的这种研究精神几十年前就在高名凯先生研究汉语的著作中充分地体现了。

（四）善于吸收一切科学进步，勇于质疑任何权威成说

高名凯先生成为一代语言学大家，与他对国内外语言学成果和其他语言学大家的学术态度是分不开的，其根本点，就可以用本小节题目的这两句话来概括，也可以换句话说：

唯真理是从，见谬误必究。

高先生在北京大学任教时，身处我们国家对外开放度很低的年代，极端时甚至有谈“外”色变之虑。但是，高先生在这样的环境中，仍然坚持以学术态度来看待一切语言学成果和语言学人。如前所述，高先生的理论体系，大大方方地借鉴了当时处在学术高峰的结构主义语言学思想和方法，不但有长篇文章详细介绍和评论结构主义语言学的基本理论和研究方法（高名凯 1963c/1990），而且在自己构建的理论体系中，系统吸收了结构语法的诸多核心观念，例如共时和历时、聚合和组合，创造性地借鉴发挥了音位和音素的概念，由此创造出一系列“位-素”概念，覆盖语义、词汇、语法各个领域。他在后期著作《语言论》中构建的对语言系统本身的理论框架，就是建立在对这种结构主义语言学的核心概念体系的创造性借鉴的基础上的。另一方面，高先生又绝不盲从任何理论流派，而是凭借自己超凡的语言学素养和准确的理论判断力，对任何走红理论都用挑剔的眼光加以剖析，从而达到去粗取精、去伪存真、推陈出新的境界。

高先生对结构主义——主要是美国描写学派的理论观念，在借鉴的同时提出过不少批评。令我们惊叹的是，高先生所批评的结构主义观点，也正是被后来的一些重要的语言学说所放弃的观点。

高名凯先生在采纳语言和言语之分的同时，不同意索绪尔及其追随者将语言和言语绝对对立起来的观点，并且从逻辑上指出，将两者绝对对立，就导致了把组合关系（结构段）看成言语而当作语言的错误结论

（高名凯 1963b/1995：322—323）。后来的功能语法，尤其是篇章语法、浮现语法等学说，强调很多语法现象本身就是在话语中动态形成的，这种形成中的语法现象正是一种从言语到语言的中间环节，也说明语言和言语无法绝对分开。

在肯定对立-互补的分布标准对语法分析的作用的同时，高名凯先生也批评了过度使用分布标准而不顾语法单位的语音外壳的做法，例如某些美国描写学派学者把英语 oxen 中的 -en 看成 -z ～ -is ～ -iz 这个名词复数形态的又一个变体的观点（高名凯 1963b/1995：316—317）。后来的分析者，虽然不会否定 -en 和 -z ～ -is ～ -iz 的互补分布和语义一致，但是不会将 -en 看成 -z ～ -is ～ -iz 的同一个形态成分。高名凯先生也很不同意美国结构主义者把构词和构形混同，不区分构词成分和构形成分的做法（高名凯 1963b/1995：318）。前面引述的关于词根和词干的区别，正是为了凸显构词和构形的区别。后来的语法研究，包括类型学的调查框架，都会努力区分派生的（derivational，构词的）和屈折的（inflectional，构形的）两种不同的现象。这些都说明，高先生在以开放的胸怀参考借鉴结构主义这个当时的世界主流学派时，始终对这些理论保持着敏锐的批判性眼光，常常能精确地剔除其中或大或小的杂质，帮助读者判断何为合理，何为错谬。这种判断，体现了高先生的学术境界和建立在学术境界基础上的学术自信和学术勇气。

在当时的形势下，对西方借鉴来的理论保持批判的眼光似乎可以理解。事实上，西方学者和理论并不是高先生商榷意见的唯一对象。高先生对当时政治上似乎有“老大哥”身份的苏联语言学家，同样敢于挑战他们的观点，经常在肯定其合理见解的同时明确指出其不合理的地方。关于词类，高先生就直接与当时苏联的学者康拉德和穆德洛夫展开平等的商榷辩论（高名凯 1953，1954）。再如在《语言论》313—314 页，高先生引用了苏联学者列弗尔玛茨基对特鲁别茨可伊关于形态音位学的一些观点的批评，肯定了其批评的合理性，同时也指出列氏否定俄语 рука（手）和 ручной（手的）中 рук 和 руч 是同一个形位（语素）是错误的看法。高名凯先生对王力先生的《汉语语法理论》的书评则代表了他对国内同辈著名学者的学术态度。在书评中，高先生既充分肯定和具体评述了王先生著作的重要学术贡献，同时也坦率地提出了他自己对王先生观点的诸多不同看法。这样的文章、文风，是学术讨论的典范，同时也是今天我们写作、发表书评值得认真借鉴的样板。

这种唯善是从，见错必究的科学态度，既是高名凯先生成为一代大家的成因——正因为能以纳善去恶的学术眼光看待一切学术观点，才会炼就自身的高学术水准；也是高先生大师眼光的结果——因为高先生学术水准超群，才能在许许多多领域发现并剖析现有著述包括权威论著中的众多问题。

二、高名凯学术精神的现实意义

我们今天纪念高名凯先生百年诞辰，既是为了怀念一位成就巨大的语言学大家，更是为了借此机会在高先生成就的背景下来检视当代学界的学术，从高先生的学术精神中获得推进当前研究的重要动力。而这种动力之所以依然强劲，是因为高先生的学术本身确实在今天具有非常现实的指导和启发意义。这种意义，我们仍然可以从上面四个方面来理解。

（一）高标准的科学性和系统性追求

每个时代都有自己的学术，总体上，每个时代的学术都应当在科学之路上向前推进。这里的推进，指的不是学术研究成果的推进，因为成果推进学术是不言而喻的，没有学术内容的推进就不成其为学术。我们强调的是在研究的范式、理念、方法方面的推进，而推进的标准就是看其是否更加具有科学属性、能够揭示更多语言事实、解释更多语言规律。随着国际上前沿语言学理论方法的引进、借鉴和发展，随着汉语及中国境内其他语言研究的不断深化，我们国家的语言研究水准总体上一直在向着科学的方向前进。另一方面，当我们对照高名凯先生在五六十年前的成果已展示出来的高标准的科学性和系统性追求，今天的语言学者，不是每个人都能保证自己的研究在科学性上超过了高先生给自己设定的标准。低水平的重复、量增多于质升这类虚浮学术繁荣的景象，也不时在学术期刊和著作中看到。希望对高名凯先生的纪念，能够激发起我们更强的科学的时代感和责任感，努力让自己的研究符合时代的进步和科学的发展。

（二）与世界语言学发展同步的理论关怀

高名凯先生去世不久，我国就经历了对外学术开放几乎完全中断的"文革"十年（1966—1976），而这十年也是国际上语言学发展非常迅猛的十年。生成语法在这期间沿着标准理论迅速发展，功能学派在这十年中在学术舞台上闪亮登场，当代语言类型学在这十年中建立了初步的学科范式并出现了繁荣景象，当代意义上的社会语言学、心理语言学等也基本上在这十年中诞生和成形。到 1978 年中国确立改革开放的方向，中国的语言学对外学术交流已经差不多中断了十二年。像高先生一样的与世界语言学发展同步的理论关怀就难以避免地出现了一定程度的脱节，当时只有吕叔湘、朱德熙等少数先生还在他们的著述或学术笔记中思考一些世界语言学的前沿问题。改革开放之后，随着各种新理论重新进入中国，尝试用各种理论方法来促进汉语或中国境内语言研究的努力层出不穷，并且在很多方面取得了成效，对中国的语言研究大有推动。但是，这种他山之石的攻玉之举，并不等同于对攻玉之石本身的探矿、开采、提炼。在国内的语言研究文献中，我们也许能看到一些对某种理论是否适合汉语之类的探讨，但是还是较少看到像高先生著述那样直接讨论国际学界理论本身的得失成败、合理与否与改进之道。当然，这种局面的形成，除了我们这几代学者自身的局限及主观努力不够之外，与中国的学科体系至今仍然缺乏语种本位之外的普通语言学的位置有非常密切的关系。区别于具体语种研究的普通语言学，事实上已经成为国际上语言学系的全部，以至于现在更常对其径称“语言学”而不再需要“普通语言学”这类称呼。反倒是集中关注个别语种特有问题的研究，主要出现在日本语言文学、俄罗斯语言文化这类专门系科中。而中国的情形却是所有语言学者都被分在不同语种的学科体系中，普通语言学意义上的语言学科在学科体系中位居边缘，本来的高位学科反而成为层级很低的学科。在这种背景下，由高名凯先生建立和长期领导的北京大学中文系理论语言学教研室，成为中国高校系统中珍稀难得的普通语言学教研机构。关于国内语种本位语言学科体系的局限性，我们在其他地方已有分析（刘丹青、张伯江 2010）。我们真诚希望这种情况随着学科调整而尽快得到改善，否则仍然难以诞生高名凯先生这样的语言学大师。

（三）放眼人类语言的学术视角

与上一问题有关，除了由高先生创立的北京大学中文系理论语言学教研室这少数机构所培养的硕士生博士生之外，我们国家总体上缺少普通语言学人才的培养目标，所有的语言教学和研究的学科和人才都被放置在特点语种的学科中（分属中文、外文、民族语文三大体系），语言研究人才的培养目标总体上就是成为该语言领域的专家，而不是成为超越特定语种的语言学专家，哪怕只是语言学内某个分支（如语音学、语义学、句法学）的专家。在这样的系统中，不利于训练高先生那样的放眼人类语言的学术视角。当然，随着对外开放和学术交流的增多，事实上我们还是看到很多学者尤其是中青年学人在研究中显示出放眼人类语言的跨语言学术视角，例如关于超音段音位和嗓音（发声）、关于义素分析的长短、关于配价或论元结构、关于构式语法、关于语法化、关于语言接触、关于语言演变的模式，等等。但是，这些更多的是出于个人的兴趣，而不是学科的要求。就学科本身的要求来说，我们的语言学者完全可以不关心汉语等自己所主攻的语种以外的问题，包括外语系和民族语言学界的学者完全不需要关注自己语种以外的语言学问题。在纪念高先生的时刻，我们不由得感叹，我们离人类语言的视角，可能比高先生还远一些。这是我们当代的语言学者应当去努力改进的地方。如果不从对具体语种的关怀进一步迈向对人类语言的关怀，我们就很难达到高名凯先生那样的理论高度。

（四）善于吸收一切科学进步，勇于质疑任何权威成说

在吸收一切科学进步方面，我们已经看到了巨大的时代进步，尤其在中青年学者中间。每当举办传播语言学新知的讲习班或报告会之类场合，我们都能看到大量年轻学者学生蜂拥而来，抱着开放求知的态度吸收一切可以吸收的学术营养，我们也在越来越多的成果中看到了学术开放和交流所带来的明显的学术进步，尤其是在高名凯先生等大师们辛勤耕耘过的北大等部分高校和研究机构，与国际上诸多语言学理论同步的博士论文等不时涌现，令人欣慰。至于纯粹为了学术勇于质疑权威的风气，比起以前来，这种新型学术文化也在进一步拓展，但是受制于某些传统观念，正常的学术讨论和学术批评，在中国还是不够充分，需要我们共同努力去营造这样的学术环境和气氛。

我想，以上四方面的改进，是我们继承高先生遗志的最好表现，也是慰藉高先生在天之灵的最好途径。

参考文献

高名凯　1948/1957/2011 《汉语语法论》，北京：商务印书馆。
高名凯　1953　关于汉语的词类分别，《中国语文》10 月号。又载高名凯著《高名凯语言学论文集》，北京：商务印书馆，2011 年。
高名凯　1954　再论汉语的词类分别，《中国语文》8 月号。又载高名凯著《高名凯语言学论文集》，北京：商务印书馆，2011 年。
高名凯　1963a　汉语语法研究中的词类问题，《安徽大学学报》（哲学社会科学版）第 1 期。
高名凯　1963b/1995 《语言论》，北京：商务印书馆。
高名凯　1963c/1990　美国描写语言学语言分析方法评述，1963 年手稿，1990 年收入《高名凯语言学论文集》，北京：商务印书馆。
科姆里（Comrie, B.） 1981/1989 《语言共性和语言类型》，沈家煊译，北京：华夏出版社。

刘丹青、张伯江　2010　时势之必需，学术之大业——设立语言学一级学科的重要意义和学理基础，《语言科学》第1期。

沈家煊　2007　汉语里的名词和动词，《汉藏语学报》第1期，北京：商务印书馆。

沈家煊　2009　我看汉语的词类，《语言科学》第1期。

徐烈炯　2009《生成语法理论：标准理论到最简方案》，上海：上海教育出版社。

Labov, W. 1972a. *Sociolinguistic Patterns*. Philadelphia: University of Pennsylvania Press.

Labov, W. 1972b. *Language in the Inner City: Studies in the Black English Vernacular*. Philadelphia: University of Pennsylvania Press.

Rijkhoff, J. 1990. Towards a unified analysis of terms and predications. In J. Nuyts, A. M. Bolkestein, & C. Vet (Eds.), *Layers and Levels of Representation in Language Theory*. Amsterdam: John Benjamins.

Rijkhoff, J. 2002. *The Noun Phrase*. Oxford: Oxford University Press.

（原载《语言学论丛》第四十五辑，商务印书馆，2002年）

语言能力的多样性和语言教育的多样化*

语言能力有两个既相互联系又相互区别的基本视点，一是作为社会成员的国民个体的语言能力，二是作为一个国家一个社会整体具备的语言能力。国家语言能力的提升当然离不开无数个人语言能力的基础，两者在很大程度上是相得益彰的；但是，个人语言能力和国家语言能力有不尽相同的需求和指标，并不能完全互相取代。作为一个迅速发展中的大国，中国国家语言能力和国民个人语言能力都有待逐步的或显著的提高。

中国的语言教育界对语言能力的关注较集中于语言能力的质，即单一语言能力的高低，例如怎样提高用标准汉语——普通话表达思想的能力，尤其是中文写作的能力，如何让外语学习更加有效——花时更少、收效更大。而对于语言能力在种类意义上的量，即语种数，学界注意得相当不够，关注点多集中于最显著的少数语言能力种类上，如中文表达能力和（通用）外语能力等。

实际上，在中国这样一个历史悠久、民族众多、方言复杂、发展迅速、不断开放的大国（开放包括对外开放，也包括国内的开放——相比于出门都需要带全国粮票和介绍信的年代），双语双言，甚至多语多言，日益成为社会语言生活的常态。因此，讨论语言能力，无论是个人的语言能力发展，还是国家的语言能力需求，都必须正视现实中语言能力的显著多样性。面对语言能力的多样性，国家语言教育体系的设计和创新也必须建立在语言教育多样化的基础上，这是目前语言教育规划者们注

---

* 本文根据笔者在教育部、国家语言工作委员会、中国联合国教科文组织全国委员会、江苏省政府联合主办的世界语言大会（2014 年 6 月 5—6 日，江苏苏州）上的发言稿修改扩充而成。本次大会以“语言能力提升和语言教育”为主题。

意得不够的方面。

下面，我们通过展示中国社会语言能力的多样性——多达九个方面的语言能力，来讨论这一多样性对语言教育的创新所提出的要求和挑战。

一、汉语群体使用通用语言即普通话的能力

使用标准语即今天的普通话作为口语交际用语，对所有汉语使用者（包括汉族和以汉语为母语的少数民族）来说都是最重要的一种语言能力。《国家通用语言文字法》规定了普通话的法定通用地位，也为普通话的学习、教学、推广和使用提供了法律的保障。

在传统中国社会，不同的方言区，获得普通话能力的难度曾经相差很大。很多官话方言区的方言与普通话接近，人们掌握普通话相对容易，普通话的能力很容易达到与母语方言同等或接近的水准。也有些官话地区的很多人习惯上不学普通话，只用自己的方言也足以与普通话使用者进行有效或大致顺畅的交流，例如很多山东人、四川人，并不习惯说普通话，或满足于使用带有浓重方言口音的普通话，但大体上不影响他们和普通话使用者的一般交流。另有些地区，尤其是东南省份方言区，普通话则必须作为另一种差距很大的汉语变体来学习掌握，其获得难度曾经不亚于甚至超过欧洲一些相邻语言间（例如瑞典语和挪威语之间）相互学习的难度。这些地区的部分年长者从未获得普通话能力，一生只使用方言。这种共同语空缺的情况可能曾经或仍在不同程度地影响这些纯方言使用者的个人发展，也影响甚至阻碍跨地区的交往沟通。

普通话空缺的状况在今天已得到了根本性的改变。由于教育、媒体、人口流动等因素的巨大影响，地区之间获得共同语的难度差距正在迅速减小，普通话在年轻人中已有很高的普及度，越来越成为儿童和年轻人真正的母语或准母语，基本口语交际的方言障碍在中青年人身上已经比较微弱。据国家语委的统计数字，从20世纪末到2010年仅10年间，中国的普通话普及率就从53.6%提升到了70%（引自宗河2013），可见，

不会说普通话的人群在加速减少。此外，还有相当一部分方言使用者虽然不会说普通话，却具有普通话的听辨能力，听广播看电视没有或基本没有语言障碍。70% 是平均比例，年轻一代的普通话普及率肯定要高得多，他们是普及率迅速提升的主要支撑。上述统计之后又是 4 年过去了，普及率肯定又有了显著的上升。这是国家推广普通话政策、信息时代媒体传播力和改革开放时代人口大流动这几大因素合力的成果。在这种情势下，通用语言能力获得的地区差异就逐渐变小。现在的推普，在普及方面，应当主要是补缺扶弱的工作，重点关注偏远贫困地区普通话推广的一些薄弱环节和社会上的一些推普薄弱人群；推普的重点可能更多需要朝向提高方面，即提高人们的普通话水准，尤其是提高部分重点职业行业的普通话水准，例如干部、媒体、教育、窗口服务行业，等等。

二、汉语群体使用通用文字和规范书面语的能力

在现代中国社会，识字读写日益成为个人生存发展的基本需求，也是维持国家社会有效运转和发展的基本条件。规范汉字的法定地位也在《国家通用语言文字法》中得到了确认。规范文字和书面语也因此成为语文教学中语言板块的主要内容。这既是文字和书面语社会功能的重要性和必要性决定的，也是口语和书面语的性质区别决定的。

对于以普通话为母语或准母语的人来说，普通话（口语）主要是通过学龄前的自然获得机制获得的，这种获得机制主要表现为代际传承和自然的口语交际。这一过程基本无须教育进程的介入。

常常见到有些议论者以学校里的母语课时和外语课时之比来评价对不同语种的重视程度，这是很不科学的，严重混淆了母语获得机制和外语（第二语言）获得机制的根本区别。弗罗姆金、罗德曼（1988/1994：391）指出：

> 语言的每个方面都极其复杂；但幼儿——五岁以前——就已经掌握了我们一直称为语言的语法这一复杂系统的大部分。在能

够计算“2+2”之前，儿童已经在连接句子、提出问题、选择适当的代词、否定句子、构成关系小句和使用语法的句法、音韵、词法和语义等规则。

一个正常的人一辈子不学读书写字也能生活。当今世界上千千万万的人证明了这一点。然而这千百万人都能像断文识字的人一样很好地说话和听懂别人说话。可见，学习语言和学习读写是多少不同的两回事。

这一事实清楚表明，母语的掌握主要不是学校的事，未经学校教育的介入就已基本完成。而外语学习是从零开始的，并且多是过了语言学习的关键期之后开始的，也没有该语言自然交际的环境。每一个字母的读音、每一个词语、每一条语法规则，都要通过专门的教学或有意识的艰苦自学。外语口语书面语综合能力的获得和提高，需要师生大量教学资源的投入。而在掌握的程度方面，哪怕是一位资深外语教授的外语水平，在某些方面（如对某些句子的合语法性的判断力）可能还不如该语言的母语幼儿。可见，母语教育和外语教育完全不可比。将外语课时与母语课时比较得出重视外语甚于母语的结论是缺乏根据的。

由于母语口语的获得基本无须学校教育，因此，学校的母语教育主要面向认字能力和书面语读写。吕叔湘（1963/2002：16—17）早就指出：“学校里的语文教学……应该语言和文字并举，以语言为门径，以文字为重点，达到语言文字都提高的目的。”由于汉字的非表音性，至少在学习阶段，汉字需要花费比拼音文字更多的学校教学时间，汉字的遗忘速率也不容忽视。在计算机大潮冲击下，现代人汉字手写能力有下降趋势。由笔者担任裁判长的中央电视台《中国汉字听写大会》节目，就是因这一现象而得到了强烈的呼应，一度获得全国电视台收视率第二。而比赛现场成人体验团（2013 年为 10 人，2014 年扩大到 100 人）的表现远远不如初二小选手的表现。场上选手仍然能准确书写的很多字词，场外成人书写正确率是零；很多常用字词的成人书写率也常只有 10%—20%。这一惊人事实多少体现了汉字个体遗忘退化的速率和当前群体能力下降现象的存在。这给语文教育提出了较严峻的挑战。

汉语书面语和口语间存在较为显著的语体差异，表现在词汇语法等各个方面。书面语特有的这部分语言要素，主要是靠学校教育和有意识学习来获得的。这使得规范书面语的教学，包括阅读理解和写作，成为语文教学中非常重要的组成部分。这些因素，使得语文教学作为母语教育仍然需要相当的时间和师资投入，同时需要不断改进的教学理念和方法。

当然，语文教育也不仅仅是着眼于提高书面语能力，而且要促进学生的通用语言能力从有限语码发展为精细语码（restricted code vs. elaborated code，Bernstein 1964），即从词汇量和表达方式有限，主要适合于熟人间和小群体内交际的语码发展为能适用于各种交际场合、各种话题的丰富发达的语码。不过，在精细语码层面，口语和书面语的差距已显著缩小，可以视为一种综合语文能力，例如一篇散文与一次准备好的抒情演讲基本上是可以等同的。这种综合能力，应在学校语文教育阶段尽力夯实基础，而其发展提高是没有止境的，可以伴随一个人的一生。

三、外语能力

外语能力在中国环境下主要是通过学校教育来获得的，而且是在第一语言获得的关键期之后开始的，这就决定了外语教育所需的教育资源之大。外语教育还显著存在着师资水平等教育资源的地区差异和城乡差异，其差异大于语文数学等其他学科的同类差异。认识到母语获得和外语获得本质上的重大区别是制定科学的语言教育政策的前提。对（母语）语文教育和外语教育各自比重的分配，需要建立在综合考虑国家和社会需求、教学条件和教学效果等因素的基础上。不能单纯依据课时数的对比来判断对母语和外语的重视程度，上一节已指出单纯根据课时比例来谈论对外语的投入超过对母语的投入是不科学的。在缺乏科学论证的情况下盲目压缩学校外语教育的比重，可能导致外语教育需求的校外化和商品化。鉴于个人事业发展和社会开放交流的需求，外语能力将继续成为中国社会的重要的人力资本和机构的知识资本，也是很多职业行业人才聘用的重要标准。假如学校外语教学萎缩，有条件者会通过购买社会外语教学资源来获得外语教育和能力培训，而低收入家庭无力购买这种服务。假如外语教育的校外购买成为主流，将使不同经济阶层在外语教育资源和能力获得上的分化加剧，这是否会引起或加剧社会不公，进一步固化阶层结构？在重视民生的时代，这是一个需要严肃对待的问题。当然，有很多人指出外语教育对某些职业用处不大，这也是事实。不是每个人都需要大量接受教学双方高投入的外语教学。因此，外语教育可以考虑的改革方向之一是部分自选化，即在某些阶段某些学校类别成为选读课程，而不是单纯地取消或减少。

外语能力的另一个问题是语种问题。现在的外语教育主要集中在国际通用的英语上，这对于外语能力的主要需求来说是合理的。但是，中国的对外开放早已是一种全方位的开放。很多所谓小语种，也是世界上的大语种，覆盖很多国家、地区或与我国密切交往的人口，如法语、俄语、西班牙语、阿拉伯语、葡萄牙语、日语、德语、韩国语等，在对外交流方面有不可或缺的作用。目前，中国小语种人才总体呈现紧俏状态，会刺激各外语院系加快培养。同时也要看到，小语种人才的市场需求可能比英语的需求更具有波动性，一旦过剩，社会和市场对这些人才队伍的消化能力比较弱。因此，国家在鼓励培养英语以外的外语人才时，也应当注意分担小语种学习者的求职风险，这样才能有效地保障相关人才的培养规模，保证国家和社会的持续性需求。

四、少数民族的通用语言文字能力

以少数民族语言为母语的少数民族获得通用语言文字的过程，与外语教育有共同点，都是非母语，因此需要学校教育的较多投入；也有不同点，因为少数民族人口接触汉语汉字的机会总体上远胜于外语学习者，特别是在多民族杂居地区。具体情况则相当多样。一方面，不同民族地区的语言与汉语的亲缘关系远近不同。很多语言属于广义的汉藏语系（汉语以外含藏缅、苗瑶、壮侗三个语族），与汉语在同源词语和语音语法类型方面有较多共同点，例如有声调，音节显著，双音节词和四音节对称式的固定格式或成语比较丰富，形态总体不丰富（羌语支、藏语支形态较丰富），多数存在个体量词，等等。也有些语言在亲缘关系上和类型上都与汉语较远，如阿尔泰语系语言（含突厥、蒙古、满-通古斯三个语族，或另包括朝鲜语）。另一方面，接触汉语的机会相差很多，原先通用或兼用汉语的情况也很不同。现在有越来越多的少数民族群体是汉语和本族语的双语者甚至多语者，还有些民族是整体（回族）、近乎整体（满族）、大部分（土家族）或小部分人口以汉语为母语。对民汉双语者和少数民族中的汉语母语者来说，汉语能力不成问题。此外，仍有与汉语鲜有接触机会的少数民族地区或群体，加强这部分人的汉语能力教育培训，是当前较紧迫，今后也仍须面对的任务。

通用语文能力的提高对少数民族个人和家庭发展有重要作用，对维护国家民族的团结统一稳定的局面更是至关紧要。对少数民族的国家通用语言文字能力的教育是国家、相关地方政府和教育部门的一项重要任务。

五、文言文或古代文献阅读能力

文言文是大致反映先秦汉语状况，与后代口语越来越脱节的书面语。实际上在汉语书面语言发展史上，存在着从地道的文言文到地道的白话文之间的若干中间状态（参看吕叔湘 1944/2002：60—78），呈文言度—白话度的一个等级梯度。在 20 世纪初作为五四新文化运动一部分的白话文运动之前，文言文是中国社会唯一的正式书面语。虽然现在文言文已基本退出了社会交际的领域，但是绝大部分用文字记载的中国历代文献和中国文明传统是用文言文表达的。文言文的阅读理解能力，是欣赏中国古代文学、了解中国传统文化的必备语言能力。《论语》《庄子》，《左传》《史记》，诗经楚辞，唐诗宋词，这些中国文学和文化的瑰宝，在熟悉文言文的基础上才能充分了解。不了解文言文意味着在很大程度上与传统文化的阻隔。

文言文的语言性质相当特殊。它基于两千多年前先秦文献的语言，是与当代汉语共同语和各种方言都相距很大的汉语书面变体，基本上需要通过学校教育获得，在语言获得的属性上有接近外语能力之处；同时，文言所反映的是现代汉语的源头，文言在基本词汇和语法规则上与现代汉语的接近度，又远远超过外语与现代汉语的接近度，难度小于外语能力获得。因此，文言能力是一种很独特的语言能力。

现代学校教育制度产生之前，古代书生所谓寒窗十年，包括私塾读书和面向科举的自学，实际上主要就是为了获得读写文言文的能力并熟悉用文言文记录下来的重要经典，这也可见文言文与当时口语的距离。但是，与拼音文字记录的古代文献语言（如乔叟、莎士比亚的英语）不同，用汉字记录的文言只能以现代普通话的音系读出，并不是古人原来的读音。所以读文言听到的只是普通话的音节，而普通话跟上古、中古的语音系统相比要简化得多，这使得以单音节词占优势的文言在现代读起来充斥着同音的字词，例如，zhì 这个音节在《新华字典》（第 11 版）中代表了 50 个汉字（语素），yì 更是代表了 80 个汉字（语素），如不考虑声调则更多。所以，即使是精通文言的文人也无法充分听懂一段陌生的文言文本，文言文作为一种纯粹靠目治（read by eyes）而非耳治（heard by ears）的语言，完全没有口语交际功能。又由于文言文与反映现代社会生活的大量现代词汇难以兼容，因此用文言文进行现代写作基本成为无谓之事。这一情况减轻了现代学生学习文言的任务，读写能力基本上缩减到单一的阅读能力，文言文写作基本上退出了语文教学领域，只成为少数人的兴趣爱好。

文言文阅读理解能力对继承弘扬民族文化瑰宝和传统却是至关紧要的，是语文教育的重要组成部分。由于现代语言和文言文对于现代学生来说性质很不同，仅仅从课文数和课时数来比较文白比重，跟仅仅从课时上来比较母语和外语教育比重一样，都是不科学的。文言文的语言要素和内在风格是汉语的美学力量的重要来源，即使是白话文运动的主将，例如胡适、钱玄同、刘半农等，也都具有很高的文言文素养，这也是这群文人学者的综合人文素养的主要构成要素之一。而当代人的文学语言能力被认为出现了某些方面的退化，这可能也与文言文教育比重的减轻部分地有关。因此，适当增加文言文的课内比例，未必算是一种复古倾向，而是一种适合时代需求的补救性举措，值得语文教学主管部门关注。

六、母语方言能力

在早先方言盛行、共同语能力普遍低下的年代，推广普通话理所应当地成为国家语文政策的重要着力点，而普通话作为通用语言的地位和实际社会功能在今后也应当长久地维护和加强，这是维护国家民族统一、社会有效交际和全国统一大市场的重要保障。

随着方言区普通话普及率的迅速上升，尤其是年轻人对普通话的普遍掌握，在学校推广普通话的任务压力已经不大。反而是许多地方方言能力的退化相当迅速，而且这种退化随着人口流动不断地从大城市传递扩散到中小城市直到市镇和乡村。这对方言传承、地域文化包括地方艺术的保护以及多样性的人类语言生态都是不利的，引起了许多学者和社会人士的关注甚至焦虑。有些地方出现了幼年期对方言只听不说，到学校的一定年级才开始在社会化诱导下补学方言的现象，这实际上是方言的非母语化现象，父母所说的当地方言的传承成为儿童的第二语言获得。这对方言的存活构成了严重威胁。很多方言城市已经出现了本地年轻人庞大的纯普通话群体，加重了一些方言的濒危局面。出于对这些现象的关注，有些城市出现了一些有限度鼓励方言的现象，如世界语言大会主办地苏州市就进行过多次普通话苏州话英语口语三话比赛；也允许适当播放一些方言节目，例如苏州电视台的以社会新闻评点为特色的脱口秀节目《施斌聊斋》等；一些城市编出了本地方言的课本，作为中小学课程（通常是选修课）的教材。这些举措对方言传承起到一定的作用。

方言能力本是母语能力，主要是在关键期之前从家庭和社群交际中自然获得的，不需要学校教育。方言资源的自然传承，基本上不需要额外的教育投入，而最需要的是要放宽某些不合理的限制，例如对校园内课间课外一切非正式场合使用方言的严厉限制，不分场合将方言与不文明行为等同的暗示，如校园里的“说普通话，做文明人”的标语（暗示说方言是不文明的人）。同龄人交际是语言获得和语言活力保持的重要途径，在独生子女为主的社会中，家庭内缺少同辈人交际的条件，校园和课外的同学交际成为同龄人交际的主要圈子。限制同龄人交际的方言使用，对方言传承具有窒息性的影响，造成当地方言在下一代的非母语化。有些地方一方面举行学生方言能力竞赛，一方面仍然严厉限制在众多场合的方言口语交际，这是颇为矛盾的做法。大量个体的双言甚至多言能力事实显示，在一个普通话和方言的双言社会中，学龄前同时掌握普通话和本地方言是一件容易的事，不存在方言获得对普通话获得的严重干扰。在中国南方地区，掌握包括普通话在内的多种汉语变体，是很多人很平常的能力。例如广东潮汕地区很多居民掌握闽语潮汕方言、广州粤语和普通话，广西很多地区的汉族居民常掌握粤语、西南官话、平话、客家话、普通话等变体中的 3 到 4 种变体的听说能力，许多壮族居民则掌握壮语及以上方言中的几种汉语方言。因此，在保证普通话主体地位的同时给方言的生存留出空间，能更好地维护和谐的社会语言生活。

另一方面，在多言社会里，方言使用也应有不同于传统单言社会的文明规范，方言使用者要养成顾及他人心情的文明习惯，不让方言使用成为新的群体心理阻隔的来源。

七、非母语方言能力

大部分中国人没有学习非母语方言的强烈需求，而出于个人兴趣或交际需求而使用多种方言的现象，则素有此例，尤见于生活在非母方言区的人身上，且不说一些曲艺艺人的超常多言能力。例如一个上海人在广州生活时学会用粤语交际，一位安徽人士在上海工作时学会使用吴语交际。改革开放以来，生活在异乡已经从零星的个人现象变成数以亿计职业人士和劳动者的生活方式，包括大量的移民群体。在非母方言区工作生活，使用通用语言是主要的交际策略。但是对于需要长居的工作者尤其是将永居于此的移民来说，掌握移入地的方言会增强在当地的生存发展条件，因此这种第二方言能力被部分移民所看重，也逐渐成为部分人口的自觉选项。以往中国语言学界对此几无关注，特别是从社会语言学的角度。非母语方言能力有交际中自然获得和学校教学获得两种途径，因人而异。在普遍缺乏教育资源的情况下，前一种情况更多一些。方言教学培训除粤语等个别强势方言外，在中国内地普遍空白，需要有创新机制来填补，而粤语等的教学经验可以为其他方言的教学培训提供参考。

八、少数民族语言作为母语的能力

《中华人民共和国宪法》规定："各民族都有使用和发展自己的语言文字的自由"。《中华人民共和国民族区域自治法》第十条也规定"各民族都有使用和发展自己的语言文字的自由"。这为少数民族语言的使用和传承提供了法律和制度的保障。少数民族语言的母语能力主要是在家庭和社群中自然获得的。具有文字系统的少数民族语言，其文字和读写能力则需要学校教育或其他专门传授的方式来获得并传承。在经济发展大潮中，少数民族的活动空间和生活方式发生了很多变化。走出大山的步伐，越来越多的跨民族交流和共同生活，都会改变民族语言的生存状态，尤其对小语种而言，受到的冲击就更大，面临传承中断的危险。而有些较大的语种，也面对使用人口减少、活跃度较低、使用人口老化等现象。这其实也是世界性现象。中国政府和学界早已开始关注这个问题，并在为濒危语言的保护而做着各种努力。文字的制定也是保护发展少数民族语言使用的重要步骤，中国少数民族的文字系统中，既有历史上形成或制定的，也有后来由政府出面为没有文字或文字不健全的民族语言制定或改进的，一般取国际通行度高的拉丁文字，如为布依、侗、黎、苗、彝、哈尼、傈僳、拉祜、佤、纳西、白、载瓦等族新创制的文字（戴庆厦、董艳 1997）。民族地区广泛开展了双语教学，在提升少数民族国家通用语言文字能力的同时维护民族语言的传承（戴庆厦 2007）。当然，由于中国 130 种民族语言（孙宏开等 2007：30）的生存状态和活跃程度各异，如何针对不同状况制定更有力的保护少数民族母语能力的教育措施仍是一个有待研究的课题。

九、少数民族语言作为非母语的能力

作为主体民族的汉族在特定情况下也需要学习掌握少数民族语言，某些少数民族也会学习使用非母语的其他少数民族语言。这后一类需求通常发生在民族交叉居住地区，一般是在跨民族交际中自然形成的双语、多语现象，例如广西地区其他少数民族在使用母语及汉语的同时也常具有使用壮语的能力，存在着“瑶—壮—汉”“仫佬—壮—汉”等多语使用模式（李锦芳主编 2009：7）。目前还很少有针对这类能力的语言教育设置。在局部区域可能有设立这类教育服务的需求，应纳入语言教育管理部门的关注范围。

十、结语

以上分析显示，中国社会的语言能力相当多样，有居于核心地位的，如汉语文作为通用语言文字的能力，也有存在于局部使用领域的。以上九种能力，都是就中国境内的中国人而言的。假如考虑到在中国的外国人的汉语能力及对外汉语教学（甚至还有对外粤语教学等）、海外华人华侨及其子女的中文能力及中国语文教育需求等，则种类还可增加。中国的语言教育的体系设计，语言教育的学术研究，语言教育内容和手段方法的创新，都应当建立在对语言能力多样性的充分认识和兼顾的基础上，最终体现为突出核心和重点、兼顾局部需求的多样化的语言教育体系。

其中有几点值得在此强调一下。

1）从世界范围和中国全国范围来看，双语双言或多语多言是语言生活的常态，自古而然，至今犹然，于今尤然。人本身就具有掌握多种语言方言的潜能。各族各地的中国人所处的语言环境非常不同。有些人群对多语多言现象习以为常，也有一些区域语言环境相对单一。例如，大量的官话区人群基本上生活在近似单语的环境中，对多语状态体会不多。有些人过多担忧语言方言之间相排斥的力量而看不到多语多言之间和谐并存的合理性，在思考语言政策时，容易产生为提倡通用语言而强烈排斥方言等想法，为强调母语教育而强烈排斥外语，或者反之，过于担心通用语言的获得会影响方言及民族语言的传承等。如果了解了多语多言的常态性，也就能更理性地看待国家通用语言和民族语言及方言的关系，营造树立中心、突出重点、兼顾多样的更加宽松和谐的语言文字生活。

2）有些语言能力主要是在家庭和社群的交际中代际传承和自然获得的，有些语言能力主要靠专门的教育，包括（但不限于）学校教育。在比较学校教育对各类语言能力的重视程度时，不能简单地将这两大类能力的教育投入做简单的对比，例如汉语和外语、白话和文言、口语和文字等，否则会得出不科学的结论。语言教育，包括内容方法的创新，重点应是那些需要通过专门教育才能掌握的语言文字能力，例如汉字教学的效能，书面语教学的效能，外语教学的效能等。也包括如何更好利用自然获得的语言能力来促进需要专门学习的语言能力，上引吕叔湘（1963/2002）所说的“以语言为门径，以文字为重点”，也有这一层含义。

3）对语言能力的分类显示，目前中国的语言教育门类还不足以覆盖语言能力的多样性，有空缺，待补充，以实现语言教育更充分的多样化。另一方面，并非所有语言教育的任务都须由政府和公立学校来完成，有些是可以由市场来实现的，如满足特定需求的方言教育。而语言教育政策的制定修订，必须更多考虑到双语双言或多语多言社会的现实和未来。

参考文献

戴庆厦 2007 中国少数民族双语教育体制的建立和实施，《中国民族语文政策与法律述评》，马丽雅等编，北京：民族出版社。

戴庆厦、董 艳 1997 中国少数民族双语教育的历史沿革（下），《民族教育研究》第1期。

李锦芳（主编） 2009 《双语和双语类型转换——中国西南地区个案研究》，北京：中央民族大学出版社。

吕叔湘 1944/2002 文言和白话，《吕叔湘全集》第七卷，沈阳：辽宁教育出版社。

吕叔湘 1963/2002 关于语文教学的两点基本认识，《吕叔湘全集》第十一卷，沈阳：辽宁教育出版社。

孙宏开、胡增益、黄 行 2007 《中国的语言》，北京：商务印书馆。

维多利亚·弗罗姆金、罗伯特·罗德曼 1988/1994 《语言导论》，沈家煊、周晓康、朱晓农、蔡文兰译，北京：北京语言学院出版社。

中国社会科学院语言研究所 2010 《新华字典》（第11版），北京：商务印书馆。

宗 河 2013 用更美的语言描绘"中国梦"——中国语言文字工作十年发展成就综述，《中国教育报》1月3日。

Bernstein, B. 1964. Elaborated and restricted codes: Their social origins and some consequences. *American Anthropologist*, 66(6), 55-69.

（原载《世界汉语教学》，2015年第1期）

略说普通话异读词的审音原则*

《普通话异读词审音表》自 1985 年正式发布后，迄今已 30 多年。30 年来，普通话语音规范出现各种新的情况，迫切需要解决，新时期的普通话审音工作势在必行。近年来，新的普通话异读词审音工作在教育部的推动下逐步展开，其中确定普通话异读词的审音原则，是至关重要的一个环节。

普通话异读词审音原则在 1985 年版的《普通话异读词审音表》中并无明确的表述，不过，这并不代表从 20 世纪 50 年代开始的普通话异读词审音工作缺乏审音原则。整理早期普通话审音工作中坚持的一些重要原则，并结合新时期的语言事实，继承和进一步发展原有的普通话异读词审音原则，确立新的审音原则，是新时期审音工作的根本和前提。作为承担此次审音任务的课题组成员，我们对本次审音工作所确立的审音原则做一点说明和解释。本文所说的本次审音结论是指教育部最新一轮普通话审音课题的结论。

一、新的审音原则

新一轮普通话异读词审音确立了 5 条审音原则：

---

* 本项研究得到国家语委重大委托项目“普通话审音原则制定及《普通话异读词审音表》修订”的资助，审音课题组其他成员王洪君、张洪明、石锋、麦耘、方梅、程荣、孟蓬生诸位教授全程参与了审音原则的制定和讨论修改。在国家语委组织的普通话审音委员会会议和专家鉴定会上，多位专家对审音原则提出过意见建议，在此一并致谢。

（1）以北京语音系统为审音依据。

（2）充分考虑北京语音发展趋势，同时适当参考在官话及其他方言区中的通行程度。

（3）普通话使用者已广泛接受的原审音表读音维持不变。

（4）尽最减少没有别义作用或语体差异的异读。

（5）历史理据和现状调查都不足以支持统读的个别条目暂时保留异读并提出推荐读音。

这5条审音原则是普通话审音研究课题组在审慎研究和反复征求意见的基础上逐步建立和完善的，也是在过去历次普通话审音工作的基础之上继承发展而来的。

二、之前的审音原则

20世纪五六十年代，普通话审音委员会（1957，1959，1962，1963）连续发布《普通话异读词审音表初稿》正续两编（《中国语文》1957年第10期、1959年第7期）和第三编（《文字改革》1962年第12期），以及《普通话异读词三次审音总表初稿》（《中国语文》1963年第1期）。最后发布的《普通话异读词三次审音总表初稿》是由前面三编内容辑录而成的。

这个正、续、三编的《普通话异读词审音表初稿》也都提出过一些涉及审音原则的说明，例如（普通话审音委员会1963）：

（1）审音以词为对象，不以字为对象。

（2）只审订有异读的词。

（3）审音的标准，根据北京音系，可也并不是每一个字都照北京话的读法审订。

其中第三条，有一些进一步的说明，如“一个字的读音在北京话里非常通行而不合北京语音的一般发展规律的，这个音还是可以采用，但是同时也要考虑到这个音在北方方言里应用得是否广泛”。

这些说明一方面限定审音对象为异读词，另一方面说明审音依据北京音系，并考虑北京话和北方方言的发展规律。

王力先生曾发表专文《论审音原则》探讨审音原则所涉及的具体问题，文章给出一些实例，来说明普通话审音所定的读音一方面不能超出北京音系，另一方面又不能拘泥于北京话每一个字的读音。同时，对于普通话审音委员会所确定的审音原则，王先生也提出一些保留的看法。比如对于异读音在多大程度上要依照北京音这个具体问题，王先生说："能依照语音发展规律，就能照顾全国方言，有助于普通话的推广；如果迁就北京的特殊读音过多，表面上虽然统一了读音，实际上会造成更大的分歧。"（王力 1965）这个看法是说，审音涉及具体字音时不光要依据北京音系，要考虑北方方言，同时，还应该能够照顾全国方言。另外，王先生提出对异读辨义的现象应该尊重，不宜强行统一读音。

总的说，之前的审音原则已经涉及审音的核心方面，不过，还不够系统和严谨。本次审音工作所提出新的审音原则是在吸收各方面成果和意见包括像王力等先生的研究基础上，提出的新的更加系统的普通话异读词审音原则。下面，逐一举例介绍新的审音原则。

三、审音原则例解

（一）原则 1　以北京语音系统为审音依据

1955 年 10 月现代汉语规范问题学术会议召开并形成决议，决议认为普通话"以北方话为基础方言，以北京语音为标准音"（现代汉语规范问题学术会议秘书处 1956a）。1956 年 2 月 6 日，国务院发出关于推广普通话的指示，指出普通话内涵是"以北京语音为标准音、以北方话为基础方言、以典范的现代白话文著作为语法规范的普通话"（现代汉语规范问题学术会议秘书处 1956b）。普通话定义自此确立。因此，普通话审音原则按照普通话标准音也就是以北京语音作为依据，是无可置疑的。当然，这个语音标准指的是北京语音系统，包括声母、韵母、声调以及连读变调的语音系统，而不是指每一个字音或词音。现代北京话没有入声、不分尖团，因此，普通话语音相应也就没有入声、不分尖团，这一类语音问题就是依据北京语音系统。

表 1 所列“的士”一词借自粤方言吸收的外来词（英语的 taxi），现在已经成为普通话词语，书面写法已如此定型，口语中实际读音为 dī，这个读音符合北京语音系统，并不是粤方言的读音照搬过来的，但是这个普通话读音在字典、词典里面一直没有得到体现，辞书里的“的”字也没有 dī 音。本次审音确定了这个词音，同时也确定“的”字有 dī 音。“芥蓝”和“芥菜”（有的人写作盖菜），各为芥菜的一种，按照北京音系读 jiè，而读作 gài 实际上是照搬某些南方方言读音所致，写作“盖”字在北方话或北京话里面勉强行得通，在一些南方方言里面反而行不通，比如粤方言“芥菜”的“芥”读作 [kai] 音，而“盖”字读作 [kɔi] 音，写成了“盖”字反而不符合实际读音。本次审音确定“芥”字统读为 jiè，符合北京音系的语音规律，也符合普通话和其他汉语方言的对应规律。

（二）原则 2　充分考虑北京语音发展趋势，同时适当参考在官话及其他方言区中的通行程度

北京读音发展规律与北方官话方言大体上是比较接近的，跟其他方言的语音系统也存在着对应规律。审订北京话存在的异读音需要参考广大北方方言区乃至全国汉语方言的对应规律，符合北京语音发展趋势或符合广大方言区的读音对应规律是需要优先考虑的读音选项。

表 1　审音原则 1 举例

旧审音表	新审音表	说　明
的 dí ～当　～确	的（一）dī 打～ （二）dí ～当　～确	出租车又叫“的士”，简称为“的”，如“打的、的哥、的姐”等，都读 dī。

续表

旧审音表	新审音表	说　明
芥（一）jiè ～菜（一般的芥菜）～末 （二）gài ～菜（也作"盖菜"）～蓝菜	芥（统读）jiè	"芥"读"gài"是受南方方言影响输入的读音。

表 2　审音原则 2 举例

旧审音表	新审音表	说　明
粳 jīng（统读）	粳 gēng（统读）	"更粳耕"等字北京音系原有的白读音 jīng 趋于消失。
壳（一）ké（语） ～儿　贝～儿　脑～　驳～枪 （二）qiào（文） 地～　甲～　躯～	壳 ké （除"地壳、金蝉脱壳"中的"壳"读 qiào 外，其余读为 ké）	qiào 音只有作为地质学术语的"地壳"和成语"金蝉脱壳"为多数人使用。
荫 yìn（统读） （"树～、林～道"应作"树阴、林阴道"）	荫（一）yīn ～蔽　～翳　林～道　绿树成～ （二）yìn 庇～　福～　～凉	现实"林荫道"和"树荫"的写法仍广泛使用，北京话及各地方言读阴平的用法广泛存在。不再把"荫"统读为去声。

表 2 所列"粳"字在北京话中原有文白异读（王洪君 2016），文读音 gēng，白读音 jīng。根据北京话的语音发展趋势，"更粳耕"这一类梗摄见组二等字的白读音日趋消亡，而文读音与全国其他方言的对应性更强，更方便普通话学习。本次审音将"粳"字统读音从白读音修订为文读音，也正是基于这条原则的考虑。北京话"壳"存在异读，其中 ké 的读音，一方面是北京话的发展趋势，另一方面也跟其他方言的读音存在更好的对应性，更加便于各方言区的人学习普通话。本次审音对"壳"字在词中读 qiào 的音进行了限定，仅限于"地壳"和"金蝉脱壳"这两个词，是兼顾专业术语和成语中这个读音的通行程度，而其他词语中的"壳"字均读 ké 音，正是兼顾北京话的发展趋势和其他各方言的对应性。"荫"字原审音表统读为 yìn，北京话和各地方言实际读音

仍然存在两种。根据调查，“荫凉”去声读音正确率为 20.32%，“林荫道”去声读音正确率为 5.98%，“树荫”去声读音正确率为 3.98%，考虑到还有大量的人名、地名中使用“荫”字，读作阴平，人们也不愿意改写为“阴”，因此，本次审音不再统读，增列异读音 yīn，与全国范围内的语言实际相符合。

（三）原则 3　普通话使用者已广泛接受的原审音表读音维持不变

1. 原审音表加以统读的字，现在绝大部分呈现出统读的局面。表中的部分异读词目在实际口语中有读音合流的倾向，本次审音考虑到维持原表审音的稳定性以及普通话使用者对原审音的接受度，仍然维持原审音表的读音，并未强行统读。

表 3-1 所列“挨打、挨说”等词中的“挨”字在实际口语中读阳平的比例不高，根据调查，“挨打”阳平读音正确率为 54.56%，“挨说”阳平读音正确率为 32.45%。这个比例并不是压倒性的比例，说明这种读音并不稳定，不足以改变原有的读音标准。“创伤、重创”中的“创”字读音在实际口语中读阴平的比例并不高，“创伤”阴平读音正确率为 50.91%，“重创”阴平读音正确率为 16.10%。“翘楚、翘首”中的“翘”字根据调查实际读阳平的正确率不高，“翘楚”读阳平正确率为 55.11%，“翘首”读阳平正确率为 50.61%。这些读音正确率不高，但是受原有的审音标准影响，普通话使用者中仍有一定比例的正确率，目前不足以统读。“说服、说服教育”中的“说”目前实际调查中读 shuì 的情况也比较常见，但是这种读音属于近一二十年来的新变化，在早期的字典、词典中“说服”的注音都是 shuō，与“游说、说客”的“说”读音并不相同，本次审音仍维持原有审音不变，只不过原有的审音表认为“说服”这个词连异读词都不算，只读 shuō 音，不需要审音，本次审音通过调查发现这个词已经属于有异读音的词，列入异读词审音表，属于新的异读词，读音仍维持原有的读音。

表 3-1　审音原则 3 举例

旧审音表	新审音表	说　明
挨（一）āi ～个　～近 （二）ái ～打　～说	不变	不做调整，但“挨说、挨打”读音正确率较低。
创（一）chuàng 草～　～举　首～　～造　～作 （二）chuāng ～伤　重～	不变	创伤义读 chuāng，实际口语读音正确率较低。
翘（一）qiào（语） ～尾巴 （二）qiáo（文） ～首　～楚　连～	不变	文读音 qiáo 的读音正确率较低。
说 shuì 游～	说（一）shuō ～服 （二）shuì 游～　～客	说理劝导音 shuō，“说服、说理、说动”等用 shuō。专程游说音 shuì，“说客”和“游说”用 shuì。

表 3-2　审音原则 3 举例（续）

旧审音表	新审音表	说　明
处 chǔ（动作义） ～罚　～分　～决　～理　～女　～置	不变	口语“处女”“处女地”读 chù 的比例远高于 chǔ。
会 huì 一～儿　多～儿　～厌（生理名词）	不变	一会儿、多会儿，口语多读 huǐr。
骑 qí（统读）	不变	铁骑、骠骑、一骑红尘妃子笑，读 jì 音也较为常见。
谊 yì（统读）	不变	实际口语中读阳平也很常见。

表 4　审音原则 4 举例

旧审音表	新审音表	说　明
杉（一）shān（文） 紫～　红～　水～ （二）shā（语） ～篙　～木	杉 shān（统读）	“杉木”“杉杆”读 shā，是较老的读音。
熏 xùn 煤气～着了	熏 xūn（统读）	“熏”字多读阴平音，应当统读为阴平音。

2. 根据调查，实际口语中存在异读，有的异读音比例甚至很高，本次审音出于维持原有审音稳定性的考虑，未增加新的异读音。

表 3-2 所列“处女、处女地”在实际口语中读 chù 的比例远高于 chǔ，但是调查数据显示“处女”上声读音正确率为 25.45%，“处女地”上声读音正确率为 32.56%，说明原有审音所确定的读音仍有一定的占有率。本次审音仍然维持原有审音不变。“一会儿、多会儿”，在实际口语中多读 huǐr。调查数据显示“一会儿”去声读音正确率为 54.07%，“多会儿”去声读音正确率为 19.92%。本次审音维持原有审音不变。“铁骑、骠骑、一骑红尘妃子笑”，读 jì 音也较为常见。“友谊”的“谊”，实际口语中读阳平也很常见。这些读音虽然都占有相当的比例，但是实际读音符合原审音表的读音也占有一定的比例，本次审音均维持原有审音表的稳定，不做更改。

（四）原则 4　尽量减少没有别义作用或语体差异的异读

有一些普通话的词存在异读，而且这些异读并没有别义作用，也不存在文白等语体上的差异，给方言区人和外国汉语学习者学习普通话带来较大困惑。本次审音根据实际情况适当减少这种异读。

表 4 所列“杉篙、杉木”中的“杉”读 shā，这个读音与 shān 音并无别义作用，也没有语体上的差异，为北京话部分老派的读音，而且“杉木”读音 shā 的正确率仅仅为 8.16%，本次审音统读为 shān。“煤气熏着了”中的“熏”读去声 xùn，与普通的“熏”读阴平不同，但是意义上并无实质不同，也没有语体差异，而且“煤气熏着了”的“熏”读为 xùn 的正确率仅为 19.27%，本次审音予以统读 xūn。

（五）原则 5　历史理据和现状调查都不足以支持统读的个别条目暂时保留异读并提出推荐读音

部分条目在普通话中存在异读，在北方方言中往往也同样普遍存在异读，本次审音并未完全统读，仍旧用括注的方式保留异读，但是根据调查结果提出推荐读音。

表 5　审音原则 5 举例

旧审音表	新审音表	说　明
虹（一）hóng（文） 彩～　～吸 （二）jiàng（语）单说。	虹 hóng（统读） （口语单说也读 jiàng）	读音 jiàng 在北京话和很多方言口语中存在。

表 5 所列“虹”这一条，原审音表有文白异读，但是 jiàng 这个读音的正确率很低，“一道虹”中的“虹”读 jiàng 的正确率为 9.78%，尽管这个读音正确率较低，但是这个读音在很多方言中存在一定的可接受度。本次审音出于审慎考虑，口语音 jiàng 这个读音仍然用括注的形式保留，注明口语单说也读 jiàng，并提出推荐读音为 hóng。

本次审音有别于以往普通话审音的地方在于进行了较大规模的真实口语调查，对普通话使用者的异读现状进行多种形式的调查，结合历史文献、汉语方言和较大规模社会语言学调查，再根据以上的异读词审音原则对原有的异读词审音表进行审慎的审订，对其中问题比较明显的条目进行修订，对所修订的结果进行多种形式、多轮次意见征集，覆盖各个专业领域以及公众领域。而这一切审音工作的进展都离不开对审音原则的研究和探讨。对以往审音原则的整理、分析和更新，取得研究共识，进而确立新的审音原则，是这次审音工作的一个重要贡献。

参考文献

普通话审音委员会　1957　普通话异读词审音表初稿和本国地名审音表初稿，《中国语文》第 10 期。
普通话审音委员会　1959　普通话异读词审音表初稿（续），《中国语文》第 7 期。
普通话审音委员会　1962　普通话异读词审音表初稿（第三编），《文字改革》第 12 期。
普通话审音委员会　1963　普通话异读词三次审音总表初稿，《中国语文》第 1 期。
王洪君　2016　“粳”字的读音，《中国语文》第 4 期。
王　力　1965　论审音原则，《中国语文》第 6 期。
现代汉语规范问题学术会议秘书处　1956a　现代汉语规范问题学术会议决议，《现代汉语规范问题学术会议文件汇编》，北京：科学出版社。
现代汉语规范问题学术会议秘书处　1956b　国务院关于推广普通话的指示，《现代汉语规范问题学术会议文件汇编》，北京：科学出版社。

（原载《语言战略研究》，2017 年第 5 期，与刘祥柏合作）

英国首相如何成了“梅姨”？

英国首相特雷莎·梅（Theresa May）近日首次访华，网络上流传已久的她的外号“梅姨”被一些国内媒体用在非正式的一些报道评论中，央视记者水均益在采访梅首相时就用这个“梗”作为开头：

水均益先是问特雷莎·梅：“那么你在武汉的时候，有没有发现你有一个中国外号？”（So, when you were in Wuhan, did you realise that you' ve got a Chinese nickname?）

在梅姨回答“没发现”之后，水均益又继续追问：“很多中国人会亲切地叫你‘梅姨’。你成了大家庭的一员，你喜欢这个称号吗？”（A lot of Chinese people would affectionately call you, in Chinese, 'Auntie May'. You' re one of the members of the family. Do you like that?）

梅姨的回复是连说了三次“谢谢”：“哦，谢谢。真的，太谢谢了。我觉得非常荣幸，谢谢。”（Oh, thank you. Thank you very much indeed. I' m honoured by that, thank you.）

据中国观察家网报道，许多英国媒体对这个外号进行了解读，有的还以为是这次访华刚获得这个外号。英国 BBC 说“这个亲切的称呼通常都是用于北京的关键盟友”，“这个称呼意味着特雷莎·梅在中国受到极大的尊敬”：

图 1

《泰晤士报》则说这个绰号代表了中国人民对特雷莎·梅的喜爱：

THE TIMES Today's sections Past six days My articles

'Auntie May' wins over Chinese on social media

图 2

《独立报》还在标题上写着“特雷莎·梅访华期间，中国人开始称她‘梅姨’”：

INDEPENDENT News InFact Politics Voices Indy/Life Sport Busir

Chinese begin calling Theresa May 'Auntie May' during her trip

It comes as a bank travelling with the UK delegation raised the prospect of £1bn of credit for a Chinese infrastructure project

图 3

观察家网同时指出，英国首相还是卡梅伦的时候，特雷莎·梅的这一称号（指“梅姨”）差不多就广为流传了。当时她是内政部长。

虽然有些中国媒体指出了英国媒体的一些夸张解读，但是并没有说明特雷莎·梅是如何获得这一外号的。因为，在世界上，或仅仅在西方，女政治家就有很多，但是被中国民间称为“姨”或其他亲属称呼的，绝无仅有。仅从意思上推寻，确实不可思议。难怪《每日电讯报》就此用“疯了”（go crazy）来形容这一称呼的使用。

这个外号的获得和流行，也许有多重原因，但是最根本的原因，恰恰只是一个语言学上的原因——在现代汉语中，单音节难以成为外国人的姓氏或名字。

吕叔湘先生在《现代汉语单双音节问题初探》（1963）一文中就注意到，在人名、地名、数词等方面，“单音节的活动远不及双音节自由，不但单说受限制，在句子里也受些限制”。吕先生举例说：

> 汉人的姓有单音的，有双音的。比如有一个人姓张，人家问他“贵姓？”他可以回答“姓张”，也可以回答“张”。要是人家问他“你姓什么？”他多半得回答“姓张”或是“我姓张”，不大能够只回答“张”一个字。可是如果这个人姓欧阳，他大概就回答“欧阳”，不必再带上个“姓”字。熟人中间打招呼，常常听到的是“老张！”“小王！”“欧阳！”，不会听见“张！”“王！”，更不会听见“老欧阳！”别人在说话中间提到他们也是如此，单音的姓要在姓上加个“老”或“小”，否则就连姓带名说，可是双音的姓就可以光说姓。
>
> 用名字来称呼的时候，如果一个人是双名，比如说叫“张子平”，一般都叫他“子平同志”，只有陌生人才会叫他“张子平同志”。可是如果他单名一个“平”字，人家没法儿叫他“平同志”，多熟的人也只能连姓带名叫他“张平同志”。
>
> 外国人的姓，一般译出来不止一个字，称说的时候光用姓就够了，比如“高尔基”（仿佛姓高名尔基似的）。也有译出来只一个字的，就不得不连名字一块儿说，比如“萧伯讷”（这可真是姓萧名伯讷）。要不就给他加个“氏”字，管他叫“萧氏”。

拙文（刘丹青 1996）将这一问题概括为现代汉语词类和词长的相关性问题。汉语主要词类都有其明显的长度特征，典型的名词词长两到三个音节，不足两个音节的名词功能上受很多限制。动词的典型词长是一到两个音节，以单音节动词为最典型的动词。

既然单音节名词功能受限，尤其是姓和人名的单音节不便于称呼也不便于入句，因此，汉语在翻译外国人名时，就会尽量避免单音节的姓或名字，尤其是欧洲语言人名最后一段的姓氏，因为指称外国人最常用其姓氏，中国人连名带姓提及外国人的场合非常少。像吕文所说的“萧伯纳”（Bernard Shaw，当年也作“萧伯讷”）那样姓名换位的连称，后来并不是常规，“萧氏”也不是正式译名，更加常见的是以下两种方法。

第一，尽量将单音节的姓氏延长为双音节。这对译成汉语为复韵母和鼻韵母的音节比较适用，办法就是将其韵尾单独译为一个音节，哪怕这个韵尾已经在第一个字中出现。例如，有一位美国著名语言学家 Paul Kay，在网络词典“有道”中就是用“语言学家凯伊”作为条目来介绍他的。很多认知语言学的中文论文也都用“凯伊”称呼他。从音节对应来说，Kay 译为“凯”（kai）已经是非常对应了，原来的复元音后音素 i 也已出现在“凯”（kai）这个音节中了。但是，译者又将此姓最后一个音素 i 独立成字，表示为“伊”，组成双音节姓氏“凯伊”（此例也见于刘丹青、石汝杰 1993）。在现代汉语中，“凯伊”比“凯”更便于称呼，也具有更加自由的句法功能。再如美国有个短跑名将叫 Tyson Gay，他的通用中文译名就是“泰森·盖伊”。“盖伊”和“凯伊”的后字“伊”来历都是一样的，都是为了双音化而将复元音韵尾 i 重复提取得到的。鼻音尾的例子如 Sam，一般译为“山姆”而不是单纯的“山”。同样的 am 出现在“威廉”（William）、“鹿特丹”（Rotterdam）、“波茨坦”（Potsdam）等双音节三音节的人名地名中，就没有从中再抽取一个 m 构成“姆”。“山姆”是为了避免单音节的特别处理。

第二，尽量连名带姓一起称呼，避免单用一个单音节的姓。常见于不适合译为双音节姓氏的外国姓氏。如在 20 世纪英国撒切尔首相时代当过副首相和外交大臣的 Jeffrey Howe，中文名为“杰弗里·豪”。提到他的中文新闻总是称为“杰弗里·豪”，几乎看不到有单独称“豪”的。同样，美国黑人领袖马丁·路德·金（Martin Luther King, Jr）也从来没有单称“金”的。但是撒切尔首相的继任者 John Major 首相，一般中文报道却只称梅杰，不会每次都说“约翰·梅杰”。就因为“豪”是单音节，“梅杰”是双音节。

回到当今英国首相特雷莎·梅。从一开始，姓氏“梅”在中文正式文体中就按照对音规则被翻译成了单音节的“梅”，没有被特殊处理为双音节姓氏，这可能跟“梅”正好是一个中国姓氏有关。于是，正式报道中一般就用第二种方式来避免单音节姓氏，即连名带姓一起称呼。例如，《人民日报》（海外版）2018 年 2 月 1 日一篇报道她访问的新闻《英国首相特雷莎·梅访华第二天 偕丈夫参观故宫》，除了标题外，文中共出现9次“特雷莎·梅”，但是没有出现一次单独的“梅”。同样的内容如果用于姓氏超过一个音节的外国首脑，就不会每次都出现姓名全称的现象。例如，《人民日报》(海外版)2017年11月11日刊出一篇新华社的文章《通向中美关系更好未来——习近平主席同美国总统特朗普举行中美元首北京会晤纪实》，正文出现了22次“特朗普”，却没有出现一次带名字的“唐纳德·特朗普”。可见，“特雷莎·梅”的叫法完全是为了避免单说单音节的“梅”而采用的。

但是，民间不太愿意每次都说“特雷莎·梅”，这种分两段的叫法不太符合中国人口语称呼外国人的习惯。因此，在非正式场合，并不排斥采用第一种方法，即将复元音音节分解成两个音节。May和上文提到的Kay、Gay属于同类音节，都是以i元音结尾的复元音，甚至音值也完全相同——[ei]。既然Kay倾向于译为“凯伊”，Gay倾向于译为“盖伊”，那么“梅”译为“梅伊”就呼之欲出了。由于梅首相人届中年，正是中国人特别是青年人称呼阿姨的年龄，“梅姨”之称也就应运而生了。根据网络资料，“梅姨”的称呼早在她担任内政大臣时就已被广大在英中国留学生在网上用开了(当时在中国国内的人绝大部分还没有注意到这位政治人物)，当时她制定了一些对外国留学生较为严厉的政策，因而受到在英留学生的高度关注和经常性的评论。她的年龄，也正好是留学生这一年龄层网民的阿姨的辈分。考虑到当时她的严厉政策(这些政策在她出任首相后有所调整)，“梅姨”的称呼更多还是在汉语译名常例主导下的一种谐音叫法。假如没有“梅”的单音节限制，则不会形成这个外号。最根本的原因在于汉语是一种对音节数目高度敏感的语言。

至此，我们大致可以看到，“梅姨”称呼的来历，最重要的是汉语对单音节姓氏译名的用法限制，以及由此形成的一些变单音为双音的规则。而这个外号从国外传到国内得到广泛流传，也首先是因为它高度符合单音节姓氏译名双音化的常例，跟Kay(凯伊)，Gay(盖伊)等高度一致。而在中英关系“黄金时代”的背景下，这个名字进一步被赋予一些亲切、尊敬的意味，也非常自然。

参考文献

刘丹青 1996 词类与词长的相关性——汉语语法的“语音平面”丛论之二，《南京师大学报》（社会科学版）第2期。

刘丹青、石汝杰 1993 专名翻译规范化的两大课题——统一与保真度，《语言文字应用》第4期。

吕叔湘 1963 现代汉语单双音节问题初探，《中国语文》第1期。

（原载“今日语言学”公众号，2018年2月6日）

语言学对汉语史研究的期待*

一、汉语史研究的三种不同取向

我在2003年来浙大做讲座，就专门谈过对汉语史研究的一些看法。2005年在河北师大举行的全国博士生导师论坛上，我又专门就语文学和语言学的关系做过专题发言。今天的发言是在以往这些思考基础上的继续和发展。

汉语史的研究，存在三种不同的取向。

一是面向文献的汉语史研究，它主要是为了解决古代文献解读中出现的种种问题。

二是面向古代活语言的汉语史研究，它主要目的是还原作为活语言的古代语言系统性状况及其演变过程。当然，由于不可能有现代人对自己母语的那种语感，能掌握的古代材料毕竟受限，这种系统的还原不可能是百分之百实现的。

三是面向普通语言学的汉语史研究，其目的是让汉语史的研究推动普通语言学理论的发展。

这三者的关系是，有关联而又不同，能相互促进，并不能相互替代。

由于研究目的不同，三者各自形成了自己的一些研究范式。但它们的研究对象毕竟有很大的共同点，因此它们的研究成果是可以互相促进的。这三种取向出现时代不一，但有不同的学术功能，并不能互相代替，不是更替关系。不能认为后起的研究范式就是唯一先进的，应当完

---

* 本文是在"第五届《中国语文》青年学者论坛"（浙大大学，2017年4月9日）上的发言，由唐正大根据发言提纲和录音整理，经作者本人阅校修正。

全取代早先已有的研究范式。也不能认为早先原有的研究范式就是研究汉语史的唯一正道，对后出现的研究取向采取排斥态度。更不能认为早于自己的都是落后的，晚于自己的都是不可靠的。相互吸收促进，各自蓬勃发展，是它们最健康的学术发展之道。用错误的眼光看待三者关系，就会导致不必要的相互排斥，无端损耗宝贵的学术资源。

我高兴地看到，这次论坛的东道主浙江大学作为汉语史研究的重镇，三种研究取向都存在，都发展得很好，而且形成了健康的互动关系。这是非常可喜的。

我今天要谈的语言学对汉语史研究的期待，主要是就第二第三种取向而言的。

二、汉语音节结构、音节显赫程度及其与汉字的关系

汉语的一大特点是音节显赫。音节显赫的古今表现并不完全相同。这是需要深入思考的。例如，可能存在的复辅音、声调的有无，都会对音节的显赫度产生影响。具有复辅音的语言，其音节显赫就没有单纯的CV或CVC语言强；有声调的语言，音节显赫强于无声调语言。

先看如何解释非音变关系的谐声现象。很多谐声，发生在语音特征相距很远、难以用语音演变来理解的语音之间，如明母晓母的谐声——母每梅霉（明母）—悔晦（晓母），一个是双唇浊鼻音，一个是舌根清擦音，几乎没有任何共同点，为什么能用同样的声符？用很多语言存在的这类复辅音来解释是最自然的。当然也有人提出清鼻音等解释，也需要进一步论证是否在清鼻音之前或之后阶段经历过复辅音的阶段。再如见组与来母的谐声——各格阁（见母）—络洛落骆（来母），很难设想见母和来母能相互演变，用亲属语言藏缅语也存在的kl-或kr-一类复辅音解释是最贴切的；况且“角”的意思后代还有“角落、旮旯”等双音节现象，用复辅音的裂化是最好解释的。同时也解释了“角里先生”为什么要念作甚至写作“角里先生”，还有仍存在于苏州的“角直”一类地名，字也是“角”减去笔画，用复辅音的分化也是最好解释的。

象形-音节类文字不必起源于音节特别显赫的语言，很多跟汉语音系类型不同的语言都产生过象形-音节类文字，但是音节显赫会长久维持文字的音节属性。其他很多象形-音节类文字最终变成了音素类拼音文字，而汉字作为持久地记录汉语的工具，和汉语的音节越来越显赫有关。汉语的音节变化，包括复辅音的丢失、声调的产生，都把汉语的音节包装成一个更加坚固的整体，在这种情况下，汉字没有像别的语言的文字系统那样从音节文字向音素文字发展。我们知道，汉字跟词语、语素的关系非常复杂，不像汉字和音节的对应关系那么简单。现在很多人在研究字词关系，研究各种各样的通假关系，就是因为字和词不是对应得十分整齐的。

汉字对应音节显赫的程度在不同时代不一定是等同的。有些情况下，例如昨天田炜报告中所举到的例子，“事”和“吏”，早期可以用同一个字“吏”记录这两个不同的语素，后代觉得，它们的差别越来越大了，读音也可能不同了，所以秦统一六国“书同文”的时候，就分开用两个汉字来记录了。再如沈培老师昨天报告中提到的“遂～顺”和“遂～阅”之间的通用关系，从出土文献释读的需求，这已经给出了答案。但作为活语言的探究，我们还需要了解，这些后代显然不同音的汉字，当时究竟为什么能通用。是方言差异，还是汉字本身可以记录不同的音节和语素，还是同一个语素 / 词可以有不同的读音，还是当时同音的汉字后来读音分化了？按什么规则分化？从这些例子，至少可以看出，汉字最初记录音节的时候，并不是非常精确的，例如不能精确反映出复辅音的情况。因此，也就不能单凭汉字现在记录汉语的模式来断定古代的字词关系。

三、早期汉语的形态问题

早期汉语的形态问题更为复杂。形态跟音节显赫有密切的关系。音节高度显赫的语言会抑制形态的发展。音节显赫的语言，每一次形态变化都要以音节为单位，负担太重。最近我读拉丁语、希腊语的语法，一个动词有大量的变位形式，可以多达 200 个，这在音节显赫语言中是不能设想的。但上古汉语中，我们假定有复辅音、有复杂韵尾的存在，那么，有可能存在比现代汉语更复杂的形态。比如，大家熟知的《公羊传·庄公二十八年》："《春秋》伐者为客，伐者为主。"何休注："伐人者为客，读伐，长言之"；"见伐者为主，读伐，短言之"。古书只留下了汉字，我们很难想象这种用元音长短来表示主动和被动的情况只发生在一个动词身上，这不符合语法的系统性。所以，其背后隐藏了哪些形态变化，我们至今了解得不够。当然，有时候读音差别到一定的程度，我们会用另外的字形来表示，有构词的、构形的，因此滋生出很多的同源字词，有些人用形态或者构词去解释。王力先生编写了《同源字典》。同源字典提供了有同源关系的各种词的语音关系，给了我们一个研究的起点，却不是终点，我们要解释这些同源字词到底是什么关系。"刚"和"坚"古声母相同，韵母不同，韵母之间是什么关系？为什么不同？同源字典中，有同音、双声、叠韵、旁转、对转等情况，导致或实现这些语音差异的机制是什么，动因是什么，在当时的语言系统中是什么存在状况，都需要解释。有些可能有方言的差别，例如北方人说"宽"，吴语人对应的是"阔"，再如"端（张凳子）"和吴语的"掇（张凳子）"的对应，这都是符合阳入对转。"阴阳对转""阳入对转"，不是单一的原因，有的是古代就存在的方言差别，有的则可能是形态变化。王力先生把这种现象给我们列出来，我们不能满足于知道这些现象，还应该探究到底是什么导致的。比如我们知道"教"和"学"是同源字，但是到底是先有"教"然后有"学"还是反过来的情况？是根据什么规则变音的？作为语言学的古汉语研究，就要努力回答这些问题。

这里要谈谈以下四个现象的相互关联，即，音节显赫、声调显赫、量词和连动句。这四个现象从音素到词类到句法呈现出高度的相关关系。以粤语作为突出例子，音节显赫，声调显赫，量词发达，功能丰富，连动句发达。往西北方向推，声调越来越少，有的方言只剩下两个声调，有的方言几乎要讨论有没有声调的问题。另外，量词数量减少、功能减少，很多方言常用一个"个"来解决问题。连动式，有些西北方言不如东南方言发达，不过这方面描写材料不多，还有待进一步调查。

我们再看看非汉语，比如壮侗语，音节显赫，声调显赫，可以多达近十个声调，连动显赫，量词功能发达；到彝语支，音节比较显赫，只有CV结构，最多有少量CVC结构，没有复辅音，量词功能少于壮侗语，但比西部的语言要多很多，连动式也比较发达；到羌、藏语言，复辅音多起来了，声调则有的语言有，有的没有，不稳定，量词似有似无，数词可以和名词直接组合，没有连动句，或只有少量的和“来”“去”组合的连动句。也就是说，这四个因素高度相关。因为，量词主要出现于形态不发达、数范畴不发达的语言中；我在《民族语文》2015年的文章中环顾了汉语周边诸语言，发现连动显赫只存在于孤立的、形态不发达的语言。比如阿尔泰语言完全没有连动，要靠“副动词”也即一种类似动词分词的形态手段来表示。都是从东南到西北，越来越减弱。这说明，空间推移、语言接触的力量有时候大于亲缘的力量，比如东南方言和壮侗语的共同性，要多于亲缘上和我们更近的藏缅语的关系。而我们建立谱系关系的时候，主要依靠基本词的语音对应关系。另外，所有东南亚的语言显示，连动发达的语言都是形态不发达的语言，连动不发达的语言都有较发达的形态。那么，回到上古汉语，上古汉语是什么样的语言？我们认为，上古汉语音节显赫程度不如广东话，它有复辅音，声调没有或不发达，量词还没有批量产生，数名可以直接组合，连动不发达。因此，其形态应该要发达一些。古汉语中，连动即使有也仅限于少量动词，如“来、去”类。其他一般要加“而”等连词，我们在东亚地区找不到一个连动不发达、音节和声调不很显赫、量词不发达的语言却同时没有形态。因此我们认为，上古汉语并不是我们曾经设想的完全孤立型的语言，应该有比较丰富的形态体系。这有待汉语史学者去深入开掘。

四、汉语不同时代的语言生态——从文献中的汉语还原生活中的汉语

汉语史的研究除了微观研究，同时应该多关注汉语不同时代的语言

生态，这里说的语言生态，就是要尽可能还原当时语言交际时的语码关系是怎么样的——也就是说，多语多言状态下，不同语言之间的关系是什么样的。比如，我们研究文献，把甲骨文、金文、西周、春秋战国文献，作为一条线来研究，但是我们知道，在上古时代，来自甘肃、陕西的周部落，是跟羌有关的。“羌”就是“西戎牧羊人”。而周部族中有显赫的“姜”姓（吕尚姜太公之姓），虽然从女是华夏古姓用字的常态（姬、姒、嬴、姚等），但是“姜”和“羌”在字形上、读音上的高度关联又可能蕴含着族群关系的重要信息。而殷商的地域特征和族源关系，与之显然有别。我们现在也看到，甲骨文里的有些文字现象、语法现象、词汇现象，和金文、周朝的语言关系有近有远。而后来的文言文主要受周朝、春秋战国先秦文献的语言的影响，而受甲骨文影响很小，比如先秦文献最显赫的“之、乎、者、也”在甲骨文里面不显赫甚至有的还没有。那么它们到底是不是一种语言？他们的族源关系导致的语言混合现象如何？这些问题仅从文献解读的目的出发，不会去讨论很多；从语言学的角度出发，就要尽可能还原这些东西。比如我们会问，周代各诸侯国之间的是怎样的语言关系？吴越之间？齐楚之间？晋楚之间？秦晋之间？北方人和楚国人互相嘲笑对方，所谓“南蛮鴃舌”之类；声称“我诸戎饮食衣服不与华同，贽币不通，言语不达”或“我蛮夷也，不与中国之号谥”的群体，到底是像今天汉语和少数民族语言这样的关系，还是方言间的关系？另外，分封制和发展的不均衡导致了统治集团的族源和被统治集团的族源不一定相同。楚国的统治者可能有汉族族源，百姓是哪些民族不很清楚。吴国的统治者是西周的嫡系，但是当地的人是披发文身的百越先民。越国的世系可以追溯到跟褒姒一样的“姒”姓，即大禹的后代，是不是真的可靠？我们看看吴越两地君王的名字——阖闾、夫差、勾践等，有些有汉族的特点，有些看起来像百越民族的。再如，《越人歌》是什么语言？有些学者如郑张尚方和韦庆稳等将其语言与泰语、壮语建立起联系，这说明，当时这些地方的主体民族是壮侗系的百越民族。也另有说法，大禹就是从越地北上的。

同样的问题，也适合于汉代之后。如汉朝与匈奴的语言关系，张骞出使西域是如何解决语言问题的，魏蜀吴的语言关系，它们和西凉马腾马超集团的语言关系，五胡乱华时的语言交流问题，郑和下西洋时是如何解决语言问题的。

这里也涉及对文献语言研究的反馈。《切韵》的音系到底在什么方言状态下存在？历代共同语或标准语是怎样的存在方式？这直接影响到对《切韵》音系性质的解读。

《切韵》曾被认为是所有汉语当代方言（至多除了闽语之外）的共同祖语。但是《切韵》形成的隋末没有方言差异吗？《切韵》时代的方言差异有多大？它们现代在哪儿？元代的汉儿言语、清代的八旗语言，到底是怎样的存在形式和状态？这些问题，不但对我们了解中国历代社会生活的真实状况和族际关系至关紧要，而且对于很多语言现象本身——例如近代汉语一些后置词的自源与他源等问题——至关紧要。

社会语言学关注的语言生态，需要向古代汉语延伸，但是社会语言学的基本方式——社会调查——对古代汉语不适用。因此，只能靠文献记载与语言材料的结合来逼近事实，当代多民族地区的语言生态也能为还原旧时语言生态提供参照，但不是本证。

此外，我们还有中山国、渤海国这样的非汉族群体，以后的五胡乱华、汉儿言语等，都显示出了当时复杂的语言生态样貌。更早时，河姆渡、半坡、红山、良渚这些文化的主体民族是什么语言的？那些少数民族首领的姓名是什么语言的？那些地名是什么语言的？他们是如何交际的？不同语言之间是如何实现有效交际的？不同方言之间是如何交际的？古代的方言差异跟今天的方言差异哪个更大？对于这些问题，我们现在囿于条件，无法像今天的社会语言学这样进行实地调查、多语多方言的调查，但是我们应该努力从文献中寻找线索，并结合其他历史、考古等材料，进行复原式研究。

总之，建立汉语史研究中的语言生态研究，对揭示各个发展阶段汉语和周边语言的谱系关系、历史发展、类型特征、地缘特征都有着很重要的意义。

这是我想到的语言学对汉语史研究的一些期待，当然只是部分的，却是我们最希望获得的信息。

（原载《上古汉语研究》第二辑，商务印书馆，2018 年）

语言资源保护与差异化语文政策*

中国是语言资源最丰富的国家之一，汉语是世界上方言分布最广、方言种类最多样的语言之一。这个时代，借助大规模的调查研究，包括中国政府推动的语言保护工程，有史以来，人们首次有幸能俯瞰汉语方言的概貌并深入了解其丰富细节；与此同时，今天也是我们不幸面临汉语方言最大生存危机的时代。这有幸和不幸，都跟中国的经济发展有关。应对汉语方言的紧迫生存危机，可以采取很多措施，但是，本文将通过分析提出，语言资源保护非常需要差异化的语文政策，这是当前最迫切的要务。

差异化可以分为时、空两个方面。语文政策的与时俱进，就是一种时间维度的差异化。今天要说的差异化，主要是指空间维度的差异化，包括社会结构维度的差异化。

一、语文政策的与时俱进——时间维度的差异化

差异化，就是某一方面的国家政策，因为某些因素而对不同对象做不同的规定。应时间维度的客观形势变化而调整语文政策，就是语文政策在时间维度的差异化。

---

* 本文受中国社会科学院创新工程项目“汉语口语的跨方言调查与理论分析”和中国社会科学院“登峰计划优势学科——语言类型学”的资助。曾在联合国首届世界语言资源保护大会（2018年9月19—20日，长沙）上报告。本刊匿名审稿人提出了非常有益的修改意见，尚存的问题均由作者负责。

1950 年代，中华人民共和国刚刚成立，作为一个地域和人口大国，当时的局面是共同语影响力相对有限，大部分人口以各自的方言为唯一交际语码，地区之间难以沟通，文盲率极高。对此，国家制定了文字改革的三大任务：简化汉字、推广普通话、制定和推行汉语拼音方案。围绕三大任务所实施的各项语文政策和措施，包括普遍性识字教育（扫盲），还有汉字简化、异体字整理、普通话审音、规范化词典的编纂等，较快提高了人民大众的文化教育水平，为经济社会文化的发展和日后的改革开放奠定了基础。

40 年前开始的改革开放，极大地改变了中国人的社会生活状况，也带来了语文生活的新变化。巨量人口的跨地域流动使学习和使用普通话成为人们的自觉追求；电视等媒体的传播力远超原有媒体，普通话及各项语文标准获得空前普及，电脑打字让已经掌握的汉语拼音变得更加纯熟，简化汉字则实际上早已成为唯一的通行字体。在此背景下，1985 年，中国文字改革委员会改建为国家语言文字工作委员会，全国语言文字工作会议随即于 1986 年初召开。语文工作的任务，由中华人民共和国成立之初的三大任务，转变为以语言文字规范化、标准化及稍后的信息化为重点。这些工作重点，对于普通话的进一步普及和提高，对于中国传统文化的继承发展，对于新闻出版、教育、窗口行业等方面工作和服务水准的提高，对于信息化和智能化时代的语言文字应用和处理，对于汉语国际教育和传播，对于海内外华人之间的交流，都起到积极作用。上述简史说明语文政策在时间维度的差异化有着非常积极的意义。

二、当前语文工作面临的新形势：语言 / 方言资源保护任务紧迫

自 1985 年以来，又有 30 多年过去了，改革开放则已经迎来了 40 周年。随着中国经济社会文化生活的快速发展，语言文字工作面临新的

形势，语言资源的保护工作摆上议事日程，成为语文政策和语文工作者必须面对的重大课题，其社会背景如下。

改革开放以来，大量人口出现经济驱动的多向流动，也加快了城市化步伐。这一进程区别于中国历史上缘于战争、灾荒、拓荒等的人口流动形式。在此进程中，普通话作为流动大潮中必要的交际工具甚至谋生工具，也作为流动目的地居民所需的交流工具，成为多数人口的普遍需求。普通话的普及，从政府的有意推广变成了人们的自觉追求。传媒的发达和社会的信息化，使流动人口和各处的本地居民都需要以普通话获取生存发展所需的信息。普通话普及率主要依靠自发的力量并借助传媒的帮助而迅速提升。据国家语委统计，截至2015年底，中国普通话普及率已经约达73%，大城市普及率超过90%。有些农村地区则只有40%左右。[①] 考虑到中国老龄化程度，2017年60周岁及以上人口有24090万人，占总人口的17.3%。可以推算，很多城市地区的中青年和儿童普通话普及率应该已经接近百分之百，例如周元雅（2011）对无锡老城区的调查显示，“受调查的无锡市区15—35岁的青少年从小就习得了普通话，并且几乎都能熟练地使用普通话进行日常交流”。就大部分城市地区而言，已经很少发生因为普通话不够普及而影响交流的现象。另一方面，在偏远、多民族和贫困地区，普通话普及率还比较低。这种低普及率也成为劳动者走向市场、参与竞争、摆脱贫困的障碍，以推广国家通用语言为主体任务的语言扶贫遂成热门话题和急需加强的行动。

普通话在城镇地区的推广取得空前成果的同时，各地方言则在城镇地区以空前的强度和速度在消退，当然会因地区而略有差别。这一消退有三大现象特别值得重视。

（1）体现语言活力的青少年方言能力和使用率断崖式下降，方言代际传承面临断裂

---

① 参见 http://www.moe.gov.cn/srcsite/A18/s7066/201704/t20170401_301699.html 和 http://www.moe.gov.cn/jyb_xwfb/xw_tbh/moe_2069/xwtfbh_2017n/xwfb_2017090802/mtbd_2017090802/201709/t20170911_314098.html。

青少年的方言使用能力和比例，是一种方言的活力和前景的最重要指标。从目前文献中反映的数据来看，最近很短的年份内，青少年方言能力和使用率跟他们的上辈相比，呈现断崖式的下跌态势，方言代际传承的前景很不乐观。

据澎湃新闻2018年1月24日报道，[①] 上海金融与法律研究院在2016和2017年进行了两轮“上海社会认知调查”，每一轮都调查了1000个以上的样本，调查问卷中也包括上海话的模块。调查对象是18岁以上的成年人。调查显示，所有上海人中，表示自己会流利说上海话的百分比达到96%；而能听懂但不会流利说上海话的上海人占3.3%；真正不会说上海话乃至听不懂上海话的上海人，百分比在1%以下。但是在低于25岁的样本中，只有70%的上海青年人能熟练说上海话，而不熟练的上升到了30%。在成年人总人口96%熟练使用的情况下，中老年人肯定还高于这个比例，而到18—25这个年龄段，一下子降为70%，这已经可谓断崖式下跌。

陆英（2009）的苏州话调查资料稍早一些，是2008—2009年进行的2054名5—13岁苏州儿童的方言使用情况调查，但是也已经反映了断崖式衰退的速率。家庭中能熟练、较自然地使用方言的三代人百分比为：祖辈96%、中间辈92.8%、小孩辈65.6%。呈现的是加速度式的衰退。10年过去了，这一数字肯定又低得多。

再看在各大非官话方言中比吴语更强势的闽南话。

据陈燕玲、林华东（2011）在2009—2010年对闽台五地（厦门、泉州、漳州、潮汕、台湾）1965人的问卷调查，40岁以上熟练掌握闽南话的百分比是92.6%，10岁以下（不含10岁）的是54.8%，10—19岁的是58.5%。2009年的10岁以下被调查者，到现在正是10—20岁的青少年群体。从92.6%到54.8%也是断崖式下降的态势。再看陈燕玲、林华东（2013）2010—2011年对泉州城乡中小学生使用方言情况所做的调查（共294人，城与乡、男与女、中学与小学都基本对

① 参见https://www.thepaper.cn/newsDetail_forward_1956534。

等）。统计显示，日常交际中，城市生使用方言和方言多普通话少的百分比为 24%，使用普通话和普通话多方言少的为 76%。农村生这两项分别是 58% 和 42%。再从年龄看，10—20 岁城市生这两项分别是 37% 和 63%，到 10 岁以下变为 17% 和 83%，10—20 岁农村生是 79% 和 21%，到 10 岁以下变为 37% 和 63%。从百分比看，使用方言按年龄递降的幅度非常显著，农村下降幅度尤大，从方言绝对优势陡降为普通话压倒优势。而城市 10 岁以下学生使用方言和方言多普通话少的百分比已经只有 17%，刨去方言多普通话少的人，日常说方言的只占 6%，到 8 年之后的今天，恐怕比例更小了。

《钱江晚报》2015 年 9 月 15 日提供了一个杭州话的实例。[①] 杭州省府路小学的华汗青老师教一年级，一摸底，班上 40 个孩子，会说地道杭州话的只有一两个。她刚带完的一届，30 多个学生也只有 3 个会说杭州话，而且说得并不地道。而她 30 年前刚工作时，一个班 40 个孩子，几乎没有不会说杭州话的。这是断崖式下降的实例。官话区方言也不容乐观，如有统计数据显示，武汉近 70% 的年轻人不会讲武汉话。[②]

从以上统计数据和实例看，多个方言区熟练掌握方言人数比例的断崖式下降已经是一个现实的大势。按此速率变化，这些方言在有限年份内基本消亡的可能并非完全不存在。联合国濒危语言评估指标（范俊军 2006）将代际语言传承列为第一条，而一种语码掌握人数和使用人数的断崖式下降，昭示的是代际语言传承的脱节甚至断裂，是濒临危险的明确信号。

（2）家庭及私人场合使用方言的环境急剧萎缩

学校是推广普通话的前沿，城市公共场合是普通话通行之处，家庭是方言最后的领地。从陈燕玲、林华东（2011）调查的 2009 年闽南话情况看确实如此，如泉州一地：

---

① 梁建伟《18 年大力推广普通话后杭州的小学又教起了“木佬佬”》，《钱江晚报》2018 年 9 月 15 日 A0016 版。

② 明海英《科学保护方言　留住声音中的乡愁》，中国社会科学院网 2015 年 11 月 23 日。

表 1　公共场合和私密场合被调查者语言使用的情况

地点	在家与长辈交谈（私密场合）						在酒店、商场、车站交谈（公共场所）					
	普通话		方言		普通话+方言		普通话		方言		普通话+方言	
	人数	占比	人数	占比	人数	占比	人数	占比	人数	占比	人数	占比
泉州（510 人）	68	13.3%	403	79%	39	7.7%	324	63.5%	129	25.3%	57	11.2%

其中在家与长辈交谈说方言的百分比为 79%，说普通话的只占 13.3%，两者都说的占 7.7%。其他四地闽南话百分比在这上下浮动。但是，到 2010—2011 年，单纯调查泉州中小学生，统计数据陡变（陈燕玲、林华东 2013）：

表 2　城乡中小学生私密场合语言使用的选择

交流场合	地区	普通话（%）	方言（%）	二者兼用（%）
与父母交谈	城市	49	45	6
	农村	13	86	1
与祖父母交谈	城市	26	70	4
	农村	12	87	1
与同龄人交谈	城市	86	9	5
	农村	54	40	6

城市学生与父母用方言交谈的百分比只占 45%，已少于只用普通话的 49%。与祖父母交谈用方言的比例高于此数，但也低于所有成年人跟长辈说话时用方言的平均数。这一统计已经过去七八年了，按此趋势，今天使用方言与父母交流的学生一定又显著下跌了。而与同龄人交谈——这是最反映说话人内心真实取舍的环境，因为彼此亲密而平等，不需要迁就对方——用方言的城市学生只有 9%，两者兼用的也只有 5%，86% 的人都只用普通话交际了。试想当这一代人成为家长和社会主体时，方言还有多少存活空间？

再来看看苏南吴语区的情况。据陆英（2009）的调查，苏州家庭三代人之间交流用苏州话的比例呈现如下格局：

表 3 苏州家庭三代交流时用苏州话的比例

	与祖辈交流	与中间辈交流	与小孩辈交流
祖辈	—	96.1%	88.7%
中间辈	93.0%	—	65.9%
小孩辈	76.1%	60.9%	—

从表 3 可见，祖辈和中间辈之间交流基本用苏州话，中间辈跟小孩辈用苏州话的方言交流骤降到 65.9%，比他们与上辈交流用苏州话的比例下降近 30 个百分点。而小孩辈跟祖辈交流也只有 76.1% 了，跟中间辈交流更是只剩下 60.9%。

再看邻城无锡，据周元雅（2011）对老城区 180 名 15—35 岁无锡人的调查，在和父母交谈一项中，选择无锡话的有 147 人；选择普通话一项的有 13 人，其中 11 人是 20 岁以下的中学生，25—29 岁的有 2 人。可以看出几乎全部 20 岁以上的人群和父母都选择使用无锡话来交谈；而 20 岁以下人群中，有 37.9% 的人使用普通话来和父母交流，用方言的人数下降得极快，从 30—35 岁的 100%，骤降为 62.1%。

以上数字凸显的，不是各年龄层在家庭中使用方言的总体比例，而是青少年相比上代人使用方言比例的下降速度。这些数字大都是 10 年前的数据，根据这种下降速率，今天的青少年在家庭中使用方言的比例肯定是进一步显著下降了。

（3）方言成为很多本地人尤其是青少年的受限语码，表达功能急剧退化

仅仅使用方言并不能充分显示方言的生命力。表达能力是一种语码活力的重要体现。

语言或方言都是一个社会共同使用的交际工具，正常情况下，都能充分表达说话人想要表达的语义内容，达成交际目的。这样的语言 / 方言是完整的语码系统，具有足够的语言活力。目前的汉语方言，对很多年长母语人来说，仍是这样的语码系统，即使需要引进新的词语，也都可以用对应的方音说出。然而，目前很多人虽然自认为是方言掌握者，却将方言主要限定在日常生活领域，即常规的衣食住行一

类内容。上引澎湃新闻的报道提到，“很多专业人士表示，上海话只适用于日常生活的交流，而不适用于专业讨论，上海话中缺少很多专业词汇，也确实很少在专业场合使用。很多上海籍学者在教学和学术讨论时，都立即切换成普通话。大家都表示用上海话进行学术交流，感觉会很奇怪。”实际上，不仅是专业词汇，社会上很多新生事物、新现象、新概念，都在看似方言使用的场合以普通话的读音夹杂其中，甚至连带所在句子都改用普通话表达。方言自古具有从共同语及其他方言吸收新词语的能力，需要的只是将共同语或其他方言的读音折合成对应的本方言读音，任何术语都可以直接用对应的上海话语音说出。所谓上海话缺少学术词汇、专业词汇乃至任何新词语，这是真正的伪命题。问题的实质是，很多方言母语人丧失了将共同语词汇与本方言词语建立语音对应关系的能力，丧失了将共同语句式折合成方言表达式的能力，已有词语和表达式构成了固化的词库和有限的结构形式库，失去了语言本该有的滋生能力。这样的语码已经背离了语言的能产性，预示着难以为继的前景。联合国濒危语言评估指标中的第四项是“语言使用域的走向”，分为“通用”“多数语域”“家庭和诸多功能”“有限”“非常有限”五等。再往下就是灭绝。现在上海话的情况，对大部分人来说，已经处在第四等“有限”和第五等“非常有限”。我的一位上海中年同行朋友，每次跟我说话或打电话都是用上海话的寒暄开始，但是一进入讨论工作事务，还不一定是学术问题，就立刻拧到“普通话频道”。这正是语域“非常有限”的典型写照。上海话是吴语区内的强势方言，在其他吴语城市，方言的使用功能域可能更加受限。吴语以外的汉语方言区也都不同程度存在上海话这类情况，甚至更加严重，因为方言的使用人口也是濒危语言评估指标中的一项，上海话毕竟在使用人口方面仍胜过绝大多数地点方言。

从前引统计数据看，农村的方言使用率比城市要高。但是，不能高估农村在方言保护中的作用。中国社会的文化中心和优势方是城镇，汉语方言历来存在城市向集镇、集镇向农村的单向扩散模式。城市方言的生存危机，也必然向农村扩散。而且，农村的方言本身因人口少而比较弱小，不少村庄还出现了空壳化现象，村中仅存留守老年人和儿童，甚至出现了村庄数目大减的情况，使方言在农村的长期生存基础面临严重弱化。

以上所说的3项——有方言能力的人断崖式下降、家庭和私人环境的方言使用急速消退、方言社会功能域缩减为严重受限——任何单独一项都会对方言的持久生存构成严重而迫在眉睫的威胁。而现在是这三大现象并存，方言实际上大面积地到了生死存亡的关键时刻。如果我们这代人无所作为，很可能大量方言就在当今很多人的生命跨度里或者说眼皮底下走向实际上的消亡。当前我们需要的，不仅仅是记录保存式的保护，而是对方言活态的拯救。

三、拯救方言活态的科学方略

自从提出语言资源保护概念，尤其是中央《关于实施中华优秀传统文化传承发展工程的意见》提出“大力推广和规范使用国家通用语言文字，保护传承方言文化”后，如何在推广国家通用语言文字的同时保护好方言文化，已经成为各地教育部门、语言文字工作部门和语言学者及各界人士关注的课题。

在此背景下，大量保护方言文化的措施被提出和实施，除了将方言资源进行多媒体的典藏这一最大规模的语保工程外，还有让方言知识走进课堂，编写方言教材和词典，进行方言比赛，开设报章方言专栏，举办方言培训班，增加方言电视节目，观赏或参与方言类文艺活动，等等。

所有这些活动，对于方言保护都有毋庸置疑的积极作用。但是，这些举措和活动均非治本之道。它们的共同特点，或者说弱点，是用对待一种外语的方式来对待方言，试图像教学外语那样来解决方言的传承问题。

然而，方言对于本地人来说，不是外语而是母语，不是第二语言而是第一语言。这里的根本区别在于，外语是需要专门的教学和学习者有意识的努力来掌握的；母语是在语言交际的自然环境中自然而然、轻松愉快地掌握的（刘丹青 2015）。方言保护和传承的最关键因素，是要创造母语获得的条件，让儿童在正常的母语交际环境中轻松地掌握。这种环境，早期主要由父母为主的身边亲人或加上保姆等构成，稍晚还要加上同龄玩伴间的交际。到儿童踏进小学课堂之前，母语的基本内容已经在没有老师参与的情况下系统获得了。

方言能力和方言使用在青少年中的断崖式衰退，主要源于方言交流环境的缺乏。由于普通话社会功能不言而喻的重要性，包括上学之后必然以普通话为首要交际语言和唯一教学语言，因此很多家庭让孩子从小就生活在普通话的单语环境中，即使家庭成人成员之间用方言交谈，面对孩子也切换到普通话，哪怕是家长或祖辈不标准的普通话；家长所教的第一批词语、第一批句子，都是按普通话发音的。有的家庭在孩子已经好几岁之后，才让孩子有机会像大人一样用方言说话，有的家庭永远不提供这种氛围，只要涉及孩子，一律使用普通话交流。于是，常见的情况之一是方言的非母语化，更差的情况则是方言像是一种略能听懂而不会说的外语，听懂只是因为在身边长期存在（限于成人们之间交流）。

逐渐走出家庭之后，方言的陌生化一般更为加剧，因为幼儿园通常提供更纯粹的普通话环境，有意或无意的方言交际都不被鼓励甚至被制止。很多人直到中学，才滋生一些学习方言的意愿，因为发现成人之间至少有时候用方言交流，会不会方言似乎成为成年与否的标记，这种感觉使得希望成人化的少年，尤其是男生，可能滋生使用方言的意愿，并付诸行动。周元雅（2011）对无锡青少年的调查也反映了这种心态。但是，由于学校对方言的禁止，以及随处可见的“说普通话，做文明人”一类宣传牌，将说方言与不文明行为直接挂钩，使青少年最重要的交流渠道——同龄人交流没有方言生存之地。在这样的情况下，方言迅速走向衰落甚至衰亡是高概率事件。

无论家庭还是学校，进行普通话单言培养的初衷，都基于一个信念：说方言会干扰普通话的获得。但是，这个观念已经被证明是错误的。实际上，拥有双语能力是世界上大部分人的常态。例如，根据 Harris & McGhee Nelson（1992），世界上多数人生活在双语甚至多语环境中。而 Marian & Shook（2012）《双语人的认知收益》一文，以心理学实验证明，双语双言甚至多语多言成长的环境，能培养出更有智力优势也更有交际能力优势的孩子，甚至在年老之后能延缓大脑衰老的时间。学者们已经观察到这种优势的具体的心理学机制和神经语言学机制。近来国内也有这类实证研究成果。陈穗清、欧阳颖（2017）通过在广州地区幼儿园小班、中班、大班的实验发现，单言儿童、双言儿童在认知任务中的得分存在显著性差异，粤语-普通话双言儿童的认知灵活性具有相对优势。粤语-普通话双言儿童与双语儿童（如英-汉双语儿童）有着相似的认知机制。因此，家长们，尤其是自己说方言的家长们剥夺孩子学习和使用方言的天然条件，是一种对孩子健康成长的不良干涉，而且可能是一种降低孩子认知能力的干涉。我们应当通过科学宣传和教育，破除家长和教育者的这种认知误区，让孩子们回到由方言环绕的成长环境中。在当前普通话如此强势的大环境中，家庭的方言小环境根本不会影响儿童普通话的习得。

当然，要深刻改变方言业已萎缩的格局和快速衰亡的趋势，仅仅依靠宣传、依靠家长的自觉是不够的，我们必须认识到语文政策和措施滞后的一面，用好历史留给我们的可能并不很多的窗口时间，立即以语文政策的差异化来扭转语言保护的被动局面。

四、语文政策的差异化需求和调整范围

时间维度的差异化和空间维度的差异化，本质上是相通的。当各地语文生活处在不同的发展阶段时，用不同时期的语文政策来应对这些处在不同发展阶段地区的问题，就自然会表现出空间维度的差异化。

（一）语文政策的差异化需求

目前，无差别的或差异化不够的语文政策对方言文化科学保护的影

响表现在以下方面：

（1）从幼儿园到大学，从课堂到课间课外，普通话成为唯一提倡的交流语码。亲人之外最重要的交际环境——同龄同伴之间，由普通话全覆盖，方言失去了家庭之外最重要的生长空间。校园环境仍有敌视方言的取向，诸如“说普通话，做文明人”这类昭示方言不文明的标语还无差别地存在于各地城乡校园里，给儿童幼小的心灵带去永久性的印记。

（2）各地各种媒体将推广普通话作为唯一主旋律。对方言保护，只在文化保护的民间呼声层面有所反映。认为使用方言会影响通用语言推广的观念占据大部分人包括很多决策者、教育者和家长的头脑，关于双语双言社会和双语双言人的科学研究成果很少有传播的机会和渠道。关于方言的不科学观念是对方言过度限制的语文政策的思想根源之一。

（3）即使在电视等媒体适当放开方言节目的情况下，仍然严格限制方言节目的功能域，助长方言沦为受限语码。对于最重要的媒体信息源，例如普通的新闻节目、时事评论节目、官民警民交流节目，都限制方言进入，甚至百货公司广播找人，针对不熟悉普通话的老年走失者，也坚决不允许方言播出，[①] 方言在媒体受到严重抑制，只在部分城市出现在文化、曲艺、小品、地方掌故这类节目中，助长了方言只是闲来赏玩对象的观念。而世界上没有任何语码可以仅为满足这类社会功能而长期活态存在。

以上几项，显然不是单纯靠儿童家长和学校教师所能解决的问题，与长期以来的无差异的语文政策有关。而语文政策源于对国家法律的机械理解。

《国家通用语言文字法》是指导中国社会语文生活的根本性法律，保障了通用语言文字的崇高法律地位。但是，通用语言的推广和使用并不以消灭方言为前提和目的。语文政策是为贯彻这一法律而制定的具体规定。在不同的历史阶段，在不同的地区，国家通用语言文字的推广和使用面临不同的社会环境。

---

① 宁田甜《老人与家人在超市走散　超市广播寻人拒用河南话》，《大河报》2018 年 5 月 15 日第 AI 04 版。

在普通话普及率很低、严重影响人民交际和国家发展时，必须将推广普通话放在最高位置，适当限制方言使用，尤其在教育、公务、主要媒体等领域。直到今天，仍然有不少普通话推广的后进地区，包括很多少数民族地区，也包括很多远离中心、方言复杂、偏僻贫穷的农村山乡，通用语言能力的普遍性低下成为当地人走出山村、参与就业竞争、走向工作岗位、实行脱贫致富的显著障碍。对他们的精准扶贫，就必须包含国家通用语言的推广这一关键任务。以帮助当地人民通过普通话能力的提高共享改革开放的红利，实现“语言扶贫”（王春辉 2018）。而通用语言的推广普及，也是建设统一和谐的中华民族大家庭、建立全国统一大市场的需要。在这些地区、这些环境中，国家通用语言的推广是当前和今后一段时间的重要任务，也是推普导向的语文政策需要加强的地方。

另一方面，对于普通话普及已经超过 90%、在青少年中已近 100% 的地区，在方言面临急剧衰落甚至消亡危险的严峻局面时，如果仍然严守早期的各种单一强调普通话、不顾甚至压抑方言生存空间的政策，就有认真检讨和调整的必要。

（二）调整范围

对方言保护治本的差异化语文政策，主要指在中东部经济社会发达及较发达、普通话普及率已经相当高的城镇地区，在以下方面做出关键性调整：

（1）从幼儿园到大学，校园的课间课外都应提供方言交流的空间，去除暗示“方言 = 不文明”的各种宣传标语口号。在继续提升普通话能力的前提下，对方言能力、外语能力的提升，也要采取积极鼓励的态度和措施，建设以通用语言文字为主导的健康有序的多语多言社会（戴庆厦 2007）。

（2）在保证媒体以普通话为主导的前提下，对方言节目的种类减少限制，允许上面提到的普通新闻、时政访谈、官民警民交流和电视剧、故事片等节目有方言版本。

（3）设置更多方言服务项目，例如公交车等客运车辆的方言报站、车站问询处等处的方言服务。除了本地方言，有需求和条件的还可以包括重要的外来方言，如当地有影响的非本地权威方言或大规模移民原有方言。司法、医疗、护理等领域也可以设置一些方言服务。

（4）在教育、科研、媒体等领域鼓励对多语多言社会和多语多言人群的科学研究和客观报道，提倡社会对通用语言主导下的多语多言环境的宽松舆论氛围。

从以上所说的方言生存危机程度看，历史留给我们保护方言的窗口期可能并不很多，语文政策的主管部门，应当认清危机，抓紧时间，不要错失历史时机。

语言资源保护工作，使我们想到了计划生育。计划生育是写入宪法的基本国策，但是计划生育不等于一胎化。一胎化是特定时期的计划生育政策。当形势变化之后，政策调整也是当然之事，只是计划生育管理部门可能动作过慢，将特定生育政策和基本国策几乎视为等同，对民间和学界的长期呼声重视不够，动作迟缓。当计生部门终于同意逐步放开双独二孩、单独二孩，以及全面放开二孩后，每一次放开带来的生育率上升都远低于预期，政策滞后造成很多被动，以致一些学者已经在呼吁引起争议的不生育罚款了。语文生活管理部门，也要注意汲取计生工作的经验教训，不要将特定时期很多限制方言的具体政策，等同于《国家通用语言文字法》。在面对方言断崖式衰落甚至有消亡危险的关键时刻，应当果断进行一些治本的政策调整，重在保护方言的活态，而不是仅仅出台一些表面热闹而对改善现状益处不大的措施。希望中国流传千年、千姿百态的方言资源，不要在我们这代人的眼皮底下，在我们的不作为中快速走向大面积消亡。

参考文献

陈穗清、欧阳颖　2017　粤语-普通话双言儿童的认知灵活性探讨，《广州大学学报》（社会科学版）第 12 期。

陈燕玲、林华东　2011　闽南方言的现状与未来，《东南学术》第 4 期。

陈燕玲、林华东　2013　泉州地区城乡学生双言生活状况对比调查,《语言文字应用》第1期。

戴庆厦　2007　构建双语和谐的多语社会,《民族教育研究》第2期。

范俊军　2006　语言活力与语言濒危的评估——联合国教科文组织文件《语言活力与语言濒危》述评,《现代外语》第2期。

刘丹青　2015　语言能力的多样性和语言教育的多样化,《世界汉语教学》第1期。

陆　英　2009　苏州儿童的方言使用现状及幼儿语言教学对策初探，苏州大学硕士学位论文。

王春辉　2018　论语言因素在脱贫攻坚中的作用,《江汉学术》第5期。

周元雅　2011　无锡市区新派方言现状研究，南京林业大学硕士学位论文。

Harris, R. J., & McGhee Nelson, E. M. 1992. Bilingualism: Not the exception any more. *Advances in Psychology*, 83, 3-14.

Marian, V., & Shook, A. 2012. The cognitive benefits of being bilingual. *Cerebrum: The Dana Forum on Brain Science*, 13.

（原载《语言战略研究》，2019年第3期）

《上海话语法》序*

1980年，国内语言学刚从十多年的休眠中醒来，我作为一个大学生，也刚对汉语研究产生兴趣。那时正在读有关普通话音位的讨论文章，对种种不同的观点感到困惑，忽然见到新来的《中国语文》上一篇讨论普通话音位系统的论文，觉得立论高远、见解新鲜、分析中肯，一扫心中的疑云。这篇论文的观点被我在以后的讨论、讲课和论文中一再引述推荐，三位作者的大名则当时就被我以敬仰的心情记住。排在当中的一位，就是钱乃荣。

带着这样的心情，钱先生的著述就不大会被我求知的眼睛漏掉。我读到了他一篇篇有关从上海话到吴语到整个汉语的语音、词汇、语法、文字的论文，读到了他参与的《上海话、苏州话学习与研究》和大部头重要著作《上海市区方言志》，更读到了他一个人完成的像小砖头一般大的《上海方言俚语》《杭州方言志》和比大砖头还大的巨著《当代吴语研究》，后者达170多万字。当然我更觉荣幸的是还参与了由钱先生主编的两部全国性合作高校教材《现代汉语》和《汉语语言学》的编写，有缘在钱先生的直接指点下做点工作。吕叔湘等著名学者在不同的刊物发表书评赞扬“钱本”《现代汉语》的成功，而《汉语语言学》则是前者面向对外汉语教学的改编版。

钱先生已经为汉语语言学、方言学尤其是吴语研究做出了这么多的贡献，但我还是觉得摆在我案头的这部《上海话语法》清样具有特殊重要的意义，它的出版必将为汉语语言学做出特殊重要的贡献。何为特殊

* 钱乃荣著，上海人民出版社，1997年。

重要，容我略陈拙见。

汉语的成系统的语法学著作，人多举 1898 年出版的马建忠《马氏文通》为第一部。实际上，这只能说是中国人写的第一部。若不论作者国籍，则真正的第一部汉语语法书也许就是 1853 年出版的英国人艾约瑟（Joseph Edkins）著《上海话语法》（原书名直译是“体现在上海话口语中的汉语语法”），它更是第一本汉语口语语法著作。《马氏文通》是一本纯粹文言的语法，而第一本由中国人作的白话语法著作是我的师祖黎锦熙所著《新著国语文法》，出版于 1924 年。近几十年来，情形大不一样，国内普通话语法著作已经是硕果累累，方言研究也成果丰硕，但唯独方言语法的系统专著尤其是上海话语法专著的情形尚难如人意。环顾几大方言，粤语语法能见到或查到的是张洪年《香港粤语语法的研究》（香港中文大学出版社，1972）和马诗帆（Stephen Matthews）、叶彩燕的英文版《粤语综合语法》（香港中文大学出版社，1995）。作者和出版社都非内地。闽语语法专著至今见到的只有 1950 年日本出版的李献璋著日文本《福建语法序说》，客家话语法专著以前只见到台湾 1985 年出版的罗肇锦著《客语语法》，近见厦门大学出版社 1993 年出的何耿镛《客家方言语法研究》，篇幅远小于罗著。其他非官话系大方言还没有见到语法专著。至于吴语及上海话，艾约瑟书之后，20 世纪 30—40 年代有过几种专著写到上海话语法，作者都是在沪传教的西方人，由外国人写上海话语法的“传统”长达近一个半世纪未被打破。所以，钱先生的这本《上海话语法》，宣告了这一“传统”的结束，它是第一本由中国人写的上海话语法，也是极少几本由内地学者撰写在内地出版的汉语方言语法专著之一，并且是其中规模最大的一本。所以，说这本书有特殊重要的意义，应该毫不为过。

上面是从学术史这一外部视角看钱著《上海话语法》的意义，而这部著作的真正价值，还是体现在它的内容和质量上。在我看来，其中最可称道者有以下数端：

一曰内容丰富、系统性强。作者心中没有“汉语方言语法跟普通话差别不大”这种并不准确的先入之见，凭着很强的语法系统性观念和对上海话语法事实全面细致的观察分析，为我们提供了上海话语法相当全面的概貌，其内容之丰富和描写之深入，远非以往的上海话语法著作能比。从整个词类系统到各种常见的汉语语法范畴、从所有的短语结构到完整的句式系统和句类系统乃至复句系统，我们都可以通过这本书了解到上海话的系统表现，尤其是大量的特色之处，使我们能对汉语方言间可能有的语法差异做出更加充分的评估。例如，上海话的VV或VVO动词重叠在形式上看不出什么特点，描写者多半会做简略处理，但作者却发掘出许多有特色的地方，如上海话经常用“VV（O），VV（O）”（吃吃饭，吃吃饭）来起普通话“V着V着”（吃着吃着）的作用，这是跟普通话明显不同的。再比如，方言的连词及复句系统，常被人们看作“油水”不多、可用略笔之处，但本书作者却向我们展示：上海话中有许多跟普通话很不同的连接词句的手段和方法，只是由于共同语的强大影响而逐步让位于来自普通话的新表达法。我相信，读一下这本书，大概就再也不会轻易发表或相信“汉语方言语法跟普通话差别不大”的印象之谈了。

二曰视角多样、重点突出。这本书没有把系统变成桎梏，也没有让全面演绎成呆板。作者采用多视角观察、分析和编排语法现象的办法，充分挖掘方言语法中有特色的部分，有效地突出了重点，使读者开卷有益。这里，有吕著《中国文法要略》式的形式视角和功能视角的互补，有语义范畴和语音形式的分析对语法分析的帮助，也有作者语感、口语调查和书面材料引述的结合，还有当代上海话的共时描写和一百多年来历史演变的交叉，更有跟官话的适当对照和吴语区内部的跨方言语法比较作为上海话语法的参照，而方言语法中最值得注意的特点正是在这种种视角转换的过程中得到了展示。当然，有人会说书中某些内容已经超出了严格的语法学范围或没有严守共时语法系统描写的常规，但牺牲一点表面的一板三眼来换取全书的方言特色，对一本方言语法专著来说无疑还是非常值得的。这实际上是方言语法学本身的特点所要求的。假如一本方言语法书完全按一本共同语/标准语语法书的样子来组织编排，那离味同嚼蜡也不会太远了。

三曰敢于创新、追求深度。方言语法论著的常见情形是按照学术界早有的，通常是在共同语基础上所形成的语法体系及观念来分析解释方言语法现象，用现成的标签给方言事实一一贴上。这样做当然比较稳当，做起方言比较来也比较方便。问题是语法学体系及观念的意义不仅在于标签，它反映了一定时期人们对语法事实的认识广度和深度。当现成的语法观念已无法适应新的语法事实时，陈套子就会成为有色眼镜甚至毛花玻璃，使研究者看不清乃至看不到许多很有学术价值的语法事实。钱先生看来跟守成型的方言研究“传统”不同，不相信语法观念的创新和语法理论的深化是共同语研究者的专有“采邑”。所以，这本书敢于借鉴新理论、乐于探索新方法、善于吸收新成果，在向来循规蹈矩的方言语法著作中，这本书就显得特别富有新意和深度。这种新而深的地方在书中随处可见。如根据上海话事实提出跟拟声词平行的“拟态词”观念，并建立了包括这两者而概括更全面的新词类（新“标签”）“拟词”；如把向来认为只表短时的动词重叠分为表短时和长时两种情况，并发现了长时短时的对立跟宾语的定指不定指的对立有关；如引进后置介词的观念来分析上海话中许多有特点的现象；等等。这些大胆的探索，虽然未必都能立即成为学界公认的定论，但它们无疑大大加深了我们对方言语法事实的认识，并且显示了方言语法学在语法理论和方法建设中的特有价值。

大上海值得有一本大语法，新上海应当有一本新语法，好听的上海话更需要一本好语法。谢谢钱乃荣先生给上海人、其他中国人和国际上越来越多的“上海迷”一本大语法、新语法、好语法。

是为序。

《上海语言发展史》序*

上海是个特殊的城市，在数千年中国历史的最近150年间，她从一个三等偏僻县城，一跃成为全国最大的国际化大都市。上海话是一种特殊的方言，它在这一个半世纪中，从一种比较保守滞后的县城小方言，发展成变化速度最快的中国第一大地点方言。特殊的城市，特殊的方言，为语言方言专家提供了一片有特殊价值的研究园地。就在上海迅速长大、长高、长美的这些年月里，著名吴语专家钱乃荣教授，在上海话和吴语这块园地里埋头耕耘二十多年，论文专著，硕果累累。现在，他又有一部新著面世，为这个领域增加了一项具有特殊意义的重要成果。

钱先生的研究有广度。他的170多万字的《当代吴语研究》调查研究了三十多种南北吴语，使他对内部复杂的各地吴语有一种宏观的把握。

钱先生的研究有宽度。他在吴语，特别是上海话的音韵（包括复杂的连读变调）、词汇、语法等方面都有重要建树。除了上述侧重语音的综合性巨著外，还有侧重词汇及其与社会、文化关系的《上海方言俚语》《沪语盘点：上海话文化》和侧重语法的《上海话语法》等。

钱先生的研究有深度，常能以新理论新方法的视线透视分析方言中的纷繁现象。他是国内最早引进“词汇扩散”理论研究方言现象的学者之一。他用上海郊县的实例解释了语音在空间共时的转移与语音的历时演变一样通过“词汇扩散”进行。他还进一步借鉴“语法扩散”的观念成功地分析了上海地区连读变调的历史演变，即连调模式“从一种语法格式扩散到另一种语法格式”的过程。

* 钱乃荣著，上海人民出版社，2003年。

钱先生的研究有速度。他凭着敏锐的语言观察力，时刻捕捉上海话的最新动向。新世纪伊始，他就推出了一部《跟我学上海话》，把最新的上海话面貌，包括那些"酷哥靓妹"们说的令老上海人似懂非懂的上海话词句，活色生香地展现在读者面前。

这次，钱先生又瞄准了研究的厚度，这本专著展示的是上海话开埠150年来前波后浪接踵而来层层叠叠的历史厚度。正是这厚度，构成了本书非常独特、难能可贵的重要价值。

汉语研究，尤其是汉语发展演变的历史研究，以可资利用的历史语料异常悠久丰富而自傲，也以全方位记录语言面貌的材料之短缺而抱憾。几千年来，我们一直使用非表音性的汉字记录汉语，真正表音语料的出现相当地晚近，而重雅轻俗的传统也使汉语的纯口语资料，尤其是方言口语资料相当匮乏，以致汉语的历时研究触及音值和口语，就难免隔靴搔痒之憾。这种局面，使上海方言在汉语的历史研究方面有一种相当独特的价值。上海开埠较早，而经济和城市规模发展迅速，其方言受到外地移民和国内外学者包括传教士的共同关注，从而带来了两个方面的影响。一方面，方言使用人口迅速膨胀，也导致方言面貌本身的迅速变化：另一方面，从艾约瑟1853年的《上海话语法》开始，上海方言在每个时期都有语法书、宗教文献、教材、工具书、方言调查报告等详尽记录。两个因素的结合使上海方言成为研究汉语历史演变的一个难得的活标本。150年，这本来不算太厚重的语言历史，也因此变得厚重起来，而钱先生这部著作的"厚度"，也正建立在这厚重的基础上。

让我们再走近一步，看看本书提供给我们的一些图景。1853年与21世纪初的上海话相比，声母由30个减为28个，韵母由63降为32个，声调由8个合并为5个。这是全国难找的变化速度。这种幅度的演变，在共同语和其他方言中需要好几百年甚至上千年才会完成。150年的语音演变几乎成了数百年或上千年演变的一个"浓缩版"。词汇和语法的变化速度也不遑多让。反映社会生活变迁最快的词汇自不待言，即以被认为稳定少变的语法来说，时体系统、介词系统、连词及关联词语系统、基本语序、话题结构、宾语补语语序、双及物句式、处置式、被动式，等等，在这些覆盖汉语语法系统基本框架的诸方面，上海方言都经历了显著的变化（以致语法成为全书篇幅最大的一部分）。再看150年来上海话的记录情况。本书用列表方式详尽展示了声韵调各个方面逐步演变的过程，其表格标志记录年代的纵栏竟达13行，加上表后另叙的21世纪初最新派音系，共有14份记录，几乎每隔10年就有一份记录，居然没有哪两行记录因为相邻而音系完全同一，而几乎每个记录都包含一些不稳定的音位。除了书面记录外，这种演变速度，也使生活于其中的研究者自己就可以亲历好几波的变化，对历史演变获得最直接的体察，这对于历时研究来说是尤其宝贵的。

当然，我能对上海方言的历时研究的价值有这点认识，首先就因为先睹为快，看到了钱先生在书稿中清楚展示的上海话这一个半世纪的演变画卷。这本书的“厚度”，是钱先生长期积累、细致观察、科学思考和精心整理的成果，实际上也是前面说的广度、宽度、深度和速度的一个综合结晶。我上面的感想，只是围绕着上海话历时研究的特殊价值而谈的。至于上海话演变的详情、细节、规律和它们对汉语方言学、历史语言学、语法学、语言与文化、社会语言学等众多语言学科的意义，读者看了全书自然就能有更加真切的体会。

《中国南方少数民族语言语序类型研究》序*

学界有共识，多民族的中国是语言的富矿，是从事语言研究的宝地。已有的民族语言调查研究的丰硕成果早已证明了这一点，今后的更多成果还将继续证明这一点。

“富矿”之喻还有一妙，它可以提醒我们：矿产是不会自动现身、自行变成宝物跳进百宝箱的；从探矿到采矿再到炼矿，每一步的效果都跟器材和技术密切相关。器材的发展、技术的进步，可以让人在原来的无矿之地发现富矿，在矿石中炼出原来难取的宝物。20 世纪 50 年代大规模民族语言调查以来，中国已经涌现了十分丰富的民族语言学成果，出版了多套价值很高的丛书和大量专著、论文（本书作者李云兵博士也是其中多种著作的作者）。但是，当人们为了了解某种语言现象去查检这些书时，会发现有些所需的材料相当难找，特别是在语法方面，因为诸多基本的语言学参项，不见于调查所依据的语法框架，也就没有得到系统的记录描写。这其实就是当时语法学探、采、炼的器材和技术还不足以发现或很好地提炼这些矿藏。

语序类型学的参项是一个突出的例子。作为当代语言类型学核心课题的语序现象和规律，需要研究比较以往语法体系不够重视的很多句法结构的语序现象，如差比句的语序、从领属结构和关系从句到更多种类定语的语序，从方式状语和介词短语到更多种类状语的语序。它们既是认识一种语言整体类型特点的基础，也是从中提炼人类语言语序规律的原料，还是探求语法历时演变和亲属语言分化进程的参照。但是，以往

* 李云兵著，北京大学出版社，2008 年。

调查所依据的语法学体系，或缺少某些概念，如关系从句，或未将某些要素当作重点，如差比句，或分类不够细致，如在“六大成分”的观念中笼统将领属定语、名词属性定语、形容词定语、限定名词的指示词和数量词等视为“定语”，不加细分，不求齐全，这些都限制了语言材料的可比性。因此，单凭以往的调查研究成果，要想获得有关国内民族语言语序类型的详貌并进行进一步的跨语言比较，仍是不易之事。这些薄弱环节也影响了相关成果在国际学术界产生更大的影响，所以我们看到类型学著作中所引的国内民族语言一些简略的语序材料，不少都出自外国学者的著述，这是令我们内心不安和不甘的现象。

李云兵博士所著的本书，实现了对这一学术瓶颈的一次重要突破，它是国内第一部以语言类型学的框架系统地比较和总结中国南方民族语言语序类型（尤其是名词短语语序类型）的专著，填补了一个大的空白。国内的民族语言，北方地区主要是阿尔泰语系语言，其语序类型比较单一，都是内部较为和谐的 SOV 类型。而南方诸语系的语序类型十分复杂。了解了南方民族语言的语序类型，也就了解了中国境内语言语序类型全貌的大半。此书的价值由此可见。

这本专著的底子，是云兵博士在中国社会科学院语言研究所完成的博士后出站报告，出版前又有较大的修正补充。在进站之前，云兵博士已是中国社会科学院民族学与人类学研究所里成果丰硕的民族语言研究者，并完成了中央民族大学的博士学位攻读。近年来，随着国内国际的学术交流和对语言类型学的初步接触，他感受到了以往调查研究框架的一些局限，决心在国内民族语言语法调查和比较研究方面走出一条与类型学结合的新路。为此，他在博士导师戴庆厦教授和民族学与人类学研究所孙宏开教授、黄行教授等的大力支持鼓励下，来我们语言所进行博士后研究；研究目标也很明确，就是系统地补上语序类型学这一课，用新型的探矿器、挖掘机和冶炼助剂，写出一部以类型学视角研究南方民族语言语序类型的专著。这一计划正好可以纳入我们课题组的国家社科基金重点项目“名词性短语句法结构的类型学比较”，我作为课题主持人和博士后研究的合作导师，也因此有幸能与云兵博士不时切磋，分享他面对丰富复杂的语序现象时的梳理之苦与钻研之乐。

云兵的经验、决心和努力合在一起浇灌出了这一喜人成果。希望其中丰富的语料和清晰的分类分析能成为学界的共享资源，并成为今后用新的设备和技术探索开采民族语言宝藏的一个新起点；也希望他基于民族语言事实所提出的一些挑战性问题能促使我们在新的语言材料的基础上进一步审视语序类型学的既往成果，让中国境内的语言材料和语言研究成果更加有力地深化对人类语言普遍规律和不同语言类型特点的认识。

《汉语指示词的类型学研究》序*

陈玉洁博士的这部专著名为《汉语指示词的类型学研究》。按汉语界习惯，“指示词”称为“指示代词”。假如仅以普通话或英语为研究对象，“指示代词”的叫法大致可行，因为这些语言的指示词至少都有代词的用法。但是，语言类型学需要把更多语言、方言纳入观察比较视野，“指示代词”一名就难以胜任，因为不少语言、方言中的指示词并没有代词应有的代替功能，归不进“代词”，因此只能用基于语义、语用共同性的“指示词”概念来作为比较的框架。本书虽然以汉语为主要研究对象，但旨趣在于语言类型学，因此宜用“指示词”的叫法。以“指示词”而不是“指示代词”为研究对象的专著，这是国内的第一部；用类型学方法研究指示词的专著，这在中国也是第一部。这是此书值得关注的一点。

指示词作为一个语类，并没有固定的句法属性，但有一点是各语言系统基本、共同的——指示词在语言系统中总是一个微小的封闭类，词项寥寥无几。但就是这个微型词类，却典型地代表了人类语言的一项基本交际功能——指示，特别是直指，而且这种指示功能又在不同语境中化出万千变体，不但让语义、语用研究者大有可为，而且还成为当代语言哲学家们的一项前沿尖端课题。本书对指示词功能的探索已经努力站到了这些学术的前沿，从而使本书对汉语指示词复杂功能的考察具有了理论的深度。此外，这个微型词类，还因为自身的缘故成为当代语言学众多分支学科的目光交汇之地。这一点在本书中也有较多的体现。指示

* 陈玉洁著，中国社会科学出版社，2010年。

词的语音形式，牵出了其他词类表现得不一定明显的语音象似性现象，还可以进一步引发人们思考语言的任意性本质和象似性理据的微妙关系。用句法学眼光来看，指示词各成员远不是同质的，在句法属性多样化的指示词队伍中，我们不仅无法用“指示代词”这面过于狭窄的旧旗帜来统领全体，而且还得有“指示区别词”“句首指示词”甚至“指示叹词”这些新奇的小类名来刻画各自的句法表现。指示词来自何方是个特别难回答的问题，因为在封闭性词类中，很多词项都能找到它们的实词来源，而指示词却常常像是天生的，它们的来源足以引起词源学学者的强烈好奇。另一方面，指示词无疑是很多更虚的词类成员的源头，例如不少指示词会带上定冠词、定语标记、话题标记等新的性质或功能。由指示词到其他虚词的演变路径和机制是语法化学说的用武之地。此外，无论是指示词的共时功能还是历时演变，都可以借助篇章语法和认知语法的原理来加深认识和解释。上面谈到的诸多方面，以及这些方面的相互关系，我们都可以在本书中看到有深度、有创见的探讨，从而让小词类做成了大文章！学术兴趣不同的学者读者，即使不通读全书，也至少可以在某些章节看到与自己领域相关的讨论。且举一例。本书第一次深入探讨了中性指示词现象，即不分远近的指示词，使之成为本书的一大新意，也成为解释很多现象的枢机所在。从本书中我们了解到，中性指示词是语言交际中经常需要的功能，因为总有不需或不便指明远近的指示。有的语言在远近指示词之外有专用的中性指示词，有的语言只能在远近指示词中选用一个来表示中性指示，而某个词经常中选，就会打破共时系统中远近对立的平衡，使有中性用法的指示词在其中更无标记。另一方面，众多与指示词有关的语法化的发生，都以中性指示词功能为枢纽，包括指示词向冠词的虚化、指示词向定语标记的虚化、量词向指示词功能的发展，等等。这些探讨，使很多看得到却说不清的共时历时现象及其背后机制获得了合理的解释。这样的研究，不但以功能主义的视角串联起了诸多相关的共时历时研究领域，而且植根于大量语言、方言的类型学比较。当然，如何将本书研究所获得的理论成果推广到更多语言、方言和语言历史的研究中去，以此建立覆盖面更广的理论概括，这是作者今后可以进一步努力的方向。

陈玉洁博士以较轻的年纪为学界贡献这一本有材料有理论的作品，得益于她的聪明早慧，更得益于她的刻苦勤奋。她24岁时就圆满完成了本科和硕士专业训练，硕士生阶段已在学术期刊上发表了两篇语法论文。但她不因自己起步较早而心生懈怠，而是更多寻找自己的薄弱环节以加强学习。在进中国社会科学院攻读语言类型学方向的博士学位后，玉洁更是心无旁骛，潜心钻研。一方面中英文并举，啃读了大量语言理论著作，一方面日积月累，不断扩大语料收集范围，加上勤于思考，乐于讨论，终致形成成体系的观点，在按时顺利完成作为本书前身的博士论文之余，并有多篇论文发表在重要期刊及国际性会议上。博士毕业之后，她来到以学术底蕴著称的浙江大学汉语史研究中心担任师资博士后，并应邀到充满语言学前沿气息的香港城市大学做了一段合作研究，吸收浙大和城大的养分来进一步打磨博士论文，使本书有了今天的样貌。我相信本书能对指示词的研究和语言类型学的推广有所贡献，也期待作者以此为新的起点，趁着年轻在学术上不断提升自己，在学术之径上走得更高、更远。

《中西学术名篇精读丛书》（语言学部分）序

学术本质上不是一件个人之事。学术是一项薪火相传的伟业，是一部协力推进的乐章。但是，学术也从来不是一种匀速直线运动。特定学科，特定阶段，学术飞跃或学术停滞都是寻常之景。历史社会背景和学术大师的研究实践在学术发展史中扮演关键的角色。回溯一个多世纪以来中国语言学的快速发展，正是这样的典型一幕。

中国的哲人学士对语言文字的探究，已有数千年的悠久历史和传统，煌煌成果汇聚成“小学”“朴学”的丰硕大观。从19世纪末起，带有现代学术色彩的西方语言学逐渐传入中国，几千年的“厚积”得到了一次“薄发”的机会，一小批大师巨匠成为中国语言学这一薄发洪流中的旗手和领袖，引领20世纪中国语言学的造山运动，接连诞生座座学术高峰。这些学术名家大多有着相似的背景和经历：家学有传，国学深厚，精通外语，多曾“西游”。这些条件，造就了他们厚积与薄发的机缘。

21世纪的中国语言学，面临着攀登历史高峰和世界高峰的双重重任。知昔方能通今，创新寓于传承。为此，中西书局规划了这套丛书，嘱我主持。丛书拟由当今语言学各领域名家以详细导读的形式，向新一代学人介绍一个世纪以来中国语言学大家的重要篇章。这些大师名篇，不但发现了中国语言的重要现象和规律，而且开辟了中国语言学的研究天地，塑造了中国现代语言学及各个分支的学术范式，深刻影响了几代语言学人。丛书旨在结合当时的学术背景分析这些佳作的学术内涵和重要贡献，展示这些成果对后来直到今天中国语言学术的意义、价值，乃至需要进一步解决的问题。由中西书局来为这些学贯中西的大家推出名篇导读系列，堪称学界的嘉业雅事。希望丛书能为中国语言学的两个攀登做一点基础工作，也欢迎读者对丛书的编著提出宝贵意见，让这套丛书越做越好！

《汉语方言参考语法丛书》总序

汉语方言的语法调查和描写，离不开一定的语法学框架。我们仅仅凭借朴素的眼光，只能看到一堆语料，理不出能够产出无穷语句的语言机制和规则，这正是前语法学时代所呈现的情况。另一方面，语法理论过于强势的介入，又会导致特定理论的成见扭曲语法现象，在片面关注某些事实的同时淹没更多值得发掘的事实。

汉语方言的语法调查和描写，免不了参考汉语普通话语法和汉语语法史研究的成果，这样可以更便捷地发现方言语法中的突出特点，同时避免在与汉语无关的语法项上过多耗费精力和时间。但是，单纯以汉语语法学已有成果为背景，又会产生用共同语硬套方言，同时遗漏真正的方言事实的局限。

参考语法就是要尽量站在“模式中立”的立场上，以客观发掘更多系统性的语法事实和语法规则为旨归。它所依托的是语言类型学的框架，这种框架淡化理论强势，植根于最大量的人类语言的调查经验和事实性成果，可以为方言语法调查研究戴上很好的望远镜和显微镜，同时丢弃特定理论的有色眼镜，求得选用语法框架与防止理论偏见之间的平衡。汉语方言参考语法站在汉语事实第一的立场上，同时避免共同语语法对方言现象的扭曲和遮盖。

在语言保护工程扎扎实实地在全国各地展开，语言学各个方面研究的深化迫切需要大量方言语法材料的今天，各地方言的参考语法成为很多学术领域的重要需求，但至今自觉采用参考语法理念调查描写汉语方言的著作还很少，方言参考语法丛书则至今未见。本丛书选取若干有代表性的方言，组织中国社会科学院语言研究所和所外富有经验的专家在调查基础上撰写参考语法，希望以此为学界提供富有学术价值的方言语法描写著作，同时以本丛书的尝试来推动参考语法事业在中国的兴盛繁荣。

本丛书的调查研究得到了中国社会科学院语言研究所语音与言语科学重点实验室创新工程项目的支持，商务印书馆对本丛书的立项出版提供了强有力的支持，在此深表谢忱。我们希望在陆续出版的过程中不断得到读者的指正，以便丛书越出越好。